权威·前沿·原创

皮书系列为
"十二五""十三五""十四五"时期国家重点出版物出版专项规划项目

BLUE BOOK

智库成果出版与传播平台

汽车低碳蓝皮书
BLUE BOOK OF AUTOMOTIVE LOW CARBON

中国汽车产业绿色低碳发展报告
（2024）

ANNUAL REPORT ON GREEN AND LOW CARBON DEVELOPMENT OF CHINA'S AUTOMOTIVE INDUSTRY (2024)

主　编／中国汽车技术研究中心有限公司

社会科学文献出版社
SOCIAL SCIENCES ACADEMIC PRESS (CHINA)

图书在版编目(CIP)数据

中国汽车产业绿色低碳发展报告.2024/中国汽车技术研究中心有限公司主编.--北京：社会科学文献出版社，2024.12.--（汽车低碳蓝皮书）.--ISBN 978-7-5228-4483-1

Ⅰ.F426.471

中国国家版本馆CIP数据核字第2024L5A375号

汽车低碳蓝皮书
中国汽车产业绿色低碳发展报告（2024）

主　　编 / 中国汽车技术研究中心有限公司

出 版 人 / 冀祥德
责任编辑 / 张　媛
责任印制 / 王京美

| 出　　版 / 社会科学文献出版社·皮书分社（010）59367127
|　　　　　　地址：北京市北三环中路甲29号院华龙大厦　邮编：100029
|　　　　　　网址：www.ssap.com.cn
| 发　　行 / 社会科学文献出版社（010）59367028
| 印　　装 / 天津千鹤文化传播有限公司
|
| 规　　格 / 开本：787mm×1092mm　1/16
|　　　　　　印张：15.5　字数：229千字
| 版　　次 / 2024年12月第1版　2024年12月第1次印刷
| 书　　号 / ISBN 978-7-5228-4483-1
| 定　　价 / 138.00元

读者服务电话：4008918866

版权所有 翻印必究

汽车低碳蓝皮书编委会

顾　　问（按姓氏拼音排序）
　　　　　　安庆衡　戴彦德　付于武　黄永和　李　钢
　　　　　　李万里　罗俊杰　马超英　木其坚　秦海岩
　　　　　　帅石金　王贺武　王晓明　王云石　王震坡
　　　　　　吴志新　肖成伟　徐华清　徐　明　尧命发
　　　　　　张书林　赵　英

编委会主任　陆　梅

主　　编　王　铁

副 主 编　刘　斌　徐耀宗

编　　委　郑天雷　杨正军　赵冬昶　张　龙　顾洪建
　　　　　　魏　磊　苑　林

参与审稿人　张书林　李万里　黄永和　方海峰　吴松泉

编委会秘书　石　红

统 筹 人　么丽欣

主要执笔人（按姓氏拼音排列）

陈　川	陈蒙来	范柏余	黄炽坤	黄彦文
来鑫雪	李童鑫	李震彪	林　晓	林镇宏
刘　斌	刘　智	刘岱宗	柳邵辉	鹿秋杨
马乃锋	齐盛叡	祁志敏	秦　超	任　磊
师瑞峰	石　红	时璟丽	帅石金	孙柏刚
田新首	王洪涛	王　佳	王莹莹	王震坡
吴　彬	许超旭	薛兴宇	么丽欣	詹炜鹏
张铜柱	赵冬昶	赵建宏	赵一铭	郑玥彤
祝月艳				

序　言

2020年9月，我国提出"力争2030年前实现碳达峰、2060年前实现碳中和"的发展目标。汽车产业是国民经济的支柱性产业，涉及面广、产业链长、市场规模大，在众多产业中具有引领性、先导性地位和作用，加快推动汽车产业绿色低碳转型，既是落实国家"双碳"战略的重要支撑，也是产业高质量发展的内在要求。2023年，我国碳达峰碳中和"1+N"政策体系构建完成并持续落实，汽车产业低碳发展指导性文件《汽车产业绿色低碳发展路线图1.0》正式发布，产业绿色低碳发展方向与路径基本明确。面向未来，低碳化、电动化、智能化、网联化加速融合，为汽车产业的转型升级提供了历史性机遇，亟须各方更加紧密地团结在一起，顺应产业绿色低碳发展大势，凝聚开放合作发展共识，共同推动汽车产业实现新一阶段的绿色转型升级。《汽车低碳蓝皮书：中国汽车产业绿色低碳发展报告》正是在这样的背景下应运而生，是中国汽车技术研究中心有限公司（以下简称"中汽中心"）切实履行中央企业使命推出的一本关于中国汽车产业低碳发展的年度研究性报告，旨在为行业决策者、研究者和消费者，提供全面、深入的分析和参考。

本书从全球视角出发，从政策引导、标准制定、技术创新、经验借鉴等方面，深入探讨汽车行业的低碳转型之路。《汽车低碳蓝皮书：中国汽车产业绿色低碳发展报告》不仅是对汽车产业绿色发展的一种记录，更是对未来低碳生活方式的一种探索和倡导。我们希望通过这本书，为汽车行业的绿色发展提供理论支持和实践指导，为实现可持续发展贡献力量。中汽中心将始终

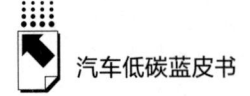

坚守"引领汽车行业进步，支撑汽车强国建设"的初心使命，秉承打造成为"政府最认可的产业智库、行业最尊重的合作伙伴、公众最信赖的权威机构和员工最自豪的事业平台"的战略目标，主动承担服务政府、服务行业、服务消费者的政治责任和社会责任，为我国汽车强国建设贡献智慧和力量。

本年度报告主要设置总报告、政策与标准篇、技术篇、专题篇、借鉴篇五个篇章。其中，"总报告"系统论述2023年我国汽车产业低碳发展总体情况，目标是提供汽车产业绿色低碳年度发展情况的鸟瞰图；"政策与标准篇"对2023年我国汽车产业低碳政策动态、管理标准动态进行深入总结分析；"技术篇"从技术维度切入，重点关注汽车产业各技术路径发展现状、减碳潜力及应用前景；"专题篇"聚焦欧盟新电池法、碳足迹等国际热点进行深入探讨，全面剖析产业影响并研提针对性应对策略；"借鉴篇"剖析国际最新政策动态及标准进展，重点分析对我国的启示借鉴意义。

本书的顺利出版离不开领导、专家的支持。感谢本书顾问为本书的策划和编写提出了许多宝贵的意见和建议，感谢各位审稿专家对本书内容进行了多次审改及审评，感谢社会科学文献出版社为本书的出版提供了大量帮助，在此表示诚挚的谢意！

本书的编撰出版凝聚了许多人的厚望、关爱和支持，我谨代表汽车低碳蓝皮书编委会，向为本书提供支持和帮助的各位专家、企业以及相关单位表示衷心的感谢！今年是本书首次出版，由于时间仓促，书中难免还有不少疏漏和不足，敬请各位专家、同行和读者批评指正。

中国汽车技术研究中心有限公司总经理

2024年10月24日

摘 要

《汽车低碳蓝皮书：中国汽车产业绿色低碳发展报告》是关于中国汽车产业低碳发展的年度研究报告，2024年首次出版，从社会科学角度对我国汽车产业低碳发展情况进行系统论述和分析，全面记录我国汽车产业绿色低碳发展转型之路。本书是在多位汽车、能源、交通及相关行业资深专家、学者顾问的指导下，由中汽中心的多位研究人员，以及行业内相关领域的专家共同撰写完成。

本年度报告包括总报告、政策与标准篇、技术篇、专题篇、借鉴篇五个部分。总报告综述2023年我国汽车产业低碳发展总体情况，剖析汽车产业低碳转型主要进展和问题，提出汽车产业低碳发展政策建议；政策与标准篇系统梳理2023年国内汽车、交通、能源等相关政策动向以及国内外碳排放管理标准进展情况，并研判下一步趋势进展；技术篇从节能、混动、电动化、低碳内燃机、生产制造、车网互动等角度阐述汽车低碳技术的发展现状和趋势，剖析汽车产业不同领域减碳潜力与空间；专题篇围绕欧盟新电池法、碳足迹数据库建设等热点话题开展深入分析，研判产业影响，提出针对性建议与措施；借鉴篇梳理2023年欧美日等国家和地区汽车低碳领域相关政策及标准动态，分析对我国汽车行业低碳发展的启示。最后，附录对国内外汽车低碳相关政策及国内主要数据进行归纳整理，以便读者查阅。

汽车产业是国民经济的支柱性产业，其产业链长、覆盖面广，对经济影响程度深、带动效应大，加快推动汽车绿色低碳转型，既是落实国家"双碳"战略的重要支撑，也是产业高质量发展的内在要求。经过近几年的发展，汽车低碳领域相关工作推进已经取得了显著成效。2023年，政策方面，我国碳达峰碳中和"1+N"政策体系构建完成，从交通、工业、能源等多方面对汽车产业绿色低碳转型提出要求与支撑，《汽车产业绿色低碳发展路线图1.0》正式发布，并提出到2025年新能源汽车在当年新车销量中的占比达到45%到2030年新能源汽车在当年新车销量中的占比达到60%的市场发展目标；标准方面，与汽车低碳领域相关的基础通用、碳排放核算、报告核查、信息披露、低碳评价类标准正处于加快研究阶段；技术路线方面，我国新能源汽车市场渗透率超过30%，纯电动是乘用车产品低碳发展最重要的技术路线，商用车低碳转型技术路线呈多元化发展趋势；生产制造方面，目前汽车企业主要从绿色能源使用、建筑领域降碳、公用领域降碳等路径降低制造环节碳排放，传统四大工艺以及厂区物流等也是优化提升的重点；车用能源方面，推动新能源汽车使用"新能源电"已经成为行业共识，发展以天然气、甲醇、氢、氨等为代表的低碳燃料成为重点技术方向；车用材料方面，全球各地的环保法规和政策对再生材料的应用起到显著的推动作用，提高新车再生材料使用比例将成为发展趋势。

本书将以严谨与通俗并重的方式，对我国汽车产业低碳发展现状和趋势进行深入分析研判，从政策、标准、技术等角度客观分析中国汽车产业低碳发展面临的形势问题，并提出建议措施。本书的出版旨在为政府部门出台汽车低碳管理相关政策法规、企业制定低碳发展战略、相关从业者掌握产业低碳进展提供必要参考和借鉴，让广大读者了解中国汽车产业低碳发展最新动态和未来趋势，宣传普及汽车低碳发展理念。

关键词： 汽车产业　绿色发展　低碳转型　碳排放标准　低碳技术

目 录

Ⅰ 总报告

B.1 2023年中国汽车产业低碳发展分析与展望 …… 刘 斌 石 红 / 001

Ⅱ 政策与标准篇

B.2 2023年我国低碳政策动态分析及展望
………………… 赵建宏 祁志敏 祝月艳 任 磊 李童鑫 / 020
B.3 我国汽车碳排放管理标准研究进展
……………………………… 柳邵辉 来鑫雪 张铜柱 / 034

Ⅲ 技术篇

B.4 乘用车产品节能技术路径分析与未来趋势判断
……………………………… 陈 川 陈蒙来 赵冬昶 / 048
B.5 中国插电式混合动力汽车优势场景分析及减碳成本效益评估
……………………………… 黄炽坤 许超旭 薛兴宇 林镇宏 / 064
B.6 基于大数据的纯电动汽车碳减排关键要素分析
……………………………… 王震坡 詹炜鹏 么丽欣 / 082

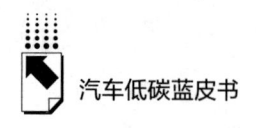

B.7 氢内燃机技术发展现状及应用前景 ………… 帅石金　孙柏刚 / 098

B.8 汽车制造企业碳排放现状分析及对策建议
　　　　　　　　　　　　　　　秦　超　刘　智　马乃锋 / 112

B.9 电动汽车与电网互动技术发展现状与趋势分析
　　　　　　　　　　　　　　　田新首　师瑞峰　赵建宏 / 120

Ⅳ 专题篇

B.10 欧盟电池法对我国汽车及动力电池行业的影响和建议
　　　　　　　　　范柏余　石　红　刘　斌　李震彪　王　佳 / 137

B.11 国内外碳足迹数据库分析及我国碳足迹数据库建设建议
　　　　　　　　　　　　　　　　　　　　　　　王洪涛 / 146

Ⅴ 借鉴篇

B.12 2023年国外汽车产业低碳政策动态分析及展望
　　　　　　　　　鹿秋杨　黄彦文　郑玥彤　刘岱宗　范柏余 / 155

B.13 欧美国家碳排放法规进展及对我国的启示
　　　　　　　　　林　晓　吴　彬　王莹莹　齐盛叡　赵一铭 / 166

B.14 国外绿电绿证政策分析与启示 ………………… 时璟丽 / 174

附录一

2022年以来中国汽车相关低碳政策出台情况 ………………… / 186

附录二

2023年世界汽车相关低碳政策一览表 ………………… / 201

附录三

2023年中国汽车产业低碳发展相关数据一览表 ………………… / 205

附录四
主要缩略语中英文索引 …………………………………………… / 210

Abstract …………………………………………………………… / 213
Contents …………………………………………………………… / 216

皮书数据库阅读使用指南

总报告

B.1
2023年中国汽车产业低碳发展分析与展望

刘 斌 石 红[*]

摘　要： 本报告首先明确了汽车产业碳排放核算边界，并对汽车产业碳排放总体情况进行测算，2023年汽车生产制造阶段碳排放接近0.8亿吨，汽车行驶阶段碳排放约为9亿吨，燃料生产阶段碳排放约为2亿吨，材料上游阶段碳排放约为2亿吨。然后，对我国汽车产业碳排放总量构成和关键影响因素开展分析，从行驶、生产、能源、材料四大方面系统研判我国汽车产业低碳发展的路径、现状及问题。近年来，我国汽车产品低碳化转型步伐加快，低碳技术创新和推广应用仍待加强；汽车产业绿色制造初见成效，绿色用能与工艺升级仍存挑战；车用能源清洁化转型加速，但转型进程有待系统推进；国际环保法规驱动再生材料使用，但国内产业链整体发展缓慢。其次，对汽车产业低碳政策标准进展进行分析，目前国家层面已基本明确我国

---

[*] 刘斌，中汽中心首席专家，中国汽车战略与政策研究中心副主任；石红，中汽中心首席专家，中国汽车战略与政策研究中心低碳经济研究部部长。

汽车产业低碳发展方向，《汽车产业绿色低碳发展路线图1.0》已正式发布，汽车碳排放管理标准体系框架基本形成。最后，从完善与碳挂钩的政策管理体系、建立健全汽车碳排放标准体系、加强绿色低碳技术创新及推广应用、加速建设绿色低碳制造体系、推动汽车与能源行业协同降碳、推进再生材料在车用领域的应用等方面提出汽车产业低碳发展政策建议。

关键词： 汽车产业　低碳发展　低碳政策标准　减碳路径

　　汽车产业链条长、市场规模大、消费拉动作用明显，在众多产业中具有引领性、先导性地位和作用。同时，汽车产业是国民经济的战略性支柱性产业。推动汽车产业低碳发展，将辐射并带动能源、交通、材料等多个行业低碳发展，实现多产业协同降碳，有力支撑经济社会发展全面绿色转型，助力我国"双碳"目标实现。同时，国际上以碳为基准的技术壁垒和贸易壁垒正在酝酿显现，产业链绿色低碳发展水平将直接决定未来汽车产业的全球竞争力。加快推动汽车产业低碳发展，既是落实国家"双碳"战略的重要支撑，也是产业高质量发展的内在要求。

　　目前，推动汽车产业低碳发展已成为产业共识。国际上已有多个经济体宣布气候碳中和框架下的汽车产业低碳发展目标，并将制定汽车全面电动化时间表、减少整车或动力电池产品碳足迹等作为降低汽车全产业链碳排放的重要途径。跨国车企也纷纷从企业或产品层面提出碳中和计划，并将自身企业减碳要求传递至供应链企业，积极推动全产业链深度脱碳。汽车产业集成新能源、新材料、新一代信息技术、先进制造等诸多新技术，是我国经济增长的重要绿色生产力，是当前和未来一个时期推动低碳化转型的关键抓手，也是我国参与全球分工、应对气候变化的典型行业。面对绿色低碳发展的内部需求与外部压力，有必要系统分析我国汽车产业绿色低碳发展情况，总结经验成果，补齐短板弱项，持续巩固产业低碳竞争优势。

一　我国汽车产业碳排放基本情况分析

汽车产业碳排放核算工作是一项系统工程，涉及汽车行驶、汽车生产制造、车用燃料生产、车用材料生产等阶段产生的碳排放。结合国际通行的碳排放核算方法和行业管理边界划分方式，基于"谁排放谁负责"原则，将汽车产业碳排放划定为汽车产业直接产生的碳排放，包括汽车行驶阶段（燃料使用阶段）产生的碳排放以及汽车生产制造阶段产生的碳排放，而车用燃料生产阶段产生的碳排放以及车用材料生产阶段产生的碳排放属于汽车产业间接产生的碳排放（见图1）。

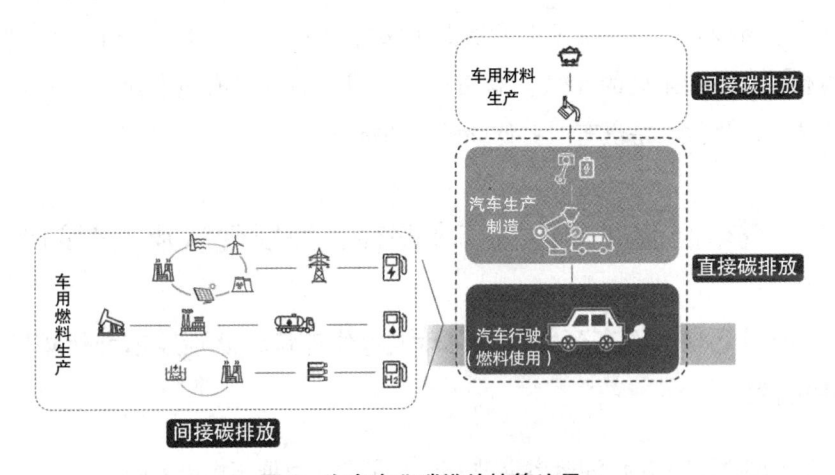

图1　汽车产业碳排放核算边界

（一）汽车行驶阶段碳排放约占全社会碳排放的8%左右

目前，我国交通运输碳排放占国内碳排放总量的10%左右，其中以汽车为主的道路交通碳排放占全国交通运输碳排放总量的80%以上，因此汽车行驶阶段碳排放占全社会碳排放的8%左右。未来一段时间内，我国汽车保有量将持续保持稳定增长态势，且传统能源汽车保有量也将增长，预计2030年前汽车碳排放总量还将保持合理增长趋势。

（二）汽车产业碳排放主要来自行驶阶段化石燃料燃烧

经中汽政研研究测算，2023年汽车生产制造阶段碳排放接近0.8亿吨，汽车行驶阶段碳排放约为9亿吨，燃料生产阶段碳排放约为2亿吨，材料生产阶段碳排放约为2亿吨。由此可见，汽车产业碳排放主要来自汽车行驶阶段化石燃料燃烧，传统燃油汽车保有量大是造成汽车行驶阶段碳排放高的主要因素。

（三）商用车以一成左右的保有量贡献了行驶阶段超五成的碳排放

商用车以载客和运货等商业用途为主，单车能耗高、使用强度高，且电动化进程缓慢。我国商用车保有量占比仅约11%，但碳排放量超过5亿吨，约占行驶阶段碳排放的55%，商用车以一成左右的保有量贡献了行驶阶段超五成的碳排放，是汽车产业低碳转型的重点。

二 汽车产业低碳转型基本路径、发展现状及主要问题

（一）行驶：汽车产品低碳化转型步伐加快，低碳技术创新和推广应用仍待加强

1. 新能源汽车市场渗透率突破35%，仍存在发展不均衡问题

汽车产业碳排放主要来自汽车行驶阶段燃料燃烧产生的碳排放，降低汽车行驶阶段碳排放是汽车产业减碳最有效的路径之一。纯电动汽车、燃料电池汽车能实现行驶阶段零排放，插电式混合动力汽车在行驶阶段的碳排放也明显低于传统汽车，因此，为降低行驶阶段碳排放需大力推广新能源汽车。2023年，我国新能源汽车全年销量（含出口）再创新高，达到949.5万辆，同比增长37.9%，已连续九年居世界首位，市场渗透率由2022年的25.6%提升至31.6%（见图2），2024年1~6月新能源汽车市场渗透率突破35%。虽然近两年我国新能源汽车年销量持续保持高速增长，但新能源汽车全面市

场化发展仍存在乘商结构不均衡、推广地域不均衡等问题。按车型来看，乘用车电动化转型正驶入快车道，2023年新能源乘用车市场销量占乘用车总销量的34.7%。受技术、成本、政策等因素影响，商用车市场新能源汽车渗透率仍然较低，2023年新能源商用车市场销量仅占商用车总销量的11%，从渗透率指标上看，新能源商用车仍未走出市场起步期，电动化转型任重道远。按地域来看，受动力电池低温适应性、充换电设施不足等因素影响，东北、西北等地区新能源汽车推广应用相对滞后，2023年东北、西北地区新能源汽车渗透率分别为20.3%、21.1%，明显低于全国平均水平（31.6%）。

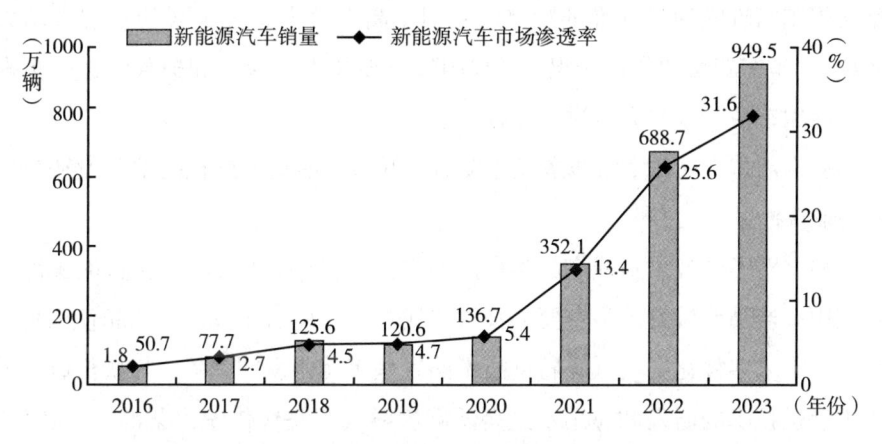

图2 2016~2023年中国新能源汽车销量及市场渗透率

资料来源：中国汽车工业协会月度快报。

2. 乘用车节能技术水平提升遇瓶颈，商用车油耗下降空间依然存在

汽车行驶阶段碳排放主要来自传统能源汽车行驶过程中化石燃料燃烧。加速推进高效燃烧、余热回收、轻量化、低风阻等技术研发应用，能够有效提升传统能源汽车节能技术和燃油经济性水平，进而减少汽车行驶阶段碳排放。乘用车方面，新能源乘用车加速发展对传统能源乘用车市场造成一定挤压，企业对提升传统能源乘用车燃油经济性的热情明显下降，常规节能技术搭载趋于饱和，先进节能技术应用迟缓，近年来传统能源乘用车能耗降幅明显放缓。2023年，在汽车消费大型化的影响下，我国传统能源乘用车平均燃料消耗量实际值为6.86L/100km，同比降幅仅为0.4%。此外，我国自主品牌强混车型产量规模、渗透率提升也相对迟缓，2023年国产普通混合动力车型产量占比仅为6%左右，自主品牌企业更倾向于发展插电式混合动力车型，而将普通混合动力作为技术储备。商用车方面，受大质量车型销量变化影响，各车型的油耗变化趋势不一。2023年轻型商用车①N1类平均油耗约为7.33L/100km，比2022年下降4.4%左右，轻型商用车M2类平均油耗约为9.7L/100km，比2022年上升2.5%左右，重型商用车②货车平均油耗约为12.8L/100km，较2022年下降4.3%左右。未来，随着轻型商用车和重型商用车四阶段油耗标准的加严，商用车高效动力系统（含传统混合动力系统）、整车轻量化、低滚阻、低风阻等节能技术的应用和搭载将进一步推进，商用车节能水平有望进一步提升。

3. 商用车产品技术路线多元化发展，低碳、零碳内燃机技术研发和应用仍需加快推进

根据对不同技术路线产品生命周期碳排放量的评价研究③，新能源汽车是乘用车产品低碳发展最重要的技术路线之一，而由于商用车产品使用场景复杂、需求多样化，其低碳转型技术路线呈多元化发展趋势。加快低碳、零碳内燃机技术的研发和应用，提高低碳燃料汽车替代传统汽柴油车的比例，对降低汽车行驶阶段碳排放有着一定的促进作用。近年来，包括甲醇内燃机、氢内燃机、氢-氨内燃机等在内的低碳、零碳燃料内燃机技术发展迅速。以甲醇内燃机为例，其工作原理与传统燃油汽车相同，仅有少数零部件为甲醇内燃机汽车专用，技术可行性较高，经过多年的发展，我国甲醇汽车技术及产业链成熟度均处于国际领先地位。不过受燃料供给影响，目前甲醇汽车仅在富醇区域小批量应用，推广规模有限。此外，经过多年研发攻关，

---

① 轻型商用车是指以点燃式发动机或压燃式发动机为动力，最大设计车速大于或等于50km/h的N1类车辆和最大设计总质量不超过3500kg的M2类车辆。
② 重型商用车是指最大设计总质量大于3500kg的使用汽油和柴油的商用车辆，包括货车、半挂牵引车、客车、自卸车和城市客车。
③ 相关研究成果由科技部国家重点研发计划政府间国际科技创新合作"氢能及燃料电池汽车碳足迹和可持续性评估方法研究"（2023YFE0109300）项目资助。

我国已攻克氢内燃机系列技术难题，一汽集团、潍柴动力、广汽集团、玉柴集团、北汽集团等企业正在加快车用氢内燃机产品研发和技术示范。整体来看，我国氢内燃机技术仍处于研发阶段，仍有许多技术难题需要解决，预计最早2025年能够达到量产条件。

（二）生产：汽车产业绿色制造初见成效，绿色用能与工艺升级仍存挑战

1. 生产用能绿色水平不断提升，但仍受供给与成本制约

优化能源采购策略、提高绿色能源使用比例是降低汽车生产制造碳排放的主要路径之一。多家汽车企业通过采用光伏发电、风力发电等可再生能源技术，实现了生产用能结构的优化。例如，比亚迪通过在生产基地部署光伏发电系统，实现全年累计发电量超6亿kWh，光伏发电量占生产基地总用电量比例超55%。吉利汽车西安工厂已实现100%使用可再生能源电力，并自建52MW超级光伏电站，其年均发电量可达4750万kWh。华晨宝马2021年采购27.8亿kWh绿电，以保障宝马沈阳工厂100%使用绿电生产。汽车生产制造使用绿色能源虽取得进展，但仍面临多重挑战。一是可市场化交易的绿色电力供给能力不足。2023年，全国新能源市场化交易电量达6845亿kWh，仅占新能源总发电量的47.3%，占全国市场交易电量的12.08%。多个省份将可再生能源发电作为优购机组纳入保障性收购，同时西部作为主要的可再生能源电量送出省份，自身可再生能源消纳责任权重考核压力较大，限制了绿电省间外送积极性，进而限制了绿电省间交易规模。二是绿色电力相较于传统电力，其电价略高。根据中汽政研调研数据，2023年绿电价格中上网电价比火电高0.8~0.9分/度，一定程度上影响汽车企业购买绿电的积极性。

2. 生产工艺不断优化，但技术、成本等难题待解决

优化生产工艺可以简化生产流程、减少能源消耗，是降低汽车生产制造碳排放的另一重要路径。在冲压工艺方面，一体化压铸将传统汽车生产中冲压和焊装整合为压铸，有效减少所需生产零部件数量，同时简化车身整体生

产流程，大幅减少焊接、涂胶环节，减少资源消耗和碳排放。在焊接工艺方面，采用低温焊接工艺能够减少焊接过程中的热影响，相比传统工艺可降低约10%的能源消耗，进而降低碳排放。涂装车间产生的碳排放占整车厂碳排放的40%~60%，可通过缩短喷涂室的长度和宽度，应用喷涂室空调风循环再利用、空调热泵技术、干式喷涂室应用等技术节省能源，降低碳排放。在总装工艺方面，利用5G、工业互联网等新一代信息技术，可实现数字化协同管控，进而提高生产效率，并降低碳排放。但目前汽车生产工艺优化也面临着高成本、技术人才短缺等挑战。以一体化压铸为例，一是设备投入成本高，相比成本仅为千万元的传统冲压机，重型一体化压铸设备采购价格往往高达上亿元，大大增加了企业的初期投资压力；二是材料成本高，采用一体化压铸技术意味着需放弃使用较为便宜且成熟的钢材车身部件，而使用更昂贵的铝制车身，这也将增加单车制造成本。此外，对现有生产工艺及设备进行改造升级需停工停产，会扰乱生产经营节奏，影响企业切身利益，也是产业面临的现实问题之一。

（三）能源：车用能源清洁化转型加速，但转型进程有待系统推进

1. 电气化替代减碳效益明显，但电力清洁化水平仍待提升

车用动力系统由内燃机驱动转向电力驱动的同时，降低电力生产碳排放可进一步降低车用能源碳排放。各地方正积极探索促进新能源汽车消费绿色电力的交易机制，以进一步提升车用电力清洁化水平，并促进绿电消费。例如，北京市建成绿电消费服务平台，以电力交易机制引导和鼓励新能源汽车车主购买使用绿色电力；浙江电力交易中心与国网浙江电动汽车服务公司共同制定《浙江省电动汽车消费绿色电力试点工作方案》，组织充电设施聚合参与绿电交易。但现阶段，中国电力结构仍以火力发电为主。根据国家统计局数据，2023年，火力发电量占全国总发电量的66.3%，电力清洁化水平仍有较大提升空间。根据中汽政研研究测算，在当前电力结构下，纯电动汽车生命周期碳排放比传统燃油车低40%左右。未来随着中国电力结构的进一步调整，电力上游生产将更加清洁化，新能源汽车的减碳潜力还将进一步

释放。

2. 低碳、零碳燃料处在小规模示范应用阶段，低碳燃料政策标准体系尚待完善

除推动车用能源向清洁电力转换外，使用低碳、零碳燃料替代高碳化石燃料也是降低车用能源碳排放的重要路径。推进氢、氨、先进生物液体燃料、可再生合成燃料等低碳、零碳燃料的研发应用，实施绿氢、绿氨、绿色甲醇等低碳、零碳燃料示范工程，可加速低碳、零碳燃料成本降低，提高低碳、零碳燃料替代传统汽油、柴油比例。当前，中国车用能源以汽油、柴油为主，天然气、甲醇、氢等替代燃料也得到不同规模应用。根据《2023年国内外油气行业发展报告》，2023年车用天然气、甲醇、氢燃料分别替代成品油约2965万吨、405万吨、1.2万吨，总计约占车用成品油消费量的8.4%。国家层面近年来也出台了相关政策鼓励低碳、零碳燃料在汽车领域的应用。2021年11月，工信部发布《"十四五"工业绿色发展规划》，提出促进甲醇汽车等替代燃料汽车推广；2023年11月，国家能源局发布《关于组织开展生物柴油推广应用试点示范的通知》，推动车用生物柴油与船用生物柴油试点示范工作；2024年6月，国家发展改革委发布《天然气利用管理办法》，明确天然气优先利用类包括以液化天然气为燃料的载货卡车、城际载客汽车、公交车等运输车辆。但是整体来看，我国关于低碳燃料的定义尚不明确，政策标准体系也不完善，一定程度上影响了低碳燃料的规模化应用，尤其是低碳燃料在汽车领域的应用。

3. 新能源汽车与电网融合互动处于快速发展初期，大规模应用尚面临制约

充分利用新能源汽车储能资源，支撑新型电力系统建设，可发挥新能源汽车的"外溢"减碳效应。《2030年前碳达峰行动方案》《"十四五"现代能源体系规划》等多项政策提出要引导和鼓励新能源汽车等用户侧储能参与系统调峰调频，开展包括新能源汽车与电网（V2G）在内的各类资源聚合的虚拟电厂示范。2019年以来，我国已有多个省市开展新能源汽车参与电网辅助服务和需求响应的试点验证，在制定充电峰谷分时电价政策、聚合车网互动资源参与辅助服务和需求响应试点以及验证双向充放电技术

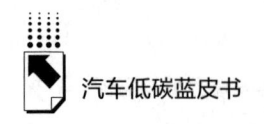

可行性等方面取得了积极进展。企业实践方面，2023年以来，蔚来、广汽埃安、长城等多家整车企业围绕V2G开展技术验证、商业模式探索等示范运营活动。作为我国新型电力系统建设的重要组成部分，车网互动技术的应用正处于快速发展的初步阶段。但面对下一阶段大规模车网融合互动的需求，还存在诸多制约，如车网互动技术体系和应用方案尚不成熟、关键技术标准存在缺失、充电峰谷分时电价覆盖不全、配套需求响应和电力交易机制尚待健全、多方主体利益有待平衡等问题，仍需统筹推进、重点突破。

（四）材料：国际环保法规驱动再生材料使用，但国内产业链整体发展缓慢

1.跨国车企通过技术创新广泛应用再生材料，我国回收技术和产业联动面临挑战

技术创新与工艺改进可以提升废旧材料的性能、质量和回收率，使其适应更多复杂和高要求的应用场景，减少资源浪费和能源消耗，是材料端减碳的主要路径。具体来说，利用激光切割与自动化智能分选，可以最大限度提高回收利用率；探索人工智能预测废旧材料的成分及再利用价值技术，可进一步提高回收的精准度；研发低温熔炼和高效净化技术等先进再生材料加工工艺，减少加工过程中的碳排放、提升再生材料的性能和质量。以常用热塑性塑料（PET）为例，与生产原生PET相比，再生PET一般可减少58.8%的碳排放。跨国汽车企业已经广泛应用再生材料。福特公司利用废弃塑料生产变速箱支架、地板侧梁等部件；大众在欧洲生产的ID系列纯电动车型座椅织物采用100%回收塑料，其他部分车型也有28%的织物和6%的热塑性塑料来源于再生材料；沃尔沃C40 Recharge纯电动汽车的地毯由回收的PET塑料瓶制成。

反观国内，我国再生材料技术基础薄弱，报废机动车回收拆解企业与生产企业缺乏有效的联动沟通机制，造成报废机动车回收拆解企业在收到报废汽车后，难以判断和筛选可高值再回收的材料，进而不会采用精细化、自动化的拆解设备工艺，导致产业链整体技术发展较缓慢。由于我国再生材料的质量、性能稳定性以及可靠性尚未得到充分验证，我国汽车企业对其应用持谨慎态度，汽车生产中再生材料的使用量远低于国际平均水平，仅有蔚来、奇瑞等少数企业在新车型中采用小比例的再生塑料，且主要应用于非外观部件，如内饰立柱零件、内饰仪表板零件，以及个别功能部件，如雨刮、前轮护板等。

2. 国际环保法规推动再生材料应用提速，我国相关法规存在缺位现象

全球各地的环保法规和政策对再生材料的应用起到了显著的推动作用。2023年7月，欧盟委员会发布关于报废车辆（End-of-Life Vehicles，ELV）的法规提案，要求新车应包含至少25%的再生塑料，其中25%来自回收的报废汽车，即新车中6.25%的塑料源自报废汽车，钢铁、铝、镁合金，电子驱动电机的永磁材料钕、镝、镨、铽、钐和硼的最低再生材料比例要求，将在法规生效后由委员会评估最低比例的可行性后发布。2023年8月，正式生效的欧盟《电池与废电池法规》对汽车动力电池再生材料使用比例也做出了规定，镍、钴、锂、铅四种材料的再生材料比例于2031年8月18日和2036年8月18日需分别达到16%、85%、6%、6%和26%、85%、12%、15%。与发达国家相比，我国再生材料的标准缺乏、法规缺位、认证追溯体系也存在缺失，尚未出台针对新车采用再生材料的强制准入性法规，亦无激励企业采用再生材料的支持政策。

三 汽车产业低碳政策标准进展情况分析

（一）政策：汽车产业低碳转型支撑政策体系持续完善

1. 国家层面已基本明确我国汽车产业低碳发展方向

当前，我国已基本构建起一套全方位、多层次的碳达峰碳中和"1+N"政策体系，从多个方面系统推进经济社会发展全面绿色转型，其中多个文件涉及汽车产业，并从发展方向、低碳目标、工业减碳、供应链碳足迹等维度为汽车产业低碳发展指明了方向。《中共中央 国务院关于完整准确全面贯彻新发展理念做好碳达峰碳中和工作的意见》提出加快发展新能源汽车等战略性新兴产业；《2030年前碳达峰行动方案》提出到2030年，当年新增新能源、清洁能源动力的交通工具比例达到40%左右，着力扩大新能源汽车等低碳节能产品市场消费；《工业领域碳达峰实施方案》重点从生产降碳角度出发，提出支持汽车产业龙头企业，将绿色低碳理念贯穿于产品设计、原料采购、生产、运输、储存、使用、回收处理的全过程，推动供应链全链条绿色低碳发展；《关于完善能源绿色低碳转型体制机制和政策措施的意见》《建立健全碳达峰碳中和标准计量体系实施方案》等系列文件分别从清洁能源替代、基础设施建设、标准体系建设、循环经济支持等维度为汽车产业低碳发展指明了方向、提出了要求。此外，2023年以来国家有关部门相继印发《关于加快建立产品碳足迹管理体系的意见》《关于建立碳足迹管理体系的实施方案》，对包含汽车及动力电池在内的重点产品碳足迹管理体系建设提出目标要求，将开展汽车及动力电池产品碳足迹管理研究提上日程。

2.汽车产业绿色低碳发展路线图已正式发布

2023年，我国发布《汽车产业绿色低碳发展路线图1.0》（以下简称《路线图1.0》），明确汽车产业力争于2030年前达到碳排放峰值，2060年支撑国家碳中和发展目标如期实现。该文件基于产业发展实际情况，设定2025年新能源汽车占汽车新车总销量的45%，2030年新能源汽车占汽车新车总销量的60%的目标；根据汽车产业外部发展要求和内部发展趋势，提出汽车产品低碳发展依赖于电动化转型及传统能源动力系统低碳、零碳发展，汽车制造低碳发展依赖于智能化、数字化技术应用叠加电力清洁化和循环利用体系建设；从体制机制保障、技术创新保障、产品转型降碳、制造转型降碳和产业协同降碳五个方面系统谋划汽车产业碳减排的政策体系，全面系统支撑汽车产业低碳发展（见图3）。整体来看，《路线图1.0》为我国汽车产业低碳发展指明了方向、明确了路径，但目前我国汽车产业尚未形成直接与碳挂钩的政策管理体系，缺乏引导汽车产业加速绿色低碳转型的强有力政策措施，亟待主管部门尽快研究出台。

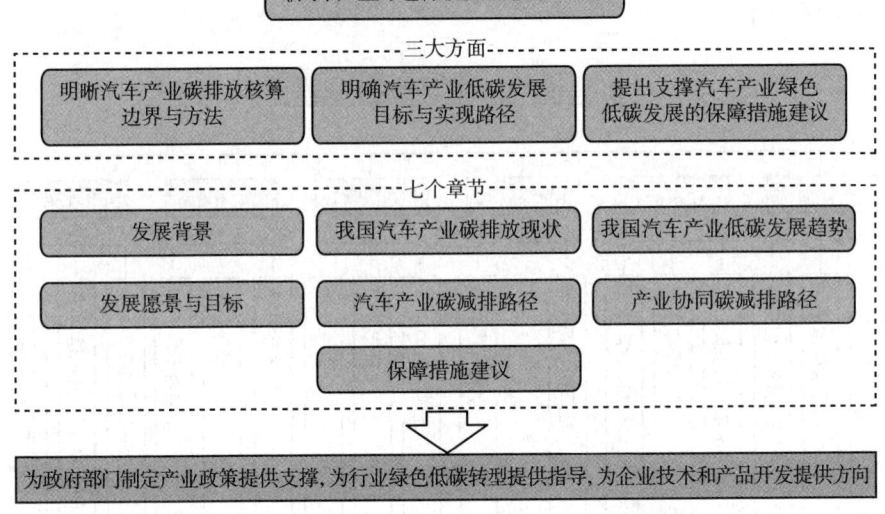

图 3　《汽车产业绿色低碳发展路线图 1.0》整体框架

资料来源：中汽政研根据《汽车产业绿色低碳发展路线图 1.0》内容制作。

（二）标准：汽车碳排放管理标准体系框架基本形成

按照国家碳达峰碳中和标准体系建设要求，结合汽车产业管理实际情况，我国正重点围绕汽车整车、零部件企业或产品的碳排放源，从组织层面、产品层面和项目层面开展汽车碳管理标准体系研究，该体系涵盖碳排放管理基础通用、计量监测、核算核查（含产品碳足迹核算）、信息披露、低碳评价、管理服务等六个方面（见图4）。截至2024年8月，已下达立项计划的在研标准11项，其中国家标准3项，行业标准8项。在产品碳足迹核算标准方面，在研标准4项，均为行业标准，包括产品碳足迹核算及报告指南（道路车辆产品碳足迹量化方法与要求）、乘用车产品碳足迹核算、动力蓄电池产品碳足迹核算和发动机产品碳足迹核算，前3项行业标准计划于2024年底前完成报批，发动机产品碳足迹核算行业标准计划于2025年完成

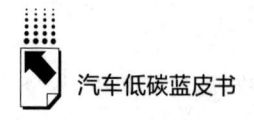

报批。产品碳足迹核算领域预研标准7项，包括新能源汽车、汽车动力电池、驱动电机等3项"新三样"汽车产品碳足迹国家标准项目以及动力蓄电池梯次利用产品、动力蓄电池再生利用产品、商用车产品、燃料电池系统等4项行业标准。

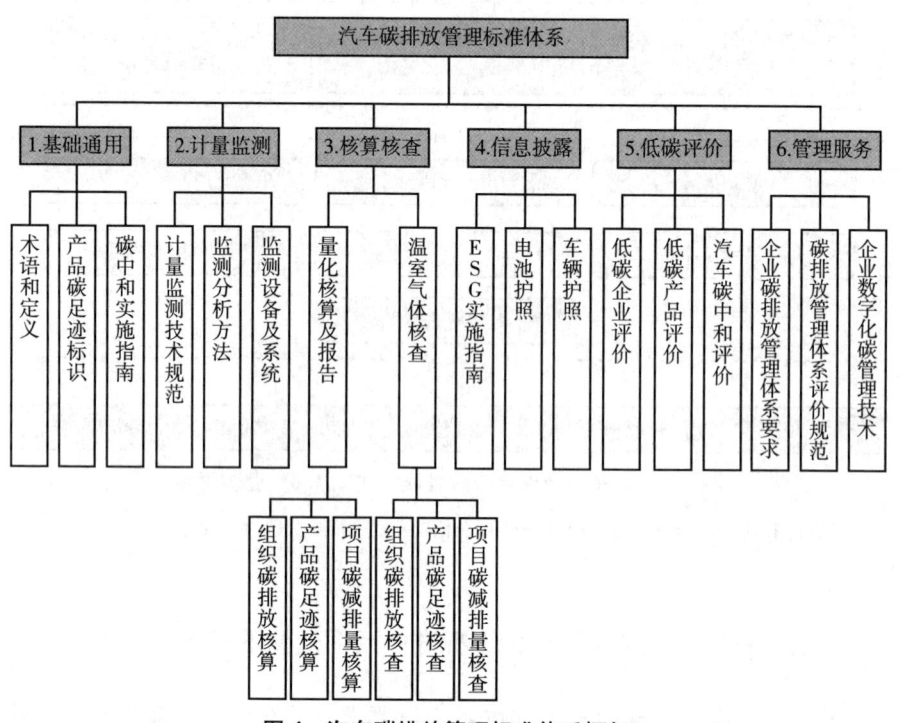

图4 汽车碳排放管理标准体系框架

四 汽车产业低碳发展政策建议

（一）完善与碳挂钩的政策管理体系

一是近期需推进汽车及动力电池产品碳足迹管理政策研究。近年来，以欧盟为代表的发达国家和地区已陆续出台多项碳足迹相关政策和法规。2023年8月，欧盟《电池与废电池法规》正式生效，对电池碳足迹实施"先报数、后定级、再设限"三步走的分阶段管理；2024年1月，法国政府开始实施新版新能源汽车购车补贴政策，规定将新能源汽车碳足迹作为补贴车型的考量标准之一。这些政策法规的出台意味着国际上以碳足迹为核心的新型贸易壁垒正在加速形成，在对全球汽车产业发展造成深远影响的同时，也给我国汽车产业的国际化发展带来了机遇与挑战。碳足迹贸易壁垒应对工作是一项系统工程，涉及多部门、多环节、多主体，我国研究基础相对薄弱，近期亟须加快推进汽车及动力电池产品碳足迹管理政策研究。建议前期重点围绕动力电池产品，开展碳足迹核算方法研究、数据库搭建、管理规则研究、国际交流互认等工作，并尽快出台动力电池产品碳足迹管理政策，为汽车产品碳足迹管理和国际贸易壁垒应对奠定基础。

二是中长期需构建与碳挂钩的汽车产业政策管理体系。中长期来看，我国有必要建立跨部门的汽车和动力电池产品碳管理协同与分工机制，积极推动汽车及动力电池产品碳管理政策制定，不断提升我国汽车产业低碳国际竞争力。加快构建与碳挂钩的汽车管理与财税激励政策体系，探索将产品碳足迹申报结果作为新能源汽车车辆购置税减免政策技术指标及道路机动车辆产品准入政策技术指标的可行性。研究构建汽车及动力电池产品绿色低碳评价体系，推动将产品碳足迹纳入汽车促消费、循环利用等政策。积极与欧美日等国家或地区及相关国际贸易组织进行深层次沟通，加强新能源汽车及动力电池领域合作和交流，降低汽车领域涉碳政策带来的国际壁垒，减少国际贸易摩擦。

（二）建立健全汽车碳排放标准体系

一是持续完善汽车碳排放管理标准框架体系。加强顶层设计，统筹汽车产业发展和技术进步情况，建立健全包括汽车整车、重点零部件、车用材料、车用燃料、资源综合利用等在内的全生命周期碳排放标准体系，多层面、多维度开展汽车碳管理标准体系研究，协同推进汽车碳排放管理标准化工作。

二是加快构建汽车及电池产品碳足迹核算标准体系。优先、重点推动汽车及动力电池产品碳足迹核算标准研究,加快汽车及动力电池产品碳足迹核算要求通则国家标准制定进程,推动新能源汽车、汽车动力电池、驱动电机等"新三样"和燃料电池系统等关键产品碳足迹标准立项。加强与国际组织的沟通协调,深入参与产品碳足迹领域相关国际标准法规研究,推动国内国际汽车产品碳足迹核算标准的协调互认。

三是推动汽车与其他相关行业碳排放标准协同、数据共享。加快组织电力、钢铁、有色、石化、化工等重点行业重点产品的碳排放核算方法及相关标准制修订,推动跨行业标准协同。建立跨领域基础数据库协调与共享机制,加快构建覆盖电力等基础能源和钢铁、电解铝等基础材料在内的温室气体①排放因子库,并建立常态化、规范化数据更新机制,为汽车产业碳排放统计核算工作提供数据基础。

(三)加强绿色低碳技术创新及推广应用

一是持续支持绿色低碳技术创新。持续研发低碳技术和低碳产品,不断丰富节能汽车、新能源汽车、低碳/零碳燃料汽车等各类低碳车型供给。以动力总成优化升级为重点,加速推进高效燃烧、高压缩比、混合动力、智能控制、零碳动力、低碳燃料等技术研发应用。扎实推进新能源汽车核心技术攻关,重点突破动力电池高安全全气候、燃料电池高功率长寿命等方面的产业瓶颈,进一步满足市场全气候、全场景使用需求。加快低碳、零碳内燃机关键核心技术攻关和产业化应用,突破新能源汽车高端材料、芯片、操作系统等短板技术,全面提升汽车产业低碳转型基础支撑能力。

二是引导创新主体加强技术研发。强化基础研究和前沿技术布局,加大对国家级创新中心、重点实验室、企业技术中心等科研创新平台的支持力度。完善以企业为主体、市场为导向、产学研用相结合的技术创新体系,实施更大力度的企业研发费用加计扣除、低碳技术企业税收优惠等普惠性政

---

① 目前国际公约规定控制的温室气体有7种,分别是二氧化碳(CO_2)、甲烷(CH_4)、氧化亚氮(N_2O)、氢氟碳化物(HFCs)、全氟化碳(PFCs)、六氟化硫(SF_6)和三氟化氮(NF_3)。其中,二氧化碳是最主要的温室气体,占全球温室气体排放总量的70%以上。

策，鼓励有条件、有基础的企业积极引进国外先进技术及经验，进行消化吸收再创新。

（四）加速建设绿色低碳制造体系

一是开展汽车工业低碳示范行动。组织开展企业碳达峰、碳中和先行示范活动，引导企业逐步建立完善的绿色技术体系、绿色供应链体系、绿色制造体系。创建汽车绿色供应链示范工程，支持汽车企业作为链主企业构建绿色供应链管理体系，建立供应链碳排放数据管理平台，提高对供应链企业的绿色低碳发展水平要求，推动供应链整体绿色低碳转型。探索实施"绿色制造"示范工程，支持企业在自有场所开发利用分布式光伏等清洁能源，建设分布式清洁能源和智慧能源系统，提升对余热、余压、余气等的综合利用能力，推进园区多能高效互补利用。

二是加大对绿色制造的激励扶持力度。加大国家制造业转型升级等国家级基金对汽车绿色转型发展的支持力度，鼓励社会资本设立汽车工业绿色发展基金，支持汽车企业构建绿色制造体系。通过现有财政资金渠道，重点支持汽车制造绿色低碳领域的节能降碳技术装备改造升级与重大技术装备攻关、零碳能源供给系统构建、园区碳管理能力与平台构建等方向。建立绿色低碳制造技术改造项目库和标杆企业库，加大绿色金融、转型金融支持力度。

（五）推动汽车与能源行业协同降碳

一是加强产业整体统筹，推动新能源汽车与电网协同发展。探索促进新能源汽车消费绿色电力的交易机制，提升车用能源领域绿色电力消费比例。加快智能有序充电推广应用工作，开展智能有序充电示范小区建设，提升智能有序充电桩保有比例。加强车网互动技术创新与试点示范推广应用，探索新能源汽车与园区、楼宇建筑、家庭住宅等场景高效融合的双向充放电应用模式。鼓励地方围绕新能源汽车的灵活负荷及新型储能单元属性，探索电力市场辅助服务等多元化的车网互动商业模式，推进新能源汽车参与新型电力

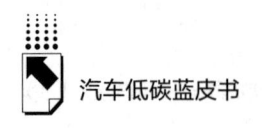

系统建设。

二是完善政策标准体系，积极推动低碳燃料规模化应用。鼓励氢、氨、甲醇、生物质燃料、可再生合成燃料等低碳燃料的研发，积极推动低碳燃料的技术创新及应用示范。完善车用低碳燃料标准法规体系，引导和鼓励氢、氨、先进生物液体燃料、可再生合成燃料等低碳、零碳燃料的供应及推广，提高车用低碳燃料的应用比例。支持有条件的地方先行先试，探索实施绿氢、绿氨、绿色甲醇等零碳燃料推广应用工程，支持有条件的地区试点开展低碳、零碳汽车的商业化示范运行。

（六）推进再生材料在汽车领域的应用

一是系统构建再生材料政策法规体系。进一步完善环保法规框架，在汽车生产、回收报废及再利用的全链条中，强化政策的有效衔接与资源的优化配置，推动再生材料在汽车产业中的广泛应用。针对新车生产环节，分阶段明确设定再生材料的使用比例目标，推动企业使用再生材料；针对报废车辆处理环节，制定并严格执行回收及拆解标准，确保高质量开展报废车辆再生材料回收工作；针对再利用环节，明确再生材料的应用规范与质量标准，确保再生材料的质量达标并安全应用于汽车零部件的制造过程。通过实施专项工程，提供税收优惠、经济补贴等激励措施，鼓励企业与科研机构之间建立紧密的合作关系，支持企业加大对再生材料回收、分选、生产、污染防控等技术研发的投入力度，积极推动技术创新与突破，提升再生材料性能并扩大应用范围。

二是构建汽车再生材料认证追溯体系。构建全面覆盖报废车辆回收、拆解、再生材料生产、质量检测、零部件制造以及汽车生产等各个环节的再生材料追溯体系。通过实现数据的实时追踪与深度分析，形成一条完整且透明的材料流动信息链条，支撑再生材料的有效利用与广泛推广。

政策与标准篇

本篇梳理分析了 2023 年以来国家层面出台的低碳发展相关政策和国内外汽车碳排放管理标准情况，在总结政策特点及标准进展的基础上，提出未来汽车产业低碳管理政策和标准的建议。

2023 年以来，国家层面出台汽车产业低碳发展、能源低碳转型、产品碳足迹管理、碳交易管理、技术金融支撑保障等五大方面的低碳发展政策。《2023 年我国低碳政策动态分析及展望》对相关政策进展与要点进行了全面总结和分析，并总结提炼了重顶层设计、重车网协同、重产品碳足迹管理、重碳市场推进建设四大政策特点，最后基于汽车产业碳管理实际，提出强化规划引领、紧抓车能融合、完善与碳挂钩的政策体系三大建议，并强调要保持政策连续性、稳定性和针对性，加强各类政策协调配合，坚持不懈落实推进碳达峰碳中和目标。

标准作为支撑汽车产业健康发展的重要手段，在规范产品质量、推动技术进步、促进产业转型等方面发挥积极作用。《我国汽车碳排放管理标准研究进展》基于对国内外碳排放管理标准进展的详细梳理和分析总结，重点围绕企业或产品的碳排放源，从组织、产品和项目三个层面开展标准体系研究，提出了涵盖基础通用、计量监测、核算核查、信息披露、低碳评价、管理服务等六个方面的汽车碳排放管理标准体系框架，最后结合汽车碳排放管理标准现状，提出持续完善标准体系、加快重点标准研制和加强国际标准法规交流三个重点工作方向，持续推进汽车碳排放管理标准研究，切实加强标准对汽车碳达峰碳中和工作的引领、指导、规范和支撑作用。

B.2
2023年我国低碳政策动态分析及展望

赵建宏 祁志敏 祝月艳 任磊 李童鑫*

摘 要： 本报告对2023年以来国家层面出台的低碳发展相关政策进行总结与分析，主要涉及汽车产业低碳发展、能源低碳转型、产品碳足迹管理、碳交易管理、技术金融支撑保障五大方面。产业层面，国家积极出台"双碳"相关政策，明确产业绿色发展方向，促进各领域全面绿色低碳转型升级。企业层面，国家鼓励企业加强绿色技术创新，推动企业在生产制造过程中节能减排，带动企业制定实施自身"双碳"目标任务。市场层面，国家及地方多措并举扩大新能源汽车等低碳节能产品市场消费。在全球低碳发展按下"加速键"的大背景下，我国"双碳"政策体系还需在"引好路"的基础上，继续"加把劲"，建议强化规划引领，推动汽车产业低碳发展；紧抓车能融合，构建协同降碳产业生态；加强统筹协调，完善与碳挂钩的政策管理与支持体系。

关键词： 国家政策 绿色低碳 汽车产业

2023年，我国"双碳"政策体系建设全面推进，重点领域、重点行业实施方案和支持保障方案先后出台，"1+N"政策体系更加完善并持续落实。"双碳"政策体系从不同维度指明了汽车产业绿色低碳发展的方向与重点，

---

* 赵建宏，硕士，工程师，中国汽车战略与政策研究中心（以下简称"中汽政研"）低碳经济研究部；祁志敏，硕士，工程师，中汽政研低碳经济研究部；祝月艳，硕士，高级工程师，中汽政研低碳经济研究部；任磊，博士，工程师，中汽政研低碳经济研究部；李童鑫，工程师，中汽研汽车检验中心（武汉）有限公司标准法规与技术创新室。

并强调充分发挥汽车产业的引领性、带动性和先导性作用，以汽车驱动能源、材料、交通多领域低碳发展，构建绿色降碳协同体系。

一 政策进展

2023年以来，国家层面出台的低碳发展相关重点政策主要涵盖汽车产业低碳发展、能源低碳转型、产品碳足迹管理、碳交易管理、技术金融支撑保障等五个方面。

（一）明确汽车产业低碳发展路线图，推动汽车产品电动化转型

汽车产业是国民经济支柱性产业，加快推动汽车产业绿色低碳转型，既是落实国家"双碳"战略的重要支撑，也是产业高质量发展的内在要求。在此背景下，汽车行业主管部门围绕汽车产业绿色低碳发展路径、公共领域车辆全面电动化、充电基础设施建设制定发布了系列政策。

1. 明确汽车产业绿色低碳发展方向

2023年12月，在工信部指导下，中国汽车工程学会、中国汽车技术研究中心有限公司联合发布《汽车产业绿色低碳发展路线图1.0》，提出"2025年、2030年新能源汽车市场渗透率目标分别为45%、60%，2030年后，低碳、零碳汽车技术水平持续引领全球，新能源汽车将成为汽车市场和道路交通主体"的汽车产业低碳发展目标，从体制机制保障、技术创新保障、产品转型降碳、制造转型降碳和产业协同降碳五个方面系统谋划了汽车产业碳减排的政策法规标准体系，支撑汽车产业绿色低碳发展。

2. 推动公共领域车辆全面电动化转型

2023年1月，工信部等8部门联合印发《关于组织开展公共领域车辆全面电动化先行区试点工作的通知》（工信部联通装函〔2023〕23号），提出在全国范围内启动公共领域车辆全面电动化先行区试点工作，实现"广参与、全覆盖"，明确在促进新能源汽车推广、基础设施建设、新技术新模

式应用、政策标准法规完善四大方面积极创新、先行先试，为促进公共领域车辆全面电动化，推动新能源汽车与交通、能源、通信等领域融合发展，实现碳达峰碳中和目标贡献力量。文件提出，试点领域中城市公交、出租、环卫、邮政快递、城市物流配送领域电动化比例力争达到80%，新增公共充电桩（标准桩）与公共领域新能源汽车推广数量（标准车）比例力争达到1∶1，智能有序充电、大功率充电、快速换电等新技术应用有效扩大，车网融合等新技术得到充分验证。

3. 加快构建高质量充电基础设施体系

2023年5月，国家发展改革委、国家能源局印发《关于加快推进充电基础设施建设 更好支持新能源汽车下乡和乡村振兴的实施意见》（发改综合〔2023〕545号），提出从公共充电基础设施建设、社区充电基础设施建设、充电网络建设运营支持力度、智能有序充电等新模式推广、充电基础设施运维服务体验等五个方面创新农村地区充电基础设施建设运营维护模式，明确从丰富新能源汽车供应、加快公共领域应用推广、提供多元化购买支持政策三个方面支持农村地区购买使用新能源汽车，对充分释放农村地区新能源汽车消费潜力，引导农村地区居民绿色出行具有重要意义。

2023年6月，国务院办公厅印发《关于进一步构建高质量充电基础设施体系的指导意见》（国办发〔2023〕19号），提出"到2030年，基本建成覆盖广泛、规模适度、结构合理、功能完善的高质量充电基础设施体系，有力支撑新能源汽车产业发展、有效满足人民群众出行充电需求"的工作目标，针对我国充电基础设施面临的公共充电设施发展不均衡、充电设施盈利难、充电设施运营维护能力不足、私人充电设施建设难、监管体系不完善等突出问题，明确从优化完善网络布局、加快重点区域建设、提升运营服务水平、加强科技创新引领、加大支持保障力度五大重点方向加快构建高质量充电基础设施体系，支撑新能源汽车产业发展，助力推进交通运输绿色低碳转型。

（二）加快车与能源融合发展，推动能源绿色低碳转型

在能源清洁低碳转型战略规划引导下，2023 年我国出台一系列政策，旨在推动可再生能源的发展和传统能源的清洁化利用，保障高质量发展合理用能需求，为积极稳妥推进碳达峰碳中和提供有力支撑。

1. 加强新能源汽车与电网融合互动

2024 年 1 月，国家发展改革委等 4 部门联合印发《关于加强新能源汽车与电网融合互动的实施意见》（发改能源〔2023〕1721 号），提出到 2025 年我国车网互动试点示范取得重要进展，到 2030 年我国车网互动实现规模化应用的阶段性发展目标，系统谋划协同推进车网互动核心技术攻关、加快建立车网互动标准体系、优化完善配套电价和市场机制、探索开展双向充放电综合示范、积极提升充换电设施互动水平、系统强化电网企业支撑保障能力六个方面重点任务，并提出在长三角、珠三角、京津冀鲁、川渝等地区开展车网互动规模化试点示范，力争在 2025 年底前建成 5 个以上示范城市及 50 个以上双向充放电示范项目。

2. 开展生物柴油推广应用试点示范

2023 年 11 月，国家能源局印发《关于组织开展生物柴油推广应用试点示范的通知》（国能发科技〔2023〕80 号），提出通过试点示范拓展国内生物柴油的应用场景，探索建立可复制、可推广的政策体系、发展路径，逐步形成示范效应和规模效应，从区域、行业、企业、高速公路四个维度开展车用生物柴油推广应用试点示范，同时积极推进建立生物柴油碳减排方法学，推动将生物柴油纳入国家核证自愿减排量（CCER）机制，加快实现生物柴油的绿色价值，助力构建废弃物循环利用体系，加快能源绿色低碳转型。

3. 推进车用能源结构低碳转型

2023 年 4 月，国家能源局印发《2023 年能源工作指导意见》（国能发规划〔2023〕30 号），提出在能源保供稳价的基础上积极稳妥推进绿色低碳转型，加快构建新型电力系统，大力发展非化石能源，夯实新能源安全可靠替代基础，加强化石能源清洁高效利用，重点控制化石能源消费，扎实推进

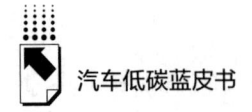

能源结构优化调整。其中，汽车领域涉及三方面内容：一是加强成品油生产管理，保障国六标准车用汽油稳定供应；二是推动充电基础设施建设，提高充电设施服务保障能力；三是积极推动氢能应用试点示范，探索氢能产业发展的多种路径和可推广的经验。

4. 促进可再生能源电力开发利用

2023年8月，国家发展改革委等3部门联合印发《关于做好可再生能源绿色电力证书全覆盖工作 促进可再生能源电力消费的通知》（发改能源〔2023〕1044号），提出从明确绿证适用范围、规范绿证核发、健全绿证交易、扩大绿证消费、完善绿证应用五个方面进一步健全完善可再生能源绿色电力证书（以下简称"绿证"）制度，实现绿证对可再生能源电力的全覆盖。其中，首次明确绿证是我国可再生能源电量环境属性的唯一证明，是认定可再生能源电力生产、消费的唯一凭证，强调由国家能源局负责绿证相关管理工作，有力提升绿证的权威性、唯一性和通用性。

2024年1月，国家发展改革委等3部门联合印发《关于加强绿色电力证书与节能降碳政策衔接 大力促进非化石能源消费的通知》（发改环资〔2024〕113号），明确将绿证交易对应电量纳入"十四五"省级人民政府节能目标责任评价考核指标核算，提出绿证与碳排放管理等政策衔接机制的展望，并给出夯实绿证核发和交易基础、拓展绿证应用场景、加强国内国际绿证互认等一系列举措，其中特别提出要完善绿证与碳核算和碳市场管理衔接机制，加强绿证对产品碳足迹管理的支撑和保障，深入发掘绿证市场消费潜力，加快经济社会发展全面绿色转型。

（三）加快产品碳足迹管理体系建设，推动电力碳排放核算精准化

产品碳足迹属于碳排放核算的一种，一般指产品从原材料加工、运输、生产到出厂销售等流程所产生的碳排放量总和，是衡量生产企业和产品绿色低碳水平的重要指标。近年来，国际上部分国家率先构建重点产品碳足迹核算、评价和认证制度，并逐步建立起以碳足迹为核心的新型贸易壁垒。在此背景下，我国产品碳足迹管理政策体系正在加快建立。

1. 加快构建产品碳足迹管理体系

2023年11月，国家发展改革委等5部门联合印发《关于加快建立产品碳足迹管理体系的意见》（发改环资〔2023〕1529号），系统部署制定产品碳足迹核算规则标准、建设碳足迹背景数据库、建立产品碳标识认证制度、丰富产品碳足迹应用场景、推动碳足迹国际衔接互认五个方面重点工作，提出2025年出台50个左右重点产品碳足迹核算规则和标准，重点行业背景数据库初步建成，产品碳标识认证制度基本建立的工作目标。

2024年5月，生态环境部、国家发展改革委、工业和信息化部等15部门联合印发《关于建立碳足迹管理体系的实施方案》（环气候〔2024〕30号），提出到2027年，碳足迹管理体系初步建立，到2030年，碳足迹管理体系更加完善，应用场景更加丰富的整体目标，部署建立健全碳足迹管理体系、构建多方参与的碳足迹工作格局、推动产品碳足迹规则国际互信、持续加强产品碳足迹能力建设等四项主要任务，并分解成22项具体工作，对加快建立碳足迹管理体系，形成绿色低碳供应链和生产生活方式，推动新质生产力发展，助力实现碳达峰碳中和目标具有重要意义。

2. 更新发布我国2021年电力碳排放因子

电力碳排放因子是产品碳足迹核算过程中的一项重要基础数据，2024年4月，生态环境部、国家统计局联合印发《关于发布2021年电力二氧化碳排放因子的公告》（2024年第12号），发布2021年全国、区域及省级电力平均二氧化碳排放因子，其中全国电力平均二氧化碳排放因子为 $0.5568kgCO_2e/kWh$[①]，不包括市场化交易的非化石能源电量的全国电力平均二氧化碳排放因子为 $0.5942kgCO_2e/kWh$，全国化石能源电力二氧化碳排放因子为 $0.8426kgCO_2e/kWh$。电力二氧化碳排放因子是核算电力消费二氧化碳排放量的重要基础参数，此次电力二氧化碳排放因子的更新，旨在通过

[①] 电力二氧化碳排放因子代表全国、区域及省级电网范围内平均每千瓦时电量产生的二氧化碳排放量，通常用 $kgCO_2e/kWh$ 表示。其中，电力二氧化碳排放量为全国、区域及省级电网范围内火力发电产生的直接碳排放量。

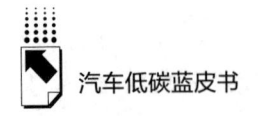

精准完备的数据核算体系，解决先前存在的绿电环境属性双重计算问题，为碳市场发展扫除重大障碍。

（四）优化碳排放权交易管理制度，重启温室气体自愿减排市场

碳交易，也称为碳排放权交易，是一种旨在通过经济激励来控制和减少温室气体排放，特别是二氧化碳排放的市场机制，在促进全球温室气体减排、推动技术创新和产业升级、优化资源配置、调整产业结构以及促进国际合作等方面具有重要意义。生态环境部于2020年启动全国碳市场的建设，发布企业参与碳市场的指导规范，并在此基础上逐步建立起规范、完善的碳交易管理政策体系。

1. 持续完善碳排放权交易管理制度

2024年1月，国务院印发《碳排放权交易管理暂行条例》（国令第775号）并废止了2020年生态环境部印发的《碳排放权交易管理办法（试行）》，对碳排放权交易市场的覆盖范围、纳入对象、配额分配、数据监管、配额清缴以及交易运行等方面作出明确规定，并由国家应对气候变化战略研究和国际合作中心为碳排放权交易管理提供技术支持。该条例为碳市场相关主体尽职履责提供细则指引，对违法违规行为实施警示与惩处措施，为加强碳交易统一管理提供政策方针支持，作为首份全国碳市场的法规性文件，为全国碳市场运行管理提供明确的法律依据，推动构建规范透明的碳排放权交易机制，促进全国碳市场平稳有序运行和高质量发展。

2021年3月，生态环境部办公厅印发《企业温室气体排放报告核查指南（试行）》（环办气候函〔2021〕130号），明确年度温室气体排放量达2.6万吨二氧化碳当量（综合能源消费量约1万吨标准煤）及以上的重点排放单位温室气体排放报告的核查原则、依据、程序和要点，并强调核查结果的公开和异议处理机制。该指南为企业参与碳排放权交易市场提供了明确的指导和规范，同时对于提高企业温室气体排放数据的准确性和可靠性，支持碳排放权交易市场的健康发展，推动企业减少温室气体排放，促进绿色低碳发展也具有重要意义。

2. 重启温室气体自愿减排量交易市场

2023年10月，生态环境部、市场监管总局印发《温室气体自愿减排交易管理办法（试行）》（生态环境部 市场监管总局令第31号），明确自愿减排项目的类型、申请条件及审核程序，规定自愿减排量的计算方法、核证机构的责任以及减排量的注册制度，设立自愿减排交易市场并建立统一的注册登记系统，规范市场交易规则和市场监管措施。该办法为温室气体自愿减排交易提供了明确的政策框架和操作规范，作为碳排放权交易的补充丰富了温室气体减排市场机制，激发了更广泛的行业、企业和社会各界共同参与温室气体减排行动的积极性。其中，明确2017年3月14日前已获得国家应对气候变化主管部门备案的核证自愿减排量，可于2024年12月31日前用于全国碳排放权交易市场抵销碳排放配额清缴，2025年1月1日起不再用于全国碳排放权交易市场抵销碳排放配额清缴。

（五）推动绿色技术创新应用，加大绿色金融支持力度

加快绿色技术创新应用、加大绿色金融支持力度是我国落实"双碳"目标的重要途径，对于提高能源利用效率，加速能源革命进程，优化投资结构，加大市场激励力度，加快我国汽车产业低碳转型升级，提高我国汽车产业全球竞争力都具有重要意义。

1. 明确绿色低碳转型重点产业及方向

2024年2月，国家发展改革委等10部门联合印发《绿色低碳转型产业指导目录（2024年版）》（发改环资〔2024〕165号），明确了绿色低碳转型重点产业的细分类别和具体内涵，为各地方、各部门制定完善相关产业支持政策提供依据，为培育壮大绿色发展新动能、加快发展方式绿色转型提供支撑。其中，汽车产业涉及三方面内容：一是贯彻落实节能低碳产业发展，推进新能源汽车关键零部件制造；二是持续推动能源绿色低碳转型，加强氢能等清洁能源设施建设和运营；三是加快完善基础设施绿色升级，聚焦充电、换电等绿色交通基础设施建设和运营。

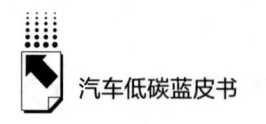

2. 加快推动绿色低碳先进技术落地应用

2023年8月，国家发展改革委等10部门联合印发《绿色低碳先进技术示范工程实施方案》（发改环资〔2023〕1093号），提出到2025年，通过实施绿色低碳先进技术示范工程，一批示范项目落地实施；到2030年，通过绿色低碳先进技术示范工程带动引领，先进适用绿色低碳技术研发、示范、推广模式基本成熟，相关支持政策、商业模式、监管机制更加健全的整体目标，明确源头减碳、过程降碳、末端固碳三大低碳技术重点方向，以及新能源汽车车网互动、动力电池循环利用、先进低碳燃料（含甲醇）生产供应、低碳（近零碳）产业园区建设等示范项目类型，提出包括资金支持、金融支持和其他要素保障在内的三方面支持举措。该方案旨在推动绿色低碳技术的规模化应用，加快形成绿色低碳发展新动能，加快占领全球绿色低碳技术和产业高地，为实现国家的"双碳"目标提供有力支撑。

3. 构建国际领先的金融支持绿色低碳发展体系

2024年3月，中国人民银行等7部门联合印发《关于进一步强化金融支持绿色低碳发展的指导意见》，提出未来5年，国际领先的金融支持绿色低碳发展体系基本构建，金融基础设施、环境信息披露、风险管理、金融产品和市场、政策支持体系及绿色金融标准体系不断健全，各类要素资源向绿色低碳领域有序聚集；到2035年，金融支持绿色低碳发展的标准体系和政策支持体系更加成熟的总体目标。该意见还提出重点开展推动金融系统逐步开展碳核算，强调碳排放信息披露，推进碳排放权交易市场建设，加大对能源、工业、交通、建筑等领域绿色发展和低碳转型的信贷支持力度，推动发展新能源汽车保险等方面工作。

二　政策特点

2023年是实施"十四五"规划承前启后的关键一年，也是加快高质量发展的重要一年，国家从加强车与能源体系融合发展、制定产品碳足迹管理体系顶层规划、推进碳市场建设等重点方面，多措并举加强"双碳"政策体系建设，并指导行业首次发布汽车产业低碳发展纲领性文件，多维度系统推动汽车产业绿色低碳转型发展。

（一）落实"双碳"目标，引领汽车产业低碳转型

汽车产业在众多产业中具有引领性、先导性地位和作用，加快推进汽车产业绿色低碳转型是我国汽车产业高质量发展的内在要求。2023年以来，我国在汽车产业低碳发展顶层设计、推进汽车产品新能源化、基础设施保障等方面系统推进汽车产业低碳转型。一是发布汽车产业绿色低碳转型的纲领性文件，首次在行业层面明确汽车产业碳排放核算边界，明确汽车产业碳达峰碳中和目标和减排路径，提出支撑汽车产业绿色低碳发展的保障措施等建议，为汽车产业绿色低碳发展指明了方向。二是持续推动和扩大新能源车辆推广，开展公共领域车辆全面电动化先行区试点，推动提升车辆电动化水平，促进新技术、新模式、新业态探索和创新应用，优化新能源汽车使用环境。三是促进充电基础设施高质量发展，为到2030年基本建成覆盖广泛、规模适度、结构合理、功能完善的高质量充电基础设施体系提供了全方位宏观规划、政策指引和落实措施，进一步促进我国新能源汽车产业高质量发展。

（二）紧抓车与能源融合，推进产业低碳化发展进程

随着以电动化为核心的汽车产业变革与以新能源为核心的能源产业变革同步展开，两者的关系正从简单的并行发展向深层次融合发展演进，加快构建清洁、低碳汽车与能源融合互促产业生态，已成为两个产业转型升级面临的关键问题和重大机遇。2023年以来，国家层面加大政策支持力度，加快推进汽车与能源两个产业低碳化进程。一是探索车网互动规模化发展潜力。2023年，我国首次发布支持车网互动技术发展的实施意见，在政策指导下，多地开展了车网互动试点建设，其中江苏省组织实施我国首次省域范围内大规模车网互动应用，覆盖13个地级市，共有1277辆新能源汽车参与错峰充电和反向放电，有效发挥了新能源汽车作为移动式电化学储能资源的潜力，为车网互动规模化应用提供了有力支撑。二是开展低碳、零碳车用燃料示范

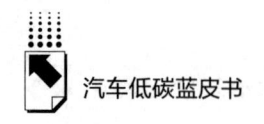

应用。2023年，我国通过加强低碳、零碳车用燃料制、储、输、用等各环节关键技术创新，推动低碳、零碳车用燃料基础设施体系建设，推进低碳、零碳车用燃料在重点领域、重点车型的示范应用等，全方位支持低碳、零碳车用燃料的产业化和规模化应用，显示出中国在低碳、零碳车用燃料领域全面推进的决心。三是大力促进绿色电力消费。绿色电力作为典型的新型生产要素，对汽车产业低碳发展具有推动作用。2023年，全国绿色电力（绿证）消费总量1059亿kWh，同比增长281.4%，绿色电力消费规模实现跨越式增长。比亚迪、华晨宝马、一汽集团、吉利汽车、北京汽车等企业名列2023年中国绿色电力（绿证）消费TOP100企业前茅，充分展现汽车企业以绿色能源消费推进自身低碳转型的广大共识。

（三）锚定产品碳足迹，制定管理体系顶层规划

产品碳足迹是衡量产品、企业和产业绿色低碳发展水平的关键指标。近年来，主要国家逐步建立起重点产品碳足迹核算、评价和认证制度，越来越多的跨国公司也将产品碳足迹纳入可持续供应链管理要求。2023年以来，国家发展改革委、生态环境部先后牵头出台建立碳足迹管理体系的政策文件，明确产品碳足迹管理"任务书"和"施工图"。一是系统部署产品碳足迹管理重点任务，包括制定核算规则标准、建立背景数据库、建立碳标识认证制度、丰富应用场景、加强国际互认等方面。二是统筹有序推进各项任务实施，进一步形成政策合力，明确充分发挥市场决定性作用和更好发挥政府作用。三是推动国内国际互联互通，协同促进国内碳足迹管理水平提升，积极应对国际涉碳贸易政策新形势。汽车碳足迹管理体系的建设和完善将在政策指导下进一步加速，预计将在2025年前形成相关标准和规则，为促进我国汽车产业绿色低碳转型升级、有效应对国际碳壁垒、提升产业国际竞争力打下坚实基础。

（四）推进碳市场建设，促进温室气体控排减排

碳交易机制和碳抵消机制是能耗"双控"向碳排放"双控"转变的

重要政策，推进碳市场建设，是以市场机制推动温室气体减排、促进绿色低碳技术创新的重要手段。2023年以来，相关重大会议和重要政策文件进一步明确了全国碳市场建设的要求，有力推进全国碳市场发展。一是政策法规基础框架搭建完成。国务院颁布实施《碳排放权交易管理暂行条例》，我国首次以行政法规的形式明确了碳排放权交易及相关活动制度，为全国碳排放权交易市场健康发展夯实了法制基础。二是全国温室气体自愿减排交易市场正式启动，继全国碳排放权交易市场后又一推动实现"双碳"目标的政策工具实施。全国温室气体自愿减排交易市场与全国碳排放权交易市场共同组成我国碳交易体系，自愿减排交易市场启动后，行业、企业和社会各界可以更广泛地参与温室气体减排行动，推动经济社会绿色低碳转型。加快全国碳市场建设，充分发挥市场在资源配置中的决定性作用，对落实主体减排责任、实现碳排放控制目标、降低行业减排成本具有重要意义。

三 展望与建议

近年来，我国在应对气候变化、推动绿色低碳发展方面取得显著进展，已基本构建起一套全方位、多层次的碳达峰碳中和"1+N"政策体系，推动经济社会全面绿色转型发展。在全球低碳发展按下"加速键"的大背景下，我国汽车产业的绿色低碳发展还需"引好路、加把劲"，持续用好用足我国运行体制稳定优势，保持政策连续性、稳定性和针对性，加强各类政策协调配合，坚持不懈落实推进碳达峰碳中和目标。

（一）规划引领，推动汽车产业低碳发展

汽车产业链长、覆盖面广，在交通领域碳排放占比大，具有良好的带动作用和引领作用。虽然引导汽车产业绿色低碳转型发展的纲领性文件已经发布，汽车产业低碳发展的实施路径也已基本明确，但长期来看，只有更加细化、落地的汽车碳管理政策陆续出台，才能全方位引导汽车产业全面实现绿

色低碳转型。建议以汽车产业低碳发展为主线，以发展低碳、零碳汽车为途径，加快构建起更加系统、更加全面的汽车产业低碳发展政策体系。一是建立健全汽车碳排放标准体系，持续推进油耗标准制修订工作，逐步建立包括产品、项目、企业等在内的碳排放标准法规体系，加强汽车行业核算方法学及中国本地化碳排放因子库建设，积极参与全球碳管理体系的构建。二是完善低碳车辆推广应用环境，继续推动汽车管理由购买管理向使用管理转变，加快建立统一的绿色低碳汽车产品标识、认证体系，积极引导绿色出行。三是研究构建以汽车产业为主的绿色供应链管理体系，建立供应链碳排放数据管理平台，提高对供应链企业的绿色低碳发展水平要求，推动供应链整体绿色低碳转型。

（二）持续发力，构建车能融合协同降碳产业生态

当前，汽车产业发展已进入新阶段，融合互促已成为汽车产业与能源产业发展的主旋律之一，只有通过用能结构的根本性改变以实现低碳化，才能让汽车产业成为一个真正低碳甚至零碳的产业。为持续推动构建车能融合协同降碳产业生态，建议一是加强车网互动技术创新应用。推进车网互动技术研发、标准制定、车辆推广和基础设施建设，综合利用投资补助、贴息等支持手段推进车网互动试点示范工作，力争形成一批可复制、可推广的经验和模式，为绿色低碳交通运输体系建设发挥积极作用。二是加快低碳、零碳车用燃料推广应用。支持有条件的地方先行先试，实施绿氢、绿氨、绿醇等低碳、零碳车用燃料推广应用工程，完善低碳、零碳车用燃料产业链中游和下游环节，积极推动生产放量、应用推广，持续提升产业链竞争力，加速实现我国车用燃料的低碳化转型。三是优化完善绿证制度。确保已被用户侧使用的绿色电力在剩余电力消费组合核算时被剔除，明确海上风电、光热发电申请国家核证自愿减排量（CCER）与绿证核发的边界，建立绿电交易市场与自愿碳减排量交易市场数据及时共享和公开机制，解决绿电环境属性重复使用的问题，激发企业绿电消费的积极性。

（三）统筹协调，完善与碳挂钩的政策体系

当前，以碳为核心的政策体系和贸易壁垒正在加速形成，将深刻影响我国动力电池和新能源汽车整车出口，降低我国动力电池及新能源汽车产业国际竞争力。为积极应对以欧盟《电池与废电池法规》为典型代表的碳贸易壁垒，短期内需加快研究碳足迹落地政策。建议有关部门研究出台汽车及动力电池碳足迹管理政策文件，明确行业碳足迹管理方向，指导企业提升碳排放核算及管理水平；研究建立汽车与动力电池碳足迹试点方案，研究将产品碳足迹申报结果作为新能源汽车车辆购置税减免政策技术指标或道路机动车辆产品准入政策技术指标的可行性与具体方案。长期来看，需构建全产业链碳管理政策体系。建议有关部门建立跨部门的汽车和电池产品碳管理协同与分工机制，积极推动汽车及电池产品低碳政策标准制定和产品准入政策优化，加快构建与碳挂钩的汽车管理与财税激励政策体系；积极与欧美日等国家或地区及相关国际贸易组织进行深层次沟通，通过中欧环境与气候高层对话、中德政府磋商机制、中法高级别经济财金对话等交流机制，加强新能源汽车及动力电池领域合作和交流，达成互利共赢共识并签署贸易协议，减少低碳政策标准带来的国际壁垒和贸易摩擦。

B.3 我国汽车碳排放管理标准研究进展

柳邵辉　来鑫雪　张铜柱*

摘　要： 汽车作为交通领域碳排放的主要来源，加快推动汽车产业绿色低碳转型，既是实现国家"双碳"战略的重要支撑，也是产业高质量发展的内在要求。汽车碳排放管理标准在促进我国汽车行业绿色低碳转型升级和汽车产业可持续发展等方面发挥引领性作用，需要系统研究及规划。本报告系统梳理国内外碳排放管理标准进展，构建包含碳排放管理基础通用、计量监测、核算核查、信息披露、低碳评价、管理服务等六个方面的汽车碳排放管理标准体系框架，阐述相关标准的研究进展，并结合产业发展实际，围绕持续完善标准体系、加快重点标准研制、加强国际标准法规交流等方面提出发展建议。

关键词： 汽车产业　碳排放管理　标准体系　标准进展

作为国民经济的支柱性产业，我国汽车产销量连续 15 年保持全球第一，其中新能源汽车产销量连续 9 年保持全球第一，我国新能源汽车正逐渐形成发展优势。但汽车产业在有力支撑经济社会高速发展的同时，也伴随着显著的碳减排挑战。汽车作为交通领域碳排放的主要来源，绿色低碳转型已成为汽车产业实现高质量发展和"双碳"目标的必由之路。标准作为支撑汽车产业健康发展的重要手段，在规范产品质量、推动技术进步、促进产业转型

---

* 柳邵辉，硕士，高级工程师，中国汽车标准化研究院绿色低碳部副部长；来鑫雪，硕士，工程师，中国汽车标准化研究院绿色低碳部；张铜柱，博士，教授级高级工程师，中国汽车标准化研究院绿色低碳部。

等方面发挥积极作用。目前，我国尚未发布汽车碳排放管理相关标准，亟须系统研究、规划汽车碳排放管理标准，开展汽车碳排放管理标准体系研究，推动重点标准研究进展，解决汽车碳排放管理"无标可依"的问题，为我国汽车工业绿色转型、"双碳"目标达成提供技术支撑。

一　国内外碳排放管理标准进展

（一）国外碳排放管理标准进展

目前，国外碳排放管理标准法规以温室气体量化核算标准为主。国际权威组织如政府间气候变化专门委员会（IPCC）、国际标准化组织（ISO）、世界资源研究所（WRI）和世界可持续发展工商理事会（WBCSD）、英国标准协会（BSI）等均已发布相关的碳排放量化核算标准，但是针对汽车行业的碳排放管理标准处于起步阶段。根据不同的核算对象，碳排放量化核算标准可分为国家/城市层面、组织层面、项目层面和产品/服务层面等。

国家层面的碳排放量化核算标准主要是 IPCC 发布的《2006 年 IPCC 国家温室气体清单指南》（2019 年修订版）。城市层面碳排放核算标准主要包括《GHG 协议：城市核算标准》、《城市温室气体排放评估规范》（PAS 2070：2013）。组织层面的核算标准主要包括《温室气体 第 1 部分：组织层面上对温室气体排放和清除的量化和报告的规范及指南》（ISO 14064-1：2018）、《温室气体协议：企业核算和报告标准》（GHG Protocol）、《GHG 协议：范围 2 指南》和《GHG 协议：企业价值链（范围 3）核算和报告标准》等。产品层面的碳排放核算标准主要包括《温室气体 产品碳足迹 量化要求及指南》（ISO 14067：2018）、《温室气体协议：产品生命周期核算和报告标准》（GHG Protocol）及《商品和服务生命周期温室气体排放的评价规范》（PAS 2050：2011）。项目层面的碳排放核算标准主要包括《温室气体 第 2 部分：项目层次上对温室气体减排和清除增加的量化监测和报告指南》（ISO 14064-2：2019）、《GHG 协议：项目核算标准》等。总的来说，国际

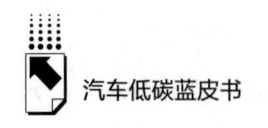

层面的碳排放管理标准基本上都是通用性标准，实施较早且较为成熟，是其他行业产品碳足迹核算以及相关标准制定的基础，也是未来我国汽车产品碳足迹标准对接国际、协调互认的重要参考。

为加快制定全球统一的汽车碳足迹核算方法，2022年联合国世界车辆法规协调论坛（UN/WP.29）设立A-LCA非正式工作组，就汽车全生命周期碳排放核算开展研究。中国作为生产阶段（SG3）和报废回收阶段（SG5）联合主席开展工作。2023年7月，欧盟正式发布《电池与废电池法规》，对电池碳足迹声明、标识等内容提出要求，为确保对电池评估的一致性，欧盟正在起草动力电池碳足迹的计算规则，涵盖动力电池碳足迹的方法论、建模方法、文档和验证等要求，需要我国及时关注并提前做好应对。未来，随着全球汽车产业的不断发展，国际上将继续加强汽车碳减排标准的制定和实施，促进汽车产业的可持续发展。

（二）国内碳排放管理标准进展

我国碳排放管理标准同样以温室气体量化核算标准为主。国家/城市层面，我国发布了《省级温室气体清单编制指南（试行）》等。国家、地区和地方层面的碳排放量化核算称为"温室气体清单编制"，用于统计一个区域内的年度排放总量，核算结果用于国际履约或中央对地方政府的督查。国家和地区、地方碳中和目标是基于国家、地区和地方特定时间段内碳排放总量而言的。组织层面，我国发布了多个行业的碳排放量化核算标准，如《工业企业温室气体碳排放核算和报告通则》（GB/T 32150—2015）及GB/T 32151.1~17涵盖发电企业、电网企业、镁冶炼企业等10余个行业领域。产品层面，我国发布了塑料、电子电器、通信等行业的产品碳排放核算标准，如《塑料 生物基塑料的碳足迹和环境足迹 第1部分：通则》（GB/T 41638.1—2022）等。项目层面，我国发布了《基于项目的温室气体减排量评估技术规范 通用要求》（GB/T 33760—2017）等项目碳排放核算标准。总的来说，我国汽车行业尚未发布碳排放管理标准，需要重点关注。

二 我国汽车碳排放管理标准体系

（一）汽车碳排放管理标准体系框架考虑因素

汽车碳排放管理标准体系框架设计重点考虑四方面：一是全流程，汽车产业链条长、碳排放源多，体系框架应覆盖汽车材料生产、整车制造、汽车使用和循环再利用等全流程环节；二是抓重点，紧紧抓住汽车使用环节碳排放占全生命周期比例偏高的特点，依托体系推动落实国家节约优先方针和能源转型战略；三是强管理，结合汽车行业碳排放管理需要，着力构建起支撑汽车碳监测、核算核查、披露、低碳评价、管理等全方位的标准体系；四是注重国际协同，与国际标准化组织相关标准框架协同，关注UN/WP.29、欧盟等汽车碳排放法规趋势，不断完善标准体系，保障我国汽车工业的国际竞争力。

（二）汽车碳排放管理标准体系框架

按照国家《关于完整准确全面贯彻新发展理念做好碳达峰碳中和工作的意见》《2030年前碳达峰行动方案》《国家标准化发展纲要》等顶层文件要求，借鉴《碳达峰碳中和标准体系建设指南》《工业领域碳达峰碳中和标准体系建设指南》文件中提出的国家层面及工业领域碳达峰碳中和标准体系框架，结合我国汽车产业管理实际情况，重点围绕汽车整车/零部件企业或产品的碳排放源，从组织层面、产品层面和项目层面开展汽车碳排放管理标准体系研究，提出汽车碳排放管理标准体系框架，涵盖碳排放管理基础通用、计量监测、核算核查、信息披露、低碳评价、管理服务等方面，如图1所示。

（三）汽车碳排放管理标准体系建设内容

基础通用标准指汽车碳排放管理相关的基础共性标准，包括汽车碳排放

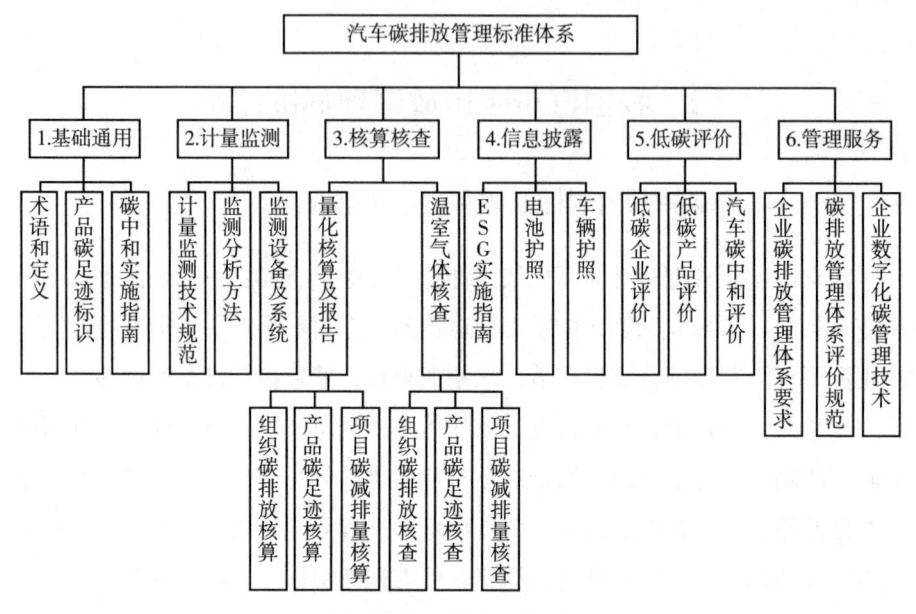

```
                              汽车碳排放管理标准体系
          ┌──────────┬──────────┬──────────┬──────────┬──────────┬──────────┐
       1.基础通用  2.计量监测  3.核算核查  4.信息披露  5.低碳评价  6.管理服务
```

图1 汽车碳排放管理标准体系框架

管理术语和定义、产品碳足迹标识、碳中和实施指南等。

计量监测标准指能够量化碳排放浓度、强度以及其对环境影响的相关检测和监测标准，包括计量监测技术规范、监测分析方法、监测设备及系统等。

核算核查标准指能够量化核算及报告、温室气体核查的标准。其中，量化核算标准是摸清汽车行业碳排放"家底"的重要基础，也是评估温室气体减排量和评价行业、企业、产品碳排放水平的依据，包括组织碳排放核算、产品碳足迹核算、项目碳减排量核算。核查标准是为确保核算数据的准确性及真实性，对碳排放核算报告做出统一规范的数据核查，包括组织碳排放核查、产品碳足迹核查、项目碳减排量核查。

信息披露标准主要用于规范信息披露的要求和程序等，指导企业将组织层面碳排放信息、碳减排措施、产品碳足迹量化公开公示等，包括环境、社会、治理（ESG）实施指南，以及电池护照、车辆护照等。

低碳评价标准主要依据特定的评价指标体系和评价方法，对汽车企业、产品等碳排放水平进行综合评价，包括低碳企业评价、低碳产品评价、汽车碳中和评价等。

管理服务标准主要指与碳排放活动相关的管理标准，包括企业碳排放管理体系要求、碳排放管理体系评价规范、企业数字化碳管理技术等。

三 我国汽车碳排放管理标准现状

汽车产业链长、波及范围广，受各环节数据统计困难以及核算规则复杂等因素影响，目前我国尚未发布汽车碳排放管理相关标准，已有下达立项计划的在研标准11项，其中，国家标准3项，行业标准8项。

（一）基础通用标准

如表1所示，基础通用领域在研标准2项，均为推荐性国家标准，包括术语和定义、产品碳足迹标识。其中，术语和定义标准规定了道路车辆温室气体管理的基础术语和定义，道路车辆企业层面、项目层面、产品层面术语和定义等，适用于道路车辆全生命周期各阶段相关企业及其项目、产品，包括原材料生产企业、零部件生产企业、整车生产企业、车用能源企业等及其项目、产品；产品碳足迹标识标准规定了道路车辆产品碳足迹标识的术语和定义、标识规则、标示位置与标示方式等，适用于在中国境内使用的整车产品以及车辆零部件产品（包括新产品、报废车辆回用件产品、再制造产品、梯次利用产品等）、材料产品（包括原生材料、再生材料等）。两项标准均处于起草阶段，计划于2025年6月前完成报批。基础通用领域预研标准1项，为道路车辆碳中和实施指南，主要用于规范汽车（乘用车和商用车）产品碳中和实施指南的术语和定义、实施边界、核算方法、实施流程、质量保证、报告要求等内容，适用于整车（乘用车和商用车）制造企业，汽车产品层面的碳中和实施与报告编制，该标准目前处于申请立项阶段。

表1 我国汽车碳排放管理标准体系清单—基础通用类

序号	分类	类别	名称	状态
1	基础通用	GB/T	道路车辆 温室气体管理通用要求 第1部分：术语和定义	在研
2		GB/T	道路车辆 温室气体管理通用要求 第2部分：产品碳足迹标识	在研
3		QC/T	道路车辆 温室气体管理通用要求 碳中和实施指南	预研

（二）计量监测标准

如表2所示，计量监测领域预研标准2项，包括汽车企业碳排放计量监测技术规范标准和乘用车车载能耗监测规范（OBECM）。汽车企业碳排放计量监测技术规范标准主要用于规范汽车企业开展碳排放监测时使用到的监测技术及相关事项，适用于汽车整车企业、零部件企业等，该标准处于前期预研阶段。OBECM主要用于规范乘用车车载能耗监测参数范围、精度要求、记录周期、存储要求等技术内容，目前已形成较为完善的标准草案，该标准处于申请立项阶段。

表2 我国汽车碳排放管理标准体系清单—计量监测类

序号	分类	类别	名称	状态
1	计量监测	QC/T	汽车企业碳排放计量监测技术规范标准	预研
2		GB/T	乘用车车载能耗监测规范（OBECM）	预研

（三）核算核查标准

目前，核算核查领域共有在研标准9项，预研标准12项，其中，9项在研标准均为量化核算及报告标准，涵盖组织碳排放核算、产品碳足迹核算、项目碳减排量核算三个方面。

1. 量化核算及报告标准

（1）组织碳排放核算

如表3所示，组织碳排放核算在研标准3项，均为行业标准，包括动力蓄电池制造企业、发动机制造企业以及报废机动车回收拆解企业。组织碳排放核算系列标准研究思路基本一致，都是用于规定相关制造企业碳排放核算及报告的术语和定义、核算边界、核算方法、质量保证和文件存档、报告内容和格式等。进展方面，动力蓄电池制造企业碳排放核算标准计划于2024年底前完成报批，发动机制造企业、报废机动车回收拆解企业2项标准计划于2025年完成报批。组织碳排放核算预研标准3项，包括整车制造企业、动力蓄电池梯次利用企业、动力蓄电池再生利用企业等，3项标准均处于申请立项阶段。

表3 我国汽车碳排放管理标准体系清单—组织碳排放核算类

序号	分类	类别	名称	状态
1	核算核查—组织碳排放核算	QC/T	温室气体排放核算与报告要求 第XX部分：动力蓄电池制造企业	在研
2		QC/T	温室气体排放核算与报告要求 第XX部分：发动机制造企业	在研
3		QC/T	温室气体排放核算与报告要求 第XX部分：报废机动车回收拆解企业	在研
4		GB/T	温室气体排放核算与报告要求 第XX部分：整车制造企业	预研
5		QC/T	温室气体排放核算与报告要求 第XX部分：动力蓄电池梯次利用企业	预研
6		QC/T	温室气体排放核算与报告要求 第XX部分：动力蓄电池再生利用企业	预研

（2）产品碳足迹核算

如表4所示，产品碳足迹核算在研标准4项，均为行业标准，包括产品碳足迹核算及报告指南（道路车辆产品碳足迹量化方法与要求）、乘用车、动力蓄电池、发动机产品碳足迹核算。产品碳足迹核算系列标准研究思路基本一致，主要规范相关产品碳足迹的术语和定义、原则、量化方法、研究报告等。进展方面，产品碳足迹核算及报告指南、动力蓄电池、乘用车产品碳足迹3项行业标准计划于2024年底前完成报批。发动机产品碳足迹行业标准计划于2025年完成报批。产品碳足迹核算领域预研标准7项，包括电动汽车、汽车动力电池、汽车驱动电机等3项"新三样"汽车产品碳足迹国家标准项目以及动力蓄电池梯次利用产品、动力蓄电池再生利用产品、商用车、燃料电池系统等4项行业标准。

表4 我国汽车碳排放管理标准体系清单—产品碳足迹核算类

序号	分类	类别	名称	状态
1	核算核查—产品碳足迹核算	QC/T	温室气体 产品碳足迹量化方法与要求 道路车辆产品	在研
2		QC/T	温室气体 产品碳足迹量化方法与要求 乘用车	在研
3		QC/T	温室气体 产品碳足迹量化方法与要求 动力蓄电池	在研
4		QC/T	温室气体 产品碳足迹量化方法与要求 发动机	在研
5		GB/T	温室气体 产品碳足迹量化方法与要求 电动汽车	预研
6		GB/T	温室气体 产品碳足迹量化方法与要求 汽车动力电池	预研
7		GB/T	温室气体 产品碳足迹量化方法与要求 汽车驱动电机	预研
8		QC/T	温室气体 产品碳足迹量化方法与要求 动力蓄电池梯次利用产品	预研
9		QC/T	温室气体 产品碳足迹量化方法与要求 动力蓄电池再生利用产品	预研
10		QC/T	温室气体 产品碳足迹量化方法与要求 燃料电池系统	预研
11		QC/T	温室气体 产品碳足迹量化方法与要求 商用车	预研

（3）项目碳减排量核算

如表5所示，项目碳减排量核算在研标准2项，其中国家标准1项，为动力电池梯次利用项目；行业标准1项，为电动汽车运行项目。项目碳减排量核算标准主要用于规范相关项目温室气体减排量评估的总则、项目情景与基准线情景的确定、基准线排放量核算、项目排放量核算、项目减排量计算、监测及数据质量管理、减排量评估报告的编制等内容。2项标准计划于2025年完成报批。

表5 我国汽车碳排放管理标准体系清单—项目碳减排量核算类

序号	分类	类别	名称	状态
1	核算核查—项目碳减排量核算	QC/T	电动汽车运行碳减排量评估方法	在研
2	核算核查—项目碳减排量核算	GB/T	基于项目的温室气体减排量评估技术规范 动力电池梯次利用	在研

2.温室气体核查标准

如表6所示,温室气体核查领域预研标准2项,分别为企业碳排放核查通用技术规范和产品碳足迹报告核查指南。标准主要用于建立汽车行业组织层面碳核查和产品碳足迹核查规范指南,以便第三方机构或者政府部门依据标准对汽车行业开展碳核查和认证工作。2项标准目前处于预研阶段。

表6 我国汽车碳排放管理标准体系清单—温室气体核查类

序号	分类	类别	名称	状态
1	核算核查—组织碳排放核查	QC/T	道路车辆 企业碳排放核查通用技术规范	预研
2	核算核查—产品碳足迹核查	QC/T	道路车辆 产品碳足迹报告核查指南	预研

(四)信息披露标准

如表7所示,信息披露领域预研标准3项,包括ESG实施指南、动力蓄电池产品标牌和标签、动力蓄电池产品电子标识的信息。其中,ESG实施指南标准规范了企业ESG信息披露、企业ESG管理、企业产业链上下游ESG管理方面的准则与要求,适用于整车企业、零部件企业、材料企业、资源综合利用企业等;动力蓄电池产品标牌和标签规范了相关术语和定义、标识和警示说明、标识通用要求等,适用于装载在电动汽车上的动力蓄电池包;动力蓄电池产品电子标识的信息规定了动力蓄电池产品电子标识的术语和定义、电子标识信息等，适用于动力蓄电池运营企业、维修保养企业、梯次利用企业和再生利用企业等。3项标准均处于申请立项阶段。

表7 我国汽车碳排放管理标准体系清单——信息披露类

序号	分类	类别	名称	状态
1	信息披露	QC/T	道路车辆 企业环境、社会、治理（ESG）实施指南	预研
2		GB/T	道路车辆 产品标牌和标签 动力蓄电池	预研
3		GB/T	道路车辆 产品电子标识的信息 动力蓄电池	预研

（五）低碳评价标准

如表8所示，低碳评价领域预研标准3项，包括低碳企业评价技术规范、低碳产品技术规范和汽车产品碳中和评价。低碳评价标准主要用于指导企业有针对性地开展碳减排措施，如企业使用清洁能源，产品使用低碳材料、再生材料，提升生产效能和产品能效的技术路径。3项标准均处于预研阶段。

表8 我国汽车碳排放管理标准体系清单——低碳评价类

序号	分类	类别	名称	状态
1	低碳评价	QC/T	道路车辆 低碳企业评价技术规范	预研
2		QC/T	道路车辆 低碳产品技术规范	预研
3		QC/T	道路车辆 汽车产品碳中和评价	预研

（六）管理服务标准

如表9所示，管理服务领域预研标准1项，为制造企业碳排放管理体系要求及实施指南，标准主要用于指导整车企业、零部件企业等管理与碳排放相关的活动等，标准目前处于预研阶段。

表9 我国汽车碳排放管理标准体系清单—管理服务类

序号	分类	类别	名称	状态
1	管理服务	QC/T	道路车辆 制造企业碳排放管理体系 要求及实施指南	预研

四 我国汽车碳排放管理标准未来展望

下一步，我国将持续推进汽车碳排放管理标准研究，切实加强标准对汽车碳达峰碳中和工作的引领、指导、规范和支撑作用。

持续完善标准体系。深入贯彻落实《国家标准化发展纲要》等文件要求，加强顶层设计和战略部署，统筹产业发展和技术进步情况，协同推进汽车碳排放管理标准化工作。组织发挥专业机构作用，持续完善汽车碳排放管理标准体系。

加快重点标准研制。聚焦基础通用、产品碳足迹等重点领域，加快道路车辆温室气体管理通用要求术语和定义、产品碳足迹标识，以及动力电池、乘用车产品碳足迹等标准制定进程。推动电动汽车、驱动电机、燃料电池系统等关键产品碳足迹标准立项。

加强国际标准法规交流。加强与国际组织的沟通协调，深入参与汽车碳排放管理领域相关国际标准法规研究，针对汽车生命周期评价方法提出中国汽车行业的关切，推动国内国际汽车产品碳足迹核算标准的协调互认。

技 术 篇

本篇聚焦汽车研发、生产制造、使用等环节中的节能降碳技术，涵盖汽车产品节能技术路径分析、插电式混合动力汽车优势场景分析及减碳成本效益评估、基于大数据的新能源汽车碳减排关键要素分析、氢内燃机技术分析、汽车制造企业碳排放分析和车网互动技术分析等内容。

新能源汽车替代、传统车油耗降低与新能源汽车能耗降低是我国乘用车产品节能技术的三条核心路径。《乘用车产品节能技术路径分析与未来趋势判断》指出，预计到2030年我国乘用车市场销量有望突破2600万辆，新能源汽车渗透率超过70%，传统能源乘用车行业平均油耗下降潜力约7%，纯电动汽车行业平均电耗下降潜力15%左右，插电式混合动力汽车行业平均电量保持模式（CS）油耗下降潜力8%左右、电量消耗模式（CD）电耗下降潜力13%左右。汽车产品节能技术的发展仍面临一些问题，需政府、企业和社会各界共同推动我国汽车产品节能技术的进一步发展和普及。

《中国插电式混合动力汽车优势场景分析及减碳成本效益评估》指出，PHEV能够适应多变的气候条件，有效缓解续航焦虑，尤其当PHEV与低碳燃料技术相结合时，理论上能够实现更为显著的减排效果。在长途驾驶应用场景下，对时间成本较为敏感的用户来说，PHEV具有持续发展的潜力，也许并不应被简单视为过渡性产品。

纯电动汽车的碳排放不仅取决于电力生产过程中的碳排放，还受到车辆自身能耗以及行驶里程的影响，而能耗又与车辆的规格、所处的气候环境密切相关。《基于大数据的纯电动汽车碳减排关键要素分析》指出，行驶里程的差异会直接影响碳排放，各种车型的减排量与电力碳排放因子的变化呈线性关系且敏感性不同，且低温环境对汽车减排效果也有较大影响。

氢内燃机具有零碳排放、高效率、低成本等优势，发展氢内燃机是实现传统燃油车低碳转型的技术路线之一。《氢内燃机技术发展现状及应用前景》指出，目前我国氢内燃机关键技术研发和产业化略滞后于欧美日等地区和国家，建议明确氢内燃机发展定位并给予与氢燃料电池同等的政策支持，设立国家重点研发计划专项和应用示范工程来促进氢内燃机技术研发和产业化推广应用，协同推进相关产业发展。

降低汽车生产制造环节的碳排放也是汽车行业碳减排的重要方面。生产制造环节的碳排放主要集中在冲压、焊接、涂装、总装等用能环节，其中涂装和焊接是碳排放最高的两个环节，可分别达40%和30%以上。《汽车制造企业碳排放现状分析及对策建议》指出，当前汽车制造企业主要从工艺优化、公辅设备优化、建筑领域减碳、数字化技术提升等路径入手，探索适合制造现场的低碳策略。

电动汽车与电网融合互动技术的推广应用能够通过调用电动汽车灵活储能资源缓解配电网建设的压力，促进新能源的消纳，发挥电动汽车的"外溢"减碳效应。《电动汽车与电网互动技术发展现状与趋势分析》梳理了国内外电动汽车与电网互动技术发展和应用情况，指出车网互动在产业政策、标准协同、运营模式、经济性等方面仍存在挑战，总结了车网互动的发展路径、潜在规模与发展需求。

B.4
乘用车产品节能技术路径分析与未来趋势判断

陈川 陈蒙来 赵冬昶[*]

摘　要： 本报告从实现乘用车产品节能技术的三条核心路径出发，包括新能源汽车替代、传统车油耗降低与新能源汽车能耗降低，系统分析了乘用车产品节能技术的应用及未来发展趋势。研究结果表明，预计到2030年我国乘用车市场销量有望突破2600万辆，新能源汽车渗透率超过70%，传统能源乘用车行业平均油耗下降潜力约7%，纯电动汽车行业平均电耗下降潜力15%左右，插电式混合动力汽车行业平均电量保持模式（CS）油耗下降潜力8%左右、电量消耗模式（CD）电耗下降潜力13%左右。对此，需积极引导汽车行业电动化转型并创新能耗管理：一方面，加速电动化转型，持续推行积分办法等政策，开展以旧换新等促消费活动，协调推进充电基础设施建设；另一方面，激励先进节能技术发展，加大三电技术、汽车轻量化技术等研发布局与投入力度，推广低油耗车型等。

关键词： 节能技术　新能源汽车　电动化转型　节能降耗

随着全球能源危机和环境问题的日益加剧，乘用车产品节能技术成为广泛关注的焦点，呈现多元化的发展态势。在我国电动化转型与"双碳"战略目标双重驱动下，新能源汽车替代、传统车油耗降低与新能源汽车能耗降低，构成我国乘用车产品节能技术发展的三条核心路径。

---

[*] 陈川，硕士，高级工程师，中汽数据有限公司产品与技术战略部部长；陈蒙来，硕士，工程师，中汽数据有限公司产品与技术战略部咨询研究员；赵冬昶，博士，高级工程师，中汽碳（北京）数字技术中心有限公司总经理。

乘用车产品节能技术路径分析与未来趋势判断

一 乘用车产品节能技术路径发展现状

（一）新能源乘用车市场发展现状与特点

2023年，在促消费政策和车企促销加码的叠加支撑下，乘用车全年销量2110万辆（终端零售数据，下同），同比增长5.9%，超过疫情前水平。新能源乘用车市场渗透率持续提升，2023年全年销量727万辆，虽然受基数走高和2022年底补贴退出导致的市场透支影响，渗透率仍提高8.2个百分点达到34.5%（见图1）。新能源汽车替代进程加速，市场呈现四大结构特征。

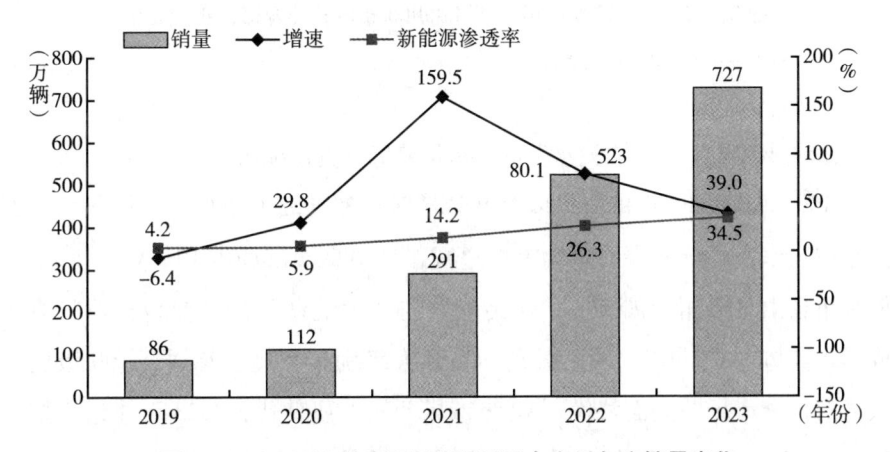

图1 2019~2023年我国新能源乘用车市场年度销量变化

资料来源：中汽数据终端零售数据。

1. 插电式混合动力增量贡献率首度超过纯电，成为新能源乘用车市场的主要驱动力

2023年，插电式混合动力汽车（PHEV）市场保持高增速，年度增量贡献率首次超过纯电动汽车（BEV），成为新能源乘用车市场的主要增长动能（见图2）。主要原因有两点：一是在供给端，多款新品上市，爆款产品频

049

出,且产品终端价格持续下探;二是在使用端,PHEV兼顾经济性与便利性,与BEV在体验性上趋同,与燃油汽车(ICEV)在便利性上差别不大。

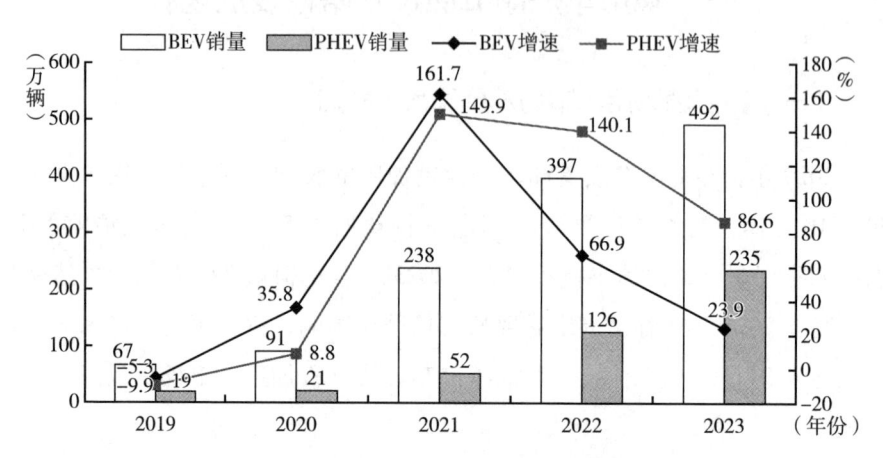

图2 2019~2023年我国新能源乘用车市场分能源形式销量变化

资料来源:中汽数据终端零售数据。

2."小纯电"与"大混动"的"错位格局"真正成形

A00、A0级BEV和B级以上PHEV新车型陆续上市放量,推动新能源汽车渗透率由高低两端向中端市场递减,其中高端市场由PHEV市场驱动,低端市场由BEV市场驱动,"小纯电"与"大混动"的"错位格局"真正成形。具体来看,BEV从小级别车型到大级别车型逐步渗透,A00级已经完成对传统市场的全面替代,A0级市场开始加速替代,2023年渗透率接近50%;PHEV从大级别车型到小级别车型逐步渗透,2023年C级及以上渗透率接近30%(见图3)。

3.自主品牌引领新能源汽车高增长,市场份额再上新台阶

2023年,自主品牌新能源汽车市场销量610.5万辆,市场份额高达83.9%。合资品牌中,美系和欧系受特斯拉、大众、宝马等品牌驱动,占据一定市场份额,日系、韩系品牌新能源汽车发展滞后(见图4)。

4.市场集中度高,头部企业遥遥领先,颈部企业竞争激烈

比亚迪、特斯拉等头部企业增速放缓;长安、长城等传统自主企业以

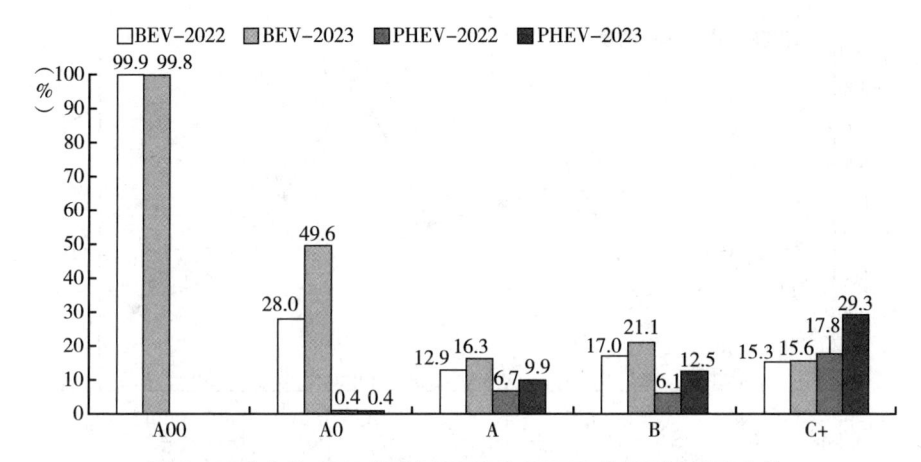

图 3　2022 年和 2023 年我国 BEV 和 PHEV 分级别渗透率变化

资料来源：中汽数据终端零售数据。

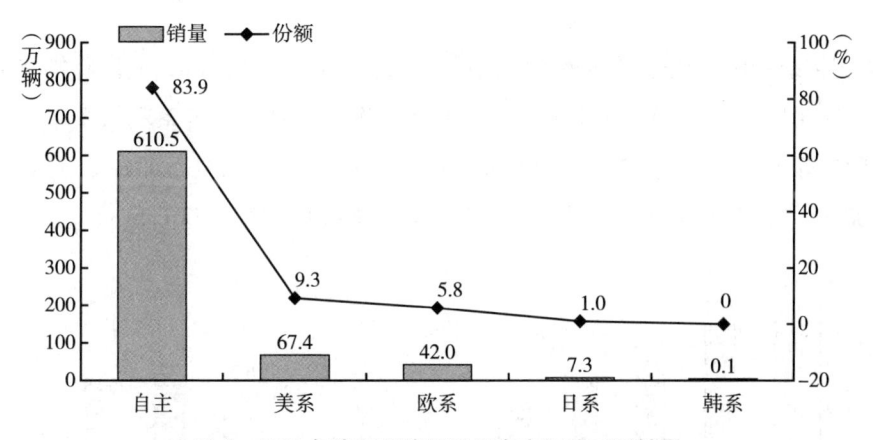

图 4　2023 年我国新能源乘用车市场分系别销量

资料来源：中汽数据终端零售数据。

PHEV 实现快速转型；理想、蔚来等新势力完成新一轮的老款换代和新品布局，销量增长显著（见图 5）。

（二）传统能源乘用车油耗发展现状

近年来，我国传统能源乘用车能耗降幅出现明显的放缓迹象。2023 年，

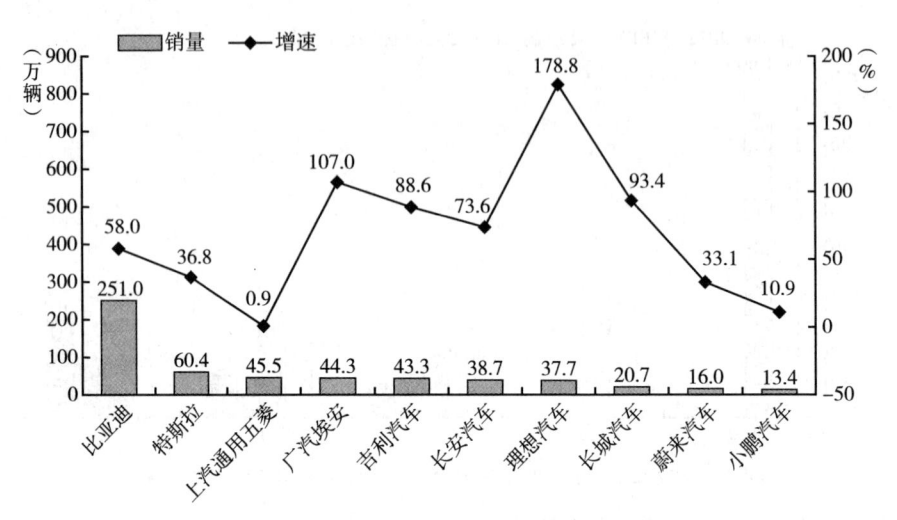

图5　2023年我国新能源乘用车市场分企业销量

资料来源：中汽数据终端零售数据。

我国传统能源乘用车平均燃料消耗量实际值为6.86L/100km，同比降幅仅为0.4%（见图6）。分车型系别来看，自主、欧系、日系、美系和韩系车型油耗实际值分别为7.12L/100km、6.86L/100km、6.14L/100km、7.22L/100km和6.38L/100km，其中，美系车型油耗同比增幅达到1.6%。

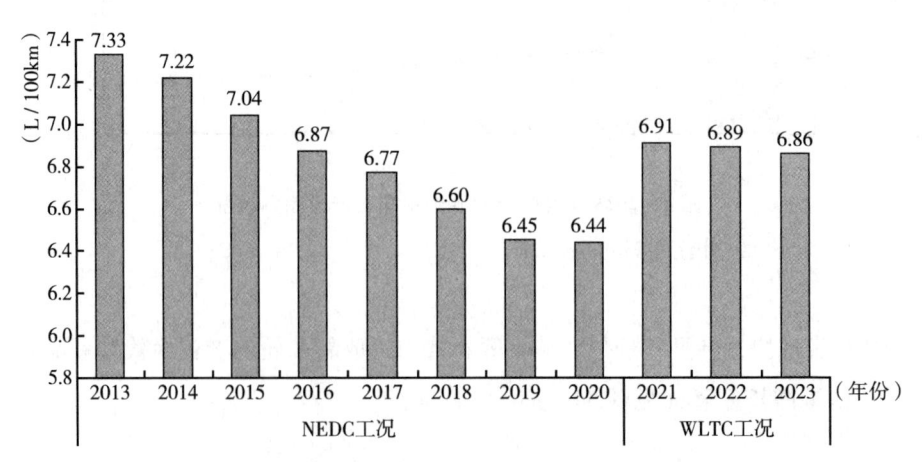

图6　2013~2023年我国传统能源乘用车平均燃料消耗量实际值变化情况

注：核算结果未计入循环外技术（OCT）减免优惠。
资料来源：中汽数据积分核算数据库。

我国传统能源乘用车燃油经济性提升缓慢与消费升级下的车辆大型化趋势密切相关。一方面，车型SUV化趋势愈加明显，2023年其市场份额攀升至47%以上；另一方面，2023年B、C级车型市场份额同比增加超2个百分点，已增长至34%以上，传统能源乘用车平均整备质量增加近30kg，车型降耗难度增加。常规节能技术搭载趋于饱和、先进节能技术应用迟缓也是造成我国传统能源乘用车油耗下降缓慢的主要原因之一。2023年，搭载涡轮增压、缸内直喷、7挡以上自动变速器的国产车型产量占比已分别达到75.1%、86.0%和77.1%；48V轻混技术搭载率有所提升，产量占比7.2%，同比增加1.3个百分点，但节能效果与未来增长空间有限。强混车型产量规模、渗透率发展迟缓，2023年国产普通混合动力（HEV）车型产量占比仍维持在5.9%左右。目前，丰田和本田系企业仍牢牢把控HEV细分市场，长城、吉利、广汽、东风等自主企业虽有战略布局，但市场份额不足10%；从技术路线选择来看，自主企业更倾向于发展PHEV，而将HEV作为技术储备。此外，新能源乘用车加速发展对我国传统能源乘用车产业造成一定挤压，企业对提升传统能源乘用车的燃油经济性热情明显下降。

（三）新能源乘用车能耗发展现状

1.纯电动汽车电耗先降后升，各级别分别下降

BEV行业平均电耗呈现先降后升趋势。受工况切换等多因素叠加影响，2021年BEV行业平均电耗降至最低点12.36kWh/100km。自2022年起，受消费升级、车辆大型化及价格战影响，消费者购买高级别车型比例逐年上升，从而导致车型结构变化，BEV行业平均电耗开始小幅提升，2023年达到12.53kWh/100km（见图7）。

从各级别细分市场来看，各级别纯电动车型电耗整体均呈现下降趋势，其中A0级车型电耗下降趋势最为明显，2023年平均电耗仅为10.8kWh/100km（见图8）。

2.插电式混合动力汽车

插电式混合动力汽车电量消耗模式[①]（Charge Depleting，CD）电耗与电

---

① CD：体现车辆从满电至电量耗尽的全过程。

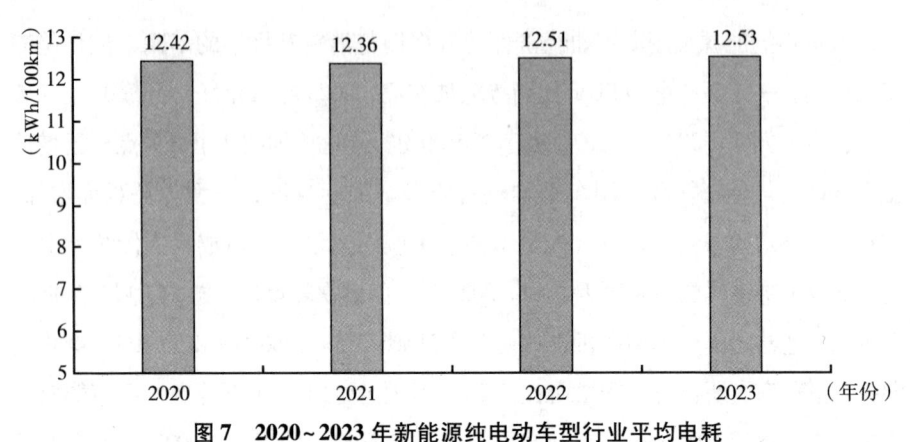

图 7　2020~2023 年新能源纯电动车型行业平均电耗

资料来源：中汽数据技术装备数据库；2020 年为 NEDC 工况，2021 年起为 CLTC 工况。

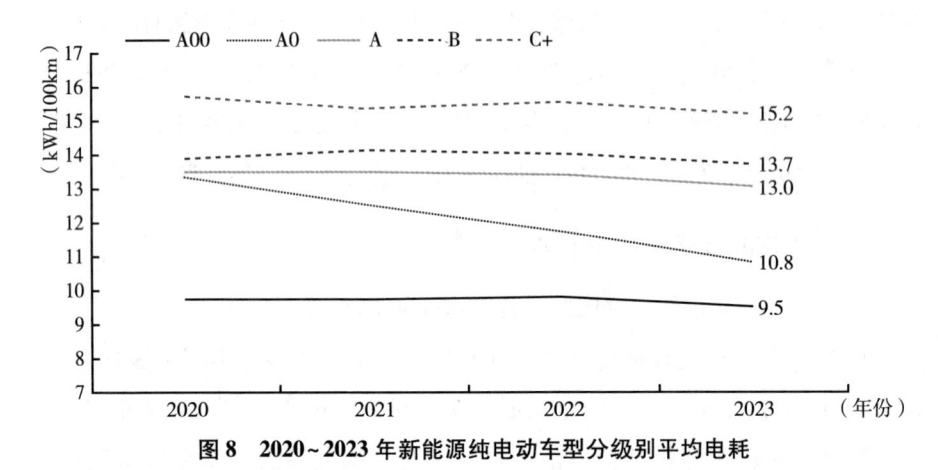

图 8　2020~2023 年新能源纯电动车型分级别平均电耗

资料来源：中汽数据技术装备数据库；2020 年为 NEDC 工况，2021 年起为 CLTC 工况。

量保持模式①（Charge Sustaining，CS）油耗均呈现波动变化，下降趋势不明显。PHEV 能耗波动较大，一方面受 2021 年工况切换影响，另一方面受车型结构与热销产品变化影响。自 2022 年起，随着混动专用发动机、混动专用变速箱、混动专用平台等技术的持续创新突破，国产 PHEV 车型平均 CD 电耗降至 20.2 kWh/100km，CS 油耗降至 5.8 L/100km。2023 年起，随着中

---

① CS：体现电量耗尽后的燃料消耗量水平。

大型PHEV车型产品不断丰富，带动PHEV车型平均能耗不断升高，2023年CD电耗提升至20.6 kWh/100km（见图9），CS油耗提升至5.9 L/100km。

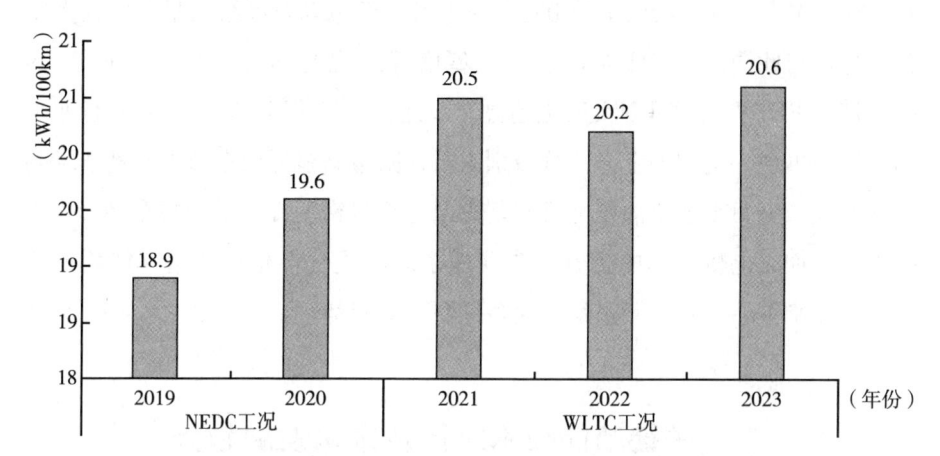

图9 2019~2023年国产插电式混合动力乘用车平均CD电耗变化情况

资料来源：中汽数据技术装备数据库。

分级别来看，近两年紧凑型与中型PHEV电耗均开始呈现降低趋势，但中大型PHEV电耗不降反升（见图10）。

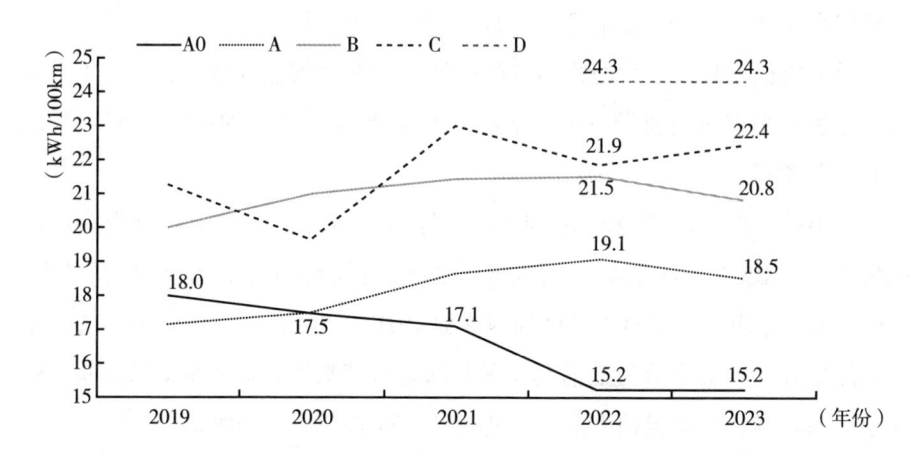

图10 2019~2023年国产插电式混合动力车型分级别平均CD电耗

资料来源：中汽数据技术装备数据库；2019~2020年为NEDC工况，2021年起为WLTC工况。

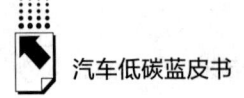

综合来看，新能源汽车电耗呈现"行业平均上升、分级别下降"的趋势。2023年，受消费升级及价格战的影响，A00级纯电动入门车型市场份额下降，A0~C级纯电动车型市场份额上升，纯电动车型结构呈现明显大型化趋势。与此同时，C级及以上中大型增程式混合动力汽车（REEV）热销，带动PHEV同样呈现大型化趋势，因此，2023年BEV与PHEV行业平均电耗均出现一定程度上升。分级别来看，随着新能源汽车节能降耗技术的不断普及，电驱系统集成度上升与动力电池能量密度提高带动整车轻量化水平提高，加之电机效率的提升、热管理系统的优化等也促使整车能耗的降低，各级别BEV、PHEV平均电耗多呈现下降趋势。

二 关键节能技术路径及未来发展趋势

（一）新能源汽车中长期发展趋势预测

乘用车市场进入新一轮的稳定发展期，整体销量维持低位增长，到2030年乘用车整体市场销量有望突破2600万辆，其中，新能源汽车市场依旧保持高速增长态势，新能源汽车替代燃油车进程加速。

政策方面，新发展阶段需持续优化汽车产业政策法规体系，稳中求进实现新能源汽车产业高质量发展，新能源政策进入由"量的引导"到"质的提升"新阶段。

供给端，各品牌积极布局BEV，新势力、传统自主品牌和外资品牌均积极筹划推出纯电动新品，谋求掌控终极新能源汽车市场的发展机会。PHEV市场方面，传统自主品牌加速投放PHEV产品，同时新势力丰富增程式产品矩阵。合资企业为抵消汽油车市场萎缩带来的企业销量下滑影响，守住市场基本盘，开始自研PHEV，进一步丰富PHEV市场供给。

需求端，传统燃油车和新能源汽车用户增换购时流向新能源汽车的比例均大幅提升，从具体燃料类型来看，PHEV车型对各燃料类型用户的吸引力均有所增强，纯电动车型对传统燃油车用户的吸引力增强，但对本类型用户吸引力小幅下降。

充电方面，我国公共充电桩数量将快速提升，预计2030年、2035年保有量将分别达到2700万台、9000万台。随着电池结构和电池材料的改变，充电技术将实现阶段性跳跃发展，高压800V快充技术将快速搭载，并实现技术下沉。

综合研判政策影响、供需趋势及充电基础设施等因素，预计到2030年新能源乘用车渗透率将超过70%，其中BEV车型作为未来乘用车市场主流技术路线，预计市场占比达到38.5%，PHEV是在纯电动技术路线尚未解决补能和续航问题时的重要发展方向，预计未来几年将快速发展，到2030年市场占比达到34.5%（见图11）。

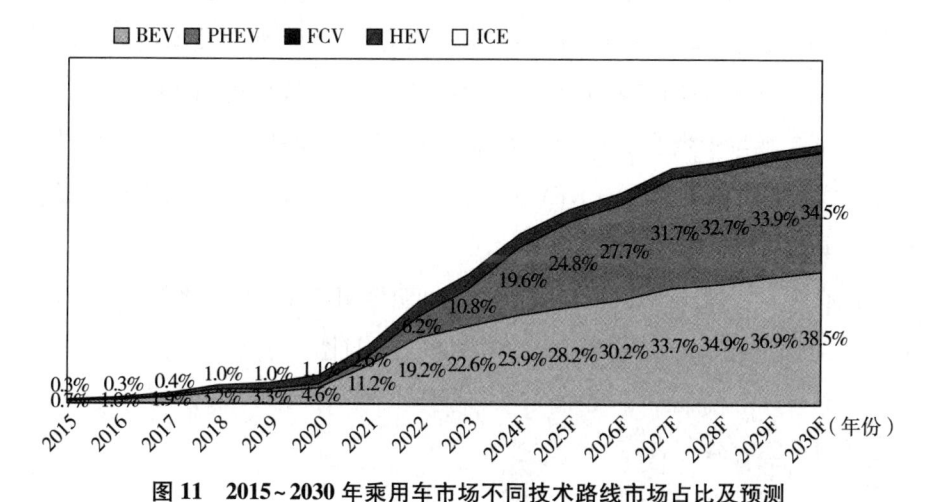

图11 2015~2030年乘用车市场不同技术路线市场占比及预测

（二）传统动力总成节能技术发展趋势

2021年起，随着新能源汽车产业步入市场化快速发展阶段，传统能源乘用车燃油经济性进一步提升，面临大型化趋势加剧、常规节能技术搭载趋于饱和、企业对传统车节能降耗积极性不高等诸多问题。

发动机技术方面，在全球节能减排大背景下，传统内燃机无法满足法规要求，企业纷纷发布内燃机退出时间表。2022年11月，沃尔沃宣布停止研发内燃机，沃尔沃成为全球首家完全退出内燃机开发和制造的汽车制造商。虽然奔驰等企业重新调整了内燃机研发战略，准备重启内燃机研发，但目前全球多数整车企业已逐步停止下一代传统内燃机的研发与生产，仅做技术升级（例如应对欧Ⅶ与国Ⅶ排放标准），多数日系企业与自主企业转向混动专用发动机研发，多数欧系企业计划2030年前后完全停止搭载内燃机车型的生产。

自2021年起，以比亚迪为首的自主企业相继发布混动专用发动机规划，这些企业推出的混动专用发动机热效率最高已达到43%，超越了丰田与本田创造的41%的热效率纪录。进入2023年，自主企业开启了新一轮发动机热效率竞赛，东风、吉利、广汽、长城、奇瑞等企业纷纷宣布热效率达45%以上的发动机研发成功，例如东风宣布马赫1.5T混动发动机热效率达到45.18%，长安宣布蓝鲸1.5T混动专用发动机热效率达到45%。由于目前仅日系企业与少数自主企业仍在坚持HEV技术路线，而更多企业转向PHEV技术路线或HEV与PHEV并行路线，因此混动专用发动机更多是在PHEV车型上得到广泛应用。

综合来看，预计到2030年我国传统能源乘用车油耗年均降幅仅为1%左右，2030年油耗实际值将降至6.39L/100km（见图12）。

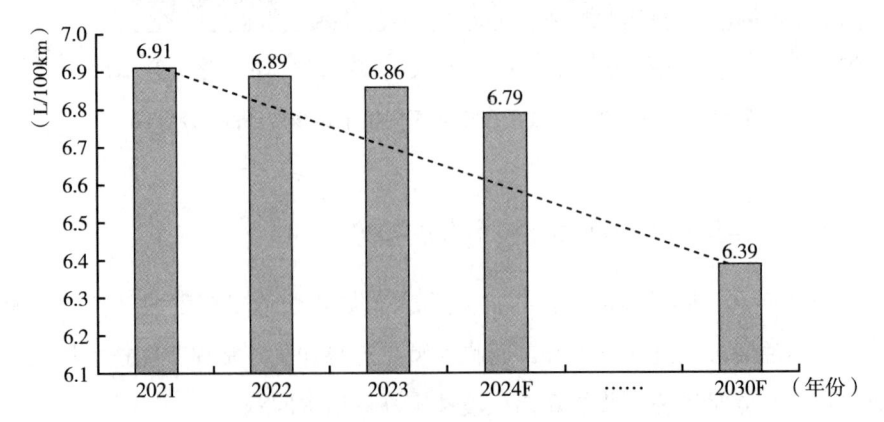

图12　2021~2030年我国传统能源乘用车平均燃料消耗量实际值预测

资料来源：中汽数据预测。

另外，在各国环保政策的约束下，碳中性燃料发动机技术发展迅速，该类发动机涉及醇类替代燃料内燃机、氢-氨内燃机、纯氢内燃机等，其中纯氢内燃机的发展最快，国内各汽车厂商已开始积极布局，预计最早2025年可以实现量产（见表1）。

表1 各整车企业氢燃料发动机研发动向梳理

分类	企业名称	氢燃料发动机研发动向
国内厂商	一汽	2021年，由一汽自主研发的红旗2.0L氢能专用发动机下线交付，目标热效率大于42%； 2023年9月，红旗全新混动专用氢能发动机首台A样机成功试制下线
国内厂商	长城	2021年6月，长城蜂巢动力发布多款发动机规划，在发布会上，长城表示将于2025年推出氢气发动机，热效率42%
国内厂商	广汽	2022年6月，广汽发布1.5L氢内燃机，基于广汽第四代发动机平台自主研发，采用氢气缸内直喷技术，最高热效率44%； 2023年6月，广汽在科技日上发布了氢电混合动力技术、氨发动机技术等
国内厂商	吉利	2022年3月，吉利自研的高效氢气专用发动机有效热效率实测达到44%； 2023年6月，吉利汽车动力研究院对外宣布其自研的2.0L直喷增压氢内燃机热效率已提升至46.11%
国外厂商	宝马	2022年9月，宝马重启氢内燃机项目，牵头开展氢内燃机重卡联合研究项目，项目为期4年
国外厂商	保时捷	2022年4月，推出高功率氢燃料发动机的概念产品，基于4.4L V8发动机改造而来
国外厂商	丰田	2024年5月，丰田联合斯巴鲁、马自达，宣布将开发绿电合成燃料（E-fuel）、生物燃料、液态氢等多样化燃料的新型发动机，用于实现碳中和
国外厂商	福特	福特正在研发涡轮增压直喷氢燃烧发动机，并申请相关技术专利。福特计划未来推出氢动力V8发动机供野马等品牌跑车使用

（三）新能源汽车节能技术发展趋势

1.纯电动车型主流节能技术搭载率将持续提升，降耗潜力达15%

受消费升级、价格战等多重因素影响，纯电动车型呈现行业平均电耗微增、各级别平均电耗下降的趋势。现阶段，成本较低且节能效果较好的技术搭载率已普遍较高，如高效电池管理器、高效制动能量回收等，预计到2030年搭载率将进一步提升至90%以上。碳化硅绝缘栅双极晶体管（SiC IGBT）、主动空气动力学轮辋等技术降耗效果较好，但成本偏高，未来将重点推动其成本下降，加快推广应用，预计到2030年搭载率将达到60%左右（见图13）。

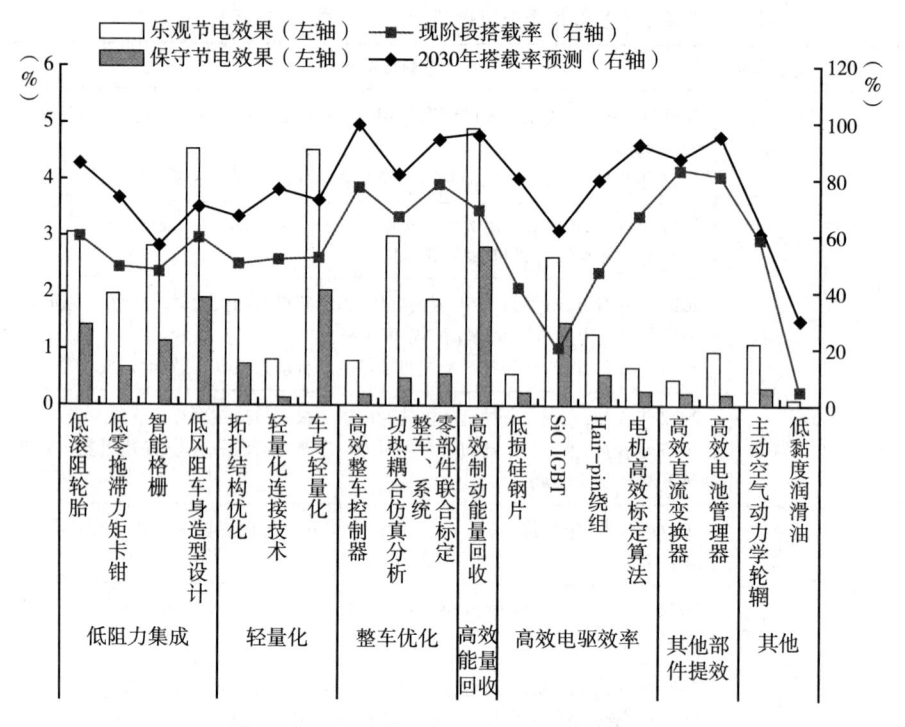

图13　BEV降能耗技术效果及搭载率预测

资料来源：中汽数据预测。

总体来看，未来纯电动车型节能技术将继续在节能效果与成本之间寻求平衡，不断提升整体能效和经济性。综合考虑未来各项节能技术的发展，并计入各级别领跑车型电耗的优化，预计到2030年行业平均电耗下降潜力为15%左右。同时，由于更大级别纯电动车型成本提升敏感度低，可吸纳更多降电耗措施，因此预计随着车型级别增大，电耗降幅会更高，未来C级车型电耗下降潜力高达22%（见图14）。

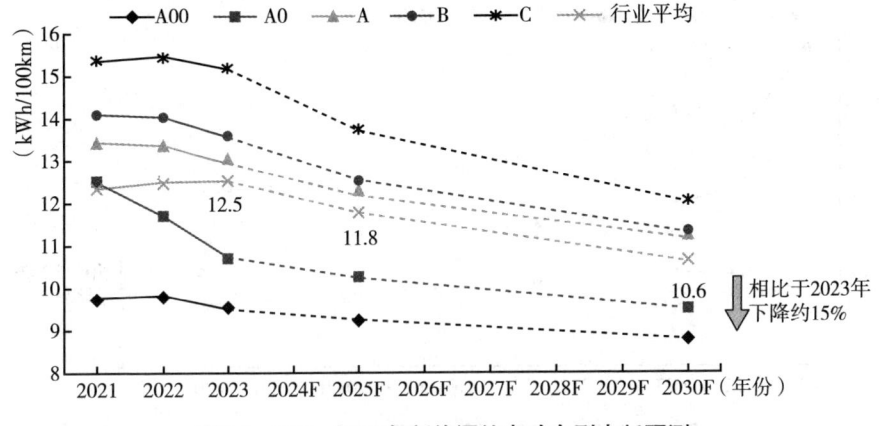

图14 2021~2030年新能源纯电动车型电耗预测

资料来源：中汽数据预测。

2. PHEV车型专用发动机搭载率提升，降耗潜力8%~13%

随着整车及零部件技术水平的进步，PHEV燃油经济性也将不断提升。自主企业混动系统架构仍在不断优化中。比亚迪推出第五代DM混动系统，系统能耗进一步降低；长安基于新推出的启源品牌，搭载主打燃油经济性的P1+P3双电机串并联架构DHT；长城发布Hi4混动系统，以实现在经济性车型上的四驱动力；奇瑞发布鲲鹏超性能电混C-DM系统，以实现性能与节能水平的提升。重点零部件方面，PHEV搭载混动专用发动机热效率不断提升，2024年，随着比亚迪搭载热效率46.06%的PHEV专用发动机第五代DM系统量产上市，国内汽车行业量产混动专用发动机平均热效率超过45%。PHEV电驱系统方面也与BEV电驱系统同步向高功率、高效率、集成化方向发展。随着PHEV纯电续航里程的持续提升与纯电行驶比例的升高，PHEV电驱部分未来会向BEV靠近，因此参考纯电动汽车未来的节能技术发展方向，如电驱系统的集成化与高效化、SiC功率器件的搭载增多、电机效率的提升（扁线、油冷、高转速）以及800V高电压平台的使用等，预计2030年PHEV行业平均CS油耗相较于2023年下降潜力在8%左右（见图15），CD电耗相较于2023年下降潜力在13%左右（见图16）。

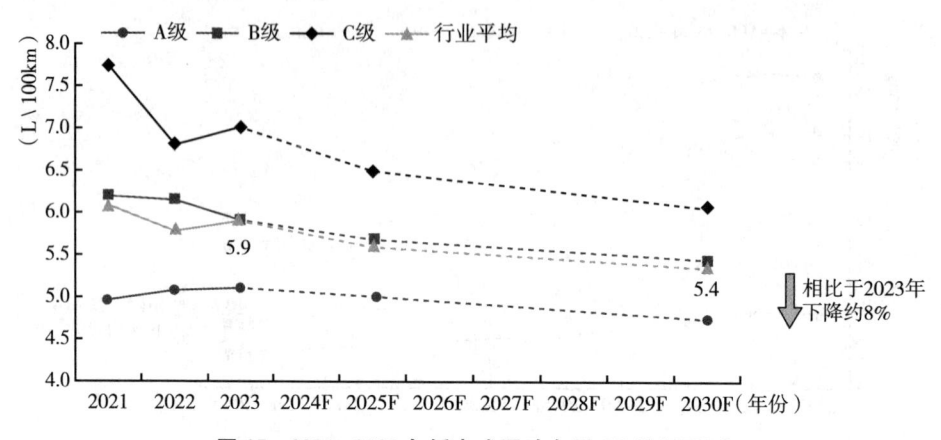

图 15　2021~2030 年插电式混动车型 CS 油耗预测

资料来源：中汽数据预测。

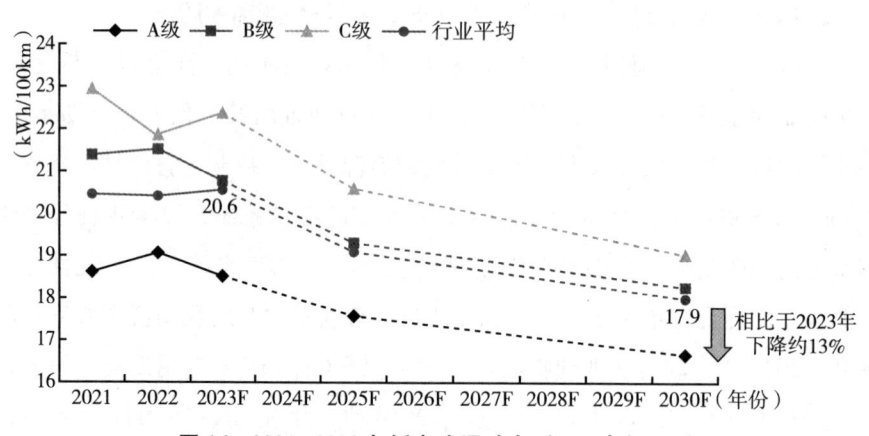

图 16　2021~2030 年插电式混动车型 CD 电耗预测

资料来源：中汽数据预测。

三　问题及建议

我国新能源汽车产销规模连续 9 年位居世界第一，技术水平世界领先，为全球乘用车产品节能低碳发展探索出一条成功之路。我国乘用车产品节能技术发展已经取得一定成效，但仍然面临多个问题，包括基础设施不完善、政策支持力度不均衡、产业链上下游协同不足以及研发投入不足等，这些问题制约了节能技术的进步与广泛应用。要解决这些问题，需要政府、企业和社会各界共同努力，共同推动我国乘用车产品节能技术的进一步发展和普及。

在政策管理方面，应紧密结合我国国情与实际情况，统筹考虑国家能源安全等战略要求，采取积极、创新的电动化转型引导与能耗管理措施，以实现节能、减污、降碳的协同效应。一是加速引导产业电动化转型，持续推行积分办法、财税优惠、限行限购等政策，继续组织开展公共领域全面电动化试点、新能源汽车下乡、以旧换新等促消费活动，协调推进充电基础设施建设。二是激发先进节能技术发展活力与动力，在增压、直喷等常规节能技术搭载趋于饱和的背景下，鼓励高效电池管理系统、高效制动能量回收、高热效率发动机等先进节能技术的推广应用，强化低油耗车型和循环外技术发展。三是鼓励和支持氢燃料发动机等碳中性燃料发动机的研发与应用，为汽车产业的可持续发展注入新动力。

在企业战略方面，短期来看，PHEV技术渗透加快，是在纯电动技术路线尚未解决充电、续航、成本问题时的重要发展方向。中短期内企业可重点布局，把握产业爆发窗口期，提升市场份额。中长期来看，企业应重点布局固态电池、电池底盘一体化（CTC）、高效电驱等核心三电技术以及智能座舱、自动驾驶等智能化技术等。此外，也要加强关键零部件的自研自产，保障供应链的稳定性与安全性，提升产业链话语权，并降低核心三电技术及整车成本，提高市场竞争力，实现可持续的竞争优势，为企业中长期发展奠定基础。

B.5
中国插电式混合动力汽车优势场景分析及减碳成本效益评估

黄炽坤　许超旭　薛兴宇　林镇宏*

摘　要： 本报告通过梳理插电式混合动力汽车（PHEV）发展概况、对比其优势场景，评估其减碳成本效益及其他社会效益，分析PHEV的适用场景。PHEV的劣势在于生产成本高和充电条件及行为不匹配，而对于长距离用车、重视时间成本的用户而言，PHEV可以发挥适应气候环境、避免里程焦虑、降低减碳成本等优势。鉴于这些优势利用场景，PHEV具备长期发展的潜力，不应简单地视之为过渡性产品。此外，PHEV与低碳燃料结合，理论上可以达到更好的减排效果。

关键词： PHEV　低碳燃料　减碳成本效益

中国新能源汽车产业发展迅猛，一直以纯电动汽车（BEV）为主，但近两年插电式混合动力汽车（PHEV）也得到快速发展。2023年中国PHEV共销售约240万辆，占新能源乘用车约32%，同比增长85%，并连续5个季度增速高于BEV，超过全球PHEV总销量的一半。虽然国家政策中新能源汽车的定义包含PHEV，但部分学者仍旧仅把PHEV视为过渡技术，认为应该专注发展BEV，而有的学者则认为PHEV在经济性、社会效益和减碳成本效益上存在长期竞争力，不应该也不需要放弃已经发展多年的内燃机及其

---

* 黄炽坤，博士生，华南理工大学未来技术学院；许超旭，硕士生，华南理工大学未来技术学院；薛兴宇，博士，工程师，沙特阿拉伯国家石油公司交通战略部部长；林镇宏，博士，教授（博导），华南理工大学未来技术学院，琶洲实验室杰出研究员。

配套技术。针对这一争论，有必要对 PHEV 的优势利用场景及减碳成本效益进行系统性分析。这关系到技术路线、资源安全、产业发展、技术传承、人才培养、科研和产业化决策。

一 插电式混合动力汽车发展概况

（一）发展历程

20 世纪后半叶，美国加州大学戴维斯分校 Andrew A. Frank 教授发明了 PHEV 的概念。2003 年，法国雷诺汽车开始在欧洲销售 PHEV，型号为雷诺 Kangoo。2006 年，日本丰田公司开始展示 Prius PHEV 车型。[1] 2010 年，通用公司开始量产雪佛兰 Volt PHEV。[2] 2011 年，菲斯克公司推出 Karma PHEV。此后，国外各大厂商相继推出 PHEV 车型，包括凯迪拉克 ELR、三菱欧蓝德等。

中国 PHEV 研发生产后来居上。2006 年 12 月和 2008 年 4 月，中国汽车工程学会主持召开了两次关于 PHEV 的会议，协办单位是国家 863 计划重大项目"节能与新能源汽车"办公室和国家电网公司。此后，国家 863 计划"节能与新能源汽车"重大项目在 2008 年度第一批课题申请指南中明确提出要发展 PHEV。同年，比亚迪公司推出世界上领先量产的 PHEV 车型——F3DM。2011 年，中国发布国家标准《乘用车燃料消耗量评价方法及指标》（GB 27999-2011），该国标在以往的单车油耗限值的基础上，规定企业平均燃料消耗量（CAFC），一定程度上促进了 PHEV 的发展。2012 年，中国发布《节能与新能源汽车产业发展规划（2012—2020 年）》，明确新能源汽车包括 PHEV 等三类车型。2017 年，中国发布《乘用车企业平均燃料消耗

---

[1] 陈树勇、陈全世、田光宇等：《可外接充电式 HEV 的研究与发展》，《交通信息与安全》2009 年第 2 期。
[2] 虽然通用公司发明并使用增程式混合动力汽车（REEV）的概念，但本报告视其为 PHEV 的一种，后文不再重复说明。

量与新能源汽车积分并行管理办法》（以下简称"双积分"政策），引入新能源汽车积分，PHEV车型的积分在2021年前为2，2021年至2023年8月1日为1.6，此后为1。在国内能源转型战略和"双积分"政策约束下，各大车企纷纷寻求转型，此时PHEV成为重要赛道。2013年以后，国内各大厂商推出的PHEV车型陆续增多。2024年5月，比亚迪推出第5代DM技术车型秦L和海豹06，电量保持模式的百公里油耗为2.9L，PHEV油耗进入"2时代"。

近两年来，PHEV相较BEV市场增速更迅猛，其中比亚迪在2023年PHEV市场销量上遥遥领先。2023年全球PHEV销量为420万辆，比2022年增长133万辆。2023年中国PHEV共销售约240万辆，超过全球PHEV总销量的一半，同比增长85%，几乎是BEV销量增速的4倍。2023年中国PHEV销量TOP20中比亚迪有9款、长城有4款、吉利有3款、长安有2款、岚图汽车和广汽乘用车各1款，如图1所示。PHEV销量TOP20占PHEV总销量的86.9%，其中比亚迪秦PLUS DM-i位列第一，销售30.7万辆，同比增长62.4%；宋PLUS DM-i和宋Pro DM-i位列第二、第三，市场份额分别为15.4%和10.9%。前十名车型中有9款为比亚迪车型，优势明显。此外，截至2024年3月底，国家监管平台已累计接入PHEV 454.1万辆。

（二）插电式混合动力汽车技术现状

1. 架构与控制系统

根据动力系统中电能和机械能之间的耦合关系，PHEV的架构主要分为串联、并联、串并联（混联）三类。[①] 根据电机位置不同又分为P0~P4，如图2所示。

P0和P1分别表示使用电机置于发动机之前和电机与发动机曲轴相连

---

① Baodi Zhang, Fuyuan Yang, Lan Teng, Minggao Ouyang, Kunfang Guo, Weifeng Li, and Jiuyu Du, "Comparative Analysis of Technical Route and Market Development for Light-Duty PHEV in China and the US," *Energies*, Vol. 12, No. 19, 2019, p. 3753.

中国插电式混合动力汽车优势场景分析及减碳成本效益评估

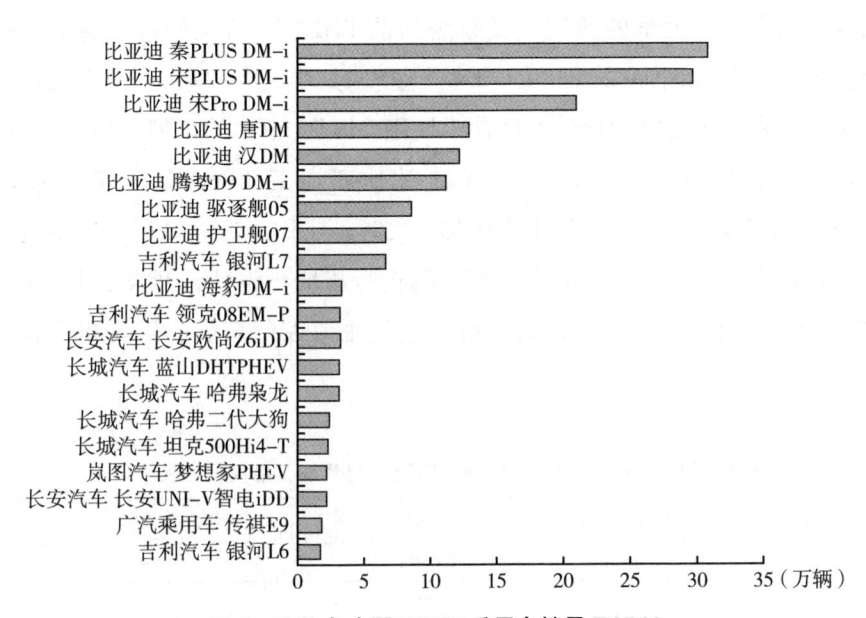

比亚迪 秦PLUS DM-i
比亚迪 宋PLUS DM-i
比亚迪 宋Pro DM-i
比亚迪 唐DM
比亚迪 汉DM
比亚迪 腾势D9 DM-i
比亚迪 驱逐舰05
比亚迪 护卫舰07
吉利汽车 银河L7
比亚迪 海豹DM-i
吉利汽车 领克08EM-P
长安汽车 长安欧尚Z6iDD
长城汽车 蓝山DHTPHEV
长城汽车 哈弗枭龙
长城汽车 哈弗二代大狗
长城汽车 坦克500Hi4-T
岚图汽车 梦想家PHEV
长安汽车 长安UNI-V智电iDD
广汽乘用车 传祺E9
吉利汽车 银河L6

图1　2023年中国PHEV乘用车销量TOP20

资料来源：中华全国工商业联合会汽车经销商商会。

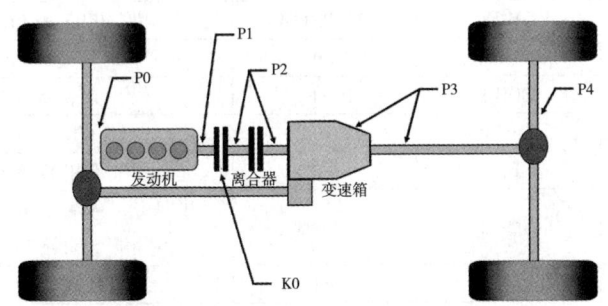

P0：电机置于发动机之前，使用带式起动/发电一体机（BSG电机）
P1：电机置于变速箱之前，安装在曲轴上，在K0离合器后使用盘式起动/发电一体机（ISG电机）
P2：电机置于变速箱的输入端，有单离合、双离合等构型
P3：电机置于变速箱的输出端，与发动机同轴连接，同源输出
P4：电机驱动后轴，与发动机的输出轴分离

图2　PHEV架构

方案，这两种方案不能实现纯电动模式；P2和P3分别表示电机集成于变速器的输入和输出端；P4表示电机集成于后桥的电气后桥驱动（ERAD）

067

结构。北京交通大学的研究人员认为当前PHEV主流架构包括并联P2、串并联P1+P3和串并联P1+P3+P4三种。① 其中，串并联P1+P3架构在多个方面表现出更好的燃油经济性。使用P1+P3架构的车型有2023款比亚迪护卫舰07 DM-i Ultimate、2021款比亚迪秦Plus DM-i Exclusive、2023款哈弗H6等。除了以上主流构型之外，丰田、吉利等厂商还将电机与双离合变速箱、混合动力专用变速箱进行集成化设计，开发了P2.5和PS（功率分流）构型。国内外部分厂商的主流控制系统、架构和代表车型参见表1。

表1 国内外部分PHEV厂商的主流控制系统、架构及代表车型

品牌	控制系统名称	架构	代表车型
比亚迪 BYD	DM I	P1+P3	F3 DM
	DM II	P3	秦 DM
		P3+P4	唐 DM
	DM III	P0+P3	秦 Pro DM
		P0+P4	汉 2020DM
		P0+P3+P4	唐 DM
	DM IV	P1+P3+P4	秦 PLUS、宋 PLUS
上汽 SAIC	HEV(BSG)	P0	荣威 750
	EDU I	P1+P2	荣威 e550
	EDU II	P1+P2	荣威 ei6 Plus
广汽 GAC	REEV	P1+P3	传祺 GA5
	GM-C	P1+P3	传祺 GA3S 三菱祺智
吉利 Geely	CHS	PS	帝豪 2019
	P2.5	P2.5	博瑞 GE、嘉际、缤越、星越
长安 CHANA	P2	P2	逸动
	4WD Bridge	P1+P3+P4	CS75

---

① Baodi Zhang, Fuyuan Yang, Weifeng Li, Minggao Ouyang, "Multi-perspective Evaluation of Fuel-efficient Architecture for China's Plug-in Hybrid Electric Vehicles across Levels, Time, and Driving Cycles," *Energy Conversion and Management*, No. 293, 2023.

续表

品牌	控制系统名称	架构	代表车型
宝马 BMW	eDrive	P2	BMW 530 Le 2021 M BMW X5 2022 BMW 740 Le 2018
	eDrive	P0+P4	BMW X1 2021 BMW i8 2019
丰田 Toyota	PS	PS	丰田雷凌 2019 Elite 丰田卡罗拉 2020 Comfortable 丰田 RAV4 2021 Elite Pro
本田 Honda	I-MMD	P1+P3	DFM 本田 CR-V Wise GAC 本田 缤智 2022 Deluxe
路虎 Landrover	Ingenium	P0+P2	路虎 P400e 2020 路虎 P510e
		P0+P4	路虎 2021 P300e
领克 LYNK&CO	CMA	P2.5	Lynk 01 Jin Lite 2019
	LYNK E-MOTIVE	P1+P2	Lynk 01 EM-PAM
	SPA	P1+P4	Lynk 09 2021 Pro
	EM-P	P1+P2+P4	Lynk 09 EM-P 2023

资料来源：Baodi Zhang, Fuyuan Yang, Lan Teng, Minggao Ouyang, Kunfang Guo, Weifeng Li, and Jiuyu Du, "Comparative Analysis of Technical Route and Market Development for Light-Duty PHEV in China and the US," *Energies*, Vol. 12, No. 19, 2019, p. 3753; Baodi Zhang, Fuyuan Yang, Weifeng Li, Minggao Ouyang, "Multi-perspective Evaluation of Fuel-efficient Architecture for China's Plug-in Hybrid Electric Vehicles across Levels, Time, and Driving Cycles," *Energy Conversion and Management*, No. 293, 2023.

2. 动力电池

整体来看，PHEV 使用的动力电池技术路线类型主要为锂离子电池。[①] 以正极材料分类，锂离子电池主要包括镍钴锰酸锂电池（也称为三元锂电池）、镍钴铝酸锂电池、锰酸锂电池和磷酸铁锂电池等。据中国汽车动力电池产业创新联盟数据，2023 年中国磷酸铁锂电池占比 67.3%，三元锂电池仅占 32.6%。与 BEV 不同的是，由于 PHEV 对电池容量的需求较小且电池

---

① Arun, V., Kannan, R., Ramesh, S., et al., "Review on Li-Ion Battery vs Nickel Metal Hydride Battery in EV," *Advances in Materials Science and Engineering*, 2022, pp. 1-7.

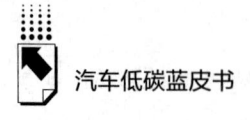

主要负责频繁、大功率放电，PHEV的动力电池对能量密度的要求相对较低，这也是PHEV倾向于使用磷酸铁锂电池的原因之一。

3.电机

PHEV使用的电机技术类型包括永磁同步电机和交流异步电机。① 其中，永磁同步电机占据绝对主流地位，据行业机构统计，2024年一季度永磁同步电机占中国新能源汽车驱动电机装机量的95.9%。② PHEV的电机起到发动机启停管理、发动机高效运行区调节、辅助驱动、整车驱动、增程发电、制动能量回收等多重作用，因此，PHEV有单电机、双电机乃至三电机构型。③

4.集成技术

PHEV的集成技术包括动力电子控制器、热管理系统、AC/DC变流器、DC/DC变换器等。动力电子控制器用于管理主电池传递的能量，控制主发动机的转速和扭矩。热管理系统则确保各个部件的工作温度正常，包括发动机和电动机等。AC/DC变流器用于充放电时车载电池直流电和电网交流电、电机直流或交流电之间的强电转换。DC/DC变换器将高压电能转换为低压直流电能，以供给仪表台、辅助电池和其他组件，确保车辆平稳运行。与BEV相比，PHEV的集成技术对能源管理系统的要求更高，以确保在不影响车辆性能的前提下提高综合能效和降低排放。④

二 插电式混合动力汽车优势场景分析

（一）降低用能成本

PHEV能以低能源成本满足多样化的出行需求。根据《2023年度中国主

---

① 佐思汽研：《2023-2024年全球和中国混合动力汽车研究报告》，2024年1月。
② 《双电机驱动搭载率提升，新能源汽车电机装机量大幅增长》，https://xueqiu.com/5641662467/296078824，2024年7月3日。
③ Patel, N., Bhoi, A. K., Padmanaban, S., et al. *Electric Vehicles: Modern Technologies and Trends*. Springer Singapore, 2021.
④ Kalghatgi G., Agarwal A. K., Leach F., et al. *Engines and Fuels for Future Transport*. Springer Singapore, 2022.

要城市通勤监测报告》，中国超大城市单程通勤距离为9.6公里，特大城市单程通勤距离为8.6公里，而PHEV的纯电续驶里程为60~200公里，在大多数情况下可以用成本较低的纯电模式满足工作通勤需求，并在偶尔需要在电量保持模式下行驶时继续享受混动技术的高能效，从而实现低成本出行。[①]根据车百智库报告，公共充电桩的充电成本约0.42元/公里，私桩充电成本约0.12元/公里，假设PHEV公桩、私桩充电占比各一半，则电力成本约0.27元/公里。[②] 燃油成本在电量保持模式下相较传统内燃机汽车（ICEV）低约35%。当纯电行驶里程占比（效用因子）为45%时，能源成本相较ICEV可节省50%左右，如果纯电行驶里程进一步提升，PHEV经济性将更加明显。

（二）消除里程焦虑

相比于BEV，PHEV在实现低排放的同时消除了用户的里程焦虑。[③] BEV要消除里程焦虑所需的充电基础设施覆盖率要高于传统加油站，且现阶段充电比加油要慢。里程焦虑既可归因于出发前纯电里程不足导致"被迫"选择替代出行方式，也可以出于出发后对不确定的剩余里程和不确定的行驶需求的担忧。无论是出发前还是出发后，BEV里程焦虑所伴随的额外成本都被广泛认为是影响用户最终消费选择的不可忽视的因素。相比之下，PHEV可以充分利用油、电两种补能基础设施并延长续驶里程，可以认为不存在里程焦虑。

（三）灵活能源补充

PHEV是一种外接两种能源的技术路线，可以在必要时由用户对电力和汽油进行切换。在充电条件良好（比如低电价、停车顺便充电）或者加油

[①] 《2023年度中国主要城市通勤监测报告》，https://bj.bcebos.com/v1/mapopen/cms/report/2023tongqin/index.html，2023年8月。
[②] 车百智库：《混合动力乘用车发展前景研究》，2024年1月。
[③] Henry Man, "Introduction to Electric Vehicles: BEV vs PHEV vs HEV," https://zecar.com/resources/what-is-the-difference-between-bev-vs-phev-vs-hev, July 15, 2023.

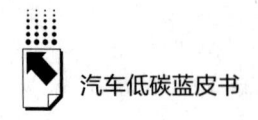

条件恶劣（比如高油价、无油可加）的情况下，PHEV用户可以通过优先充电以增加续驶里程、降低用能成本；在充电条件较差（比如停电或者配电网台区管制）或环境温度较低的场景中，PHEV可以像ICEV一样，依托成熟的加油系统满足出行需求。此外，部分PHEV还配备了快充系统甚至是车网互动系统，使PHEV的补能或能量互动能力更突出。也有PHEV使用生物乙醇或低碳合成燃料，实现PHEV用油行驶的低碳化。

（四）优势场景细分

自2011年通用量产Volt以来，一直有观点认为PHEV只是内燃机到纯电动之间的过渡性产品，长远来看并没有竞争优势。该观点的依据包括PHEV的成本高、混动系统复杂等。然而，看好PHEV具备长期竞争性的观点也一直存在，其主要依据包括：①PHEV能够在部分用户场景中更好满足出行需求，从而降低成本；②电网和液体燃料的低碳化可以提高PHEV环保性；③未来充电条件的改善会提高PHEV用户的充电积极性。

随着近两年中国市场PHEV销量爆发式增长，PHEV是否具备长期竞争性这一话题得到了更多关注。也有学者认为不应该将PHEV和BEV进行非黑即白的互斥比较，而是应该为各自找到具体细分的优势场景。根据以上分析，PHEV的优势场景包含以下要素中的一种或多种。

①充电条件"有"而"不足"：具有可以满足PHEV纯电里程的充电条件，比如家庭或工作场所的慢充，但缺乏大里程BEV所需的快充设施的场景。

②通勤距离"长"而"匹配"：通勤距离较长的场景（比如大于5公里），且和PHEV纯电里程匹配，PHEV可以用低成本纯电方式满足绝大多数通勤和日常出行需求。

③长途出行"多"而"分散"：包括家庭自驾游、城际商务出行等跨区域出行场景，特别是在目的地比较分散、充电条件更具不确定性的情况下，更能凸显PHEV的里程保障优势。

④时间价值"高"而"繁忙"：对纯电续驶里程和充电条件不确定性容忍度比较低的用户群体（高收入、工作节奏快、时间成本高等）是PHEV

的优势市场。

⑤寒冷天气"多"而"恶劣"：低温天气影响电池续驶里程和充电效率，更能凸显PHEV灵活补能的优势。

⑥油电供应"贵"而"不稳"：PHEV可以更好地应对国际形势、地方政策的变化所导致的油、电价格波动，既不受到高油价、石油断供的冲击，也不受制于电力系统中断的不便，顺势而为利用最佳补能方式。

以上6种可以叠加的PHEV优势场景，大多离不开充电条件的支持，良好的补能条件可以提高PHEV的用电比例（效用因子）。实际上，早期关于PHEV成本效益的大部分研究和讨论都假设PHEV每天晚上满充电一次。在这一假设下，60公里纯电里程的美国PHEV用户的效用因子可以达到80%以上。进而，对于通勤距离更短、产品纯电里程普遍更长的中国市场，理论上的效用因子会比80%更高。

然而，中国的实际情况与"一天一满充"假设相去甚远，国际清洁交通委员会（ICCT）在2020年的报告中指出，实际情况下PHEV的效用因子仅为37%左右，且与美国、德国相比，中国私家车的效用因子最低，仅为26%。[1] ICCT于2022年发布的报告也指出，PHEV的实际纯电行驶比例远低于预期，欧洲私家车平均为45%~49%。[2] 中国本土机构的研究《中国新能源汽车大数据研究报告（2023）》也显示，中国PHEV个人用户的纯电行驶里程占比仅达到47%。[3]

多份PHEV使用行为调查研究也证实，PHEV用户普遍没有做到每天充满电。对此，结合美国科学院所整理的技术参数，笔者对于60公里纯电续

---

[1] ICCT, "Real-World Usage of Plug-in Hybrid Electric Vehicless: Fuel Consumption, Electric Driving, and CO$_2$ Emissions," https://theicct.org/publication/real-world-usage-of-plug-in-hybrid-electric-vehicles-fuel-consumption-electric-driving-and-co2-emissions/, September 27, 2020.

[2] ICCT, "Real-World Usage of Plug-in Hybrid Vehicles in Europe: A 2022 Update on Fuel Consumption, Electric Driving, and CO$_2$ Emissions," https://theicct.org/publication/real-world-phev-use-jun22/, June 8, 2022.

[3] 王震坡、梁兆文等：《中国新能源汽车大数据研究报告（2023）》，机械工业出版社，2023。

驶里程的 PHEV 经济效益进行测算。结果表明，由于在电量保持模式下 PHEV 本身已经比较省油，一次充电行为的油转电的经济收益大概仅有 15 元。[①] 对于高收入的美国早期 PHEV 用户和充电不方便的中国早期 PHEV 用户而言，这样的收益可能难以激励用户养成"一天一满充"的习惯。更进一步讲，PHEV 纯电续驶里程和充电便捷性需进一步提升，从而增加每次充电的潜在经济收益，降低充电的行为成本，从而发挥 PHEV 在降低用能成本、消除里程焦虑和灵活能源补充方面的优势。

三 插电式混合动力汽车减碳成本效益评估

（一）减碳成本效益评估

1. 车辆成本

随着技术成熟带来的成本下降，部分 PHEV 产品的制造成本已经与 ICEV 相当，但 PHEV 和 BEV 之间的制造成本差异还取决于各自的纯电续驶里程。相比于 BEV，PHEV 动力电池容量较小且仍然保有燃油动力系统，其制造成本对动力电池成本敏感度低于 BEV。基于 ICCT 早前发布的针对美国市场的研究报告中的成本分析模型，Nic Lutsey 等人采用基于零部件成本的分析方法，并根据中国乘用车市场的具体特征对模型进行中国化调整。[②] 如图 3 所示，该研究预测到 2025 年，紧凑型（A 级车）PHEV 的车辆制造成本为 11.9 万~12.7 万元，BEV 比 PHEV 低约 2.75 万元或以下；到 2030 年，紧凑型 PHEV 的车辆制造成本可以进一步减少到 8.7 万~11.9 万元。另外，美国科学院针对美国市场 2025~2030 年各类动力系统制造成本进行分析，也预测 PHEV 将会比 BEV 成本高一些，但成本差额将会变小。然而，实际

---

① 假设百公里油耗为 4L、电耗为 12kWh，汽油价格为 8 元/L，电价为 0.55 元/kWh，一次充电节省 60/100×（4×8-12×0.55）= 15.24 元。
② 国际清洁交通委员会、中汽数据：《中国电动汽车成本收益评估（2020-2035）》，2021 年 4 月。

上，2024 款五菱星光 150 公里纯电里程标准版 PHEV 价格为 8.98 万元，低于同时推出的五菱星光 410 公里纯电里程标准版 BEV 的 9.98 万元。以上分析表明，PHEV 和 BEV 的成本对比涉及很多复杂因素，还可能受各国情况影响，不能简单下结论。

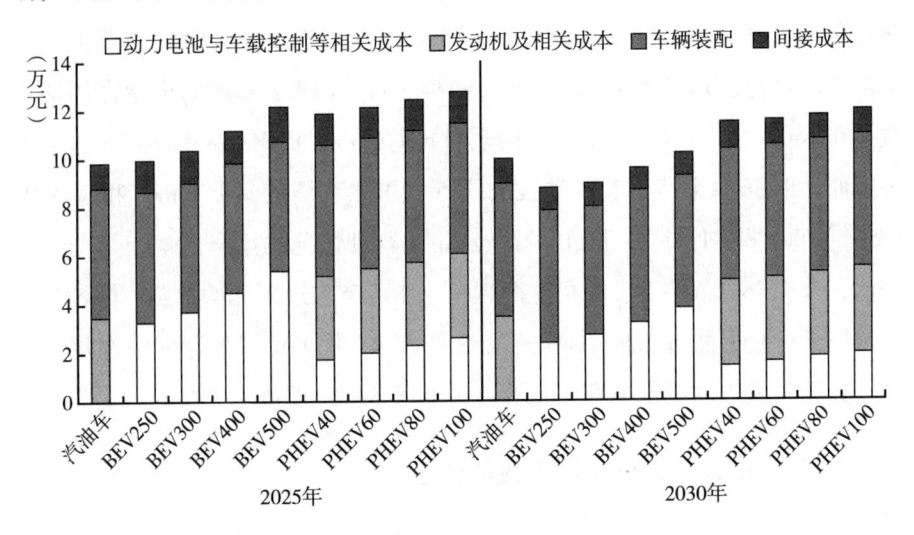

图 3　2025 年和 2030 年 PHEV 制造成本预测

资料来源：《中国电动汽车成本收益评估（2020-2035）》。

2. 电池成本

目前动力电池领域的技术进步仍在继续，德国 P3 汽车股份有限公司的分析显示，2025~2030 年，量产动力电池系统成本将降到 360 元/kWh 左右。磷酸铁锂电池的系统成本通常比三元锂电池要低 10%~20%；而在动力电池类型和生产规模相同的情况下，中国的动力电池系统成本通常比欧美要低 20%。[①] 而且，相对 BEV 来说，PHEV 电池容量更小，所以受到贵金属资源供应链影响更小。

3. 全生命周期成本

全生命周期成本方面，BEV 比 PHEV 更优，但随着技术进步，差距正

---

① 国际清洁交通委员会、中汽数据：《中国电动汽车成本收益评估（2020-2035）》，2021 年 4 月。

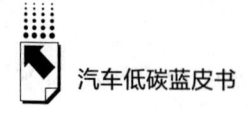

在变小。ICCT 的 Nic Lutsey 等人以首位拥有者（5 年使用期）为分析对象进行的研究表明，2025~2030 年，纯电续驶里程在 40~100 公里的各类紧凑型 PHEV 的全生命周期净收益（全生命周期持有成本与 ICEV 相比低出的部分）在 -6500~110 元，续驶里程在 250~400 公里的各类紧凑型 BEV 的全生命周期净收益在 20200~43400 元。2025 年，各类 SUV 的 PHEV 车型的全生命周期净收益在 -13000~-2100 元，各类 SUV 的 BEV 车型的全生命周期净收益在 18000~55000 元。此外，随着科技的进步，PHEV 的燃油成本也会越来越低。以 2024 年 5 月比亚迪发布第 5 代 DM 系统的秦 L DM-i 和海豹 06 DM-i 为例，分别计算日常用电行驶和用油行驶情况的用车成本。① 与 ICEV 相比，有充电桩条件下，使用这两款车一年可节省近万元的油费，即使日常完全用油行驶也能省出近 7000 元的油费。第 5 代 DM 车型即使完全用油行驶，其每公里燃油成本也在快速接近纯电动车的电费成本。

（二）"双碳"战略下减碳效益评估

1. 减碳原理

PHEV 在车辆行驶过程中，电动机可以辅助内燃机工作，提高能源利用率；在车辆减速或刹车时，电动机还可以回收能量，转化为电能存储在电池中，进一步减少能量损失。这种能量回收和再利用的机制使得 PHEV 相较于传统 ICEV 具有更低的能源消耗和碳排放量。此外，纯电行驶的 PHEV 还可以利用逐渐低碳化的电力进一步实现降碳。

2. 国内外 PHEV 减碳效益评估

Wang 等人基于 GREET 模型评估了 PHEV 的能耗和全生命周期 CO_2 排放，认为 PHEV 相对于 ICEV 可减少 50% 的石油消耗，减排效益则约为 30%。② IEA

---

① 比亚迪公司 2024 年 5 月秦 L DM-i 和海豹 06 DM-i 发布会，https://mall.bydauto.com.cn/pc/latestActivity/liveDetail/?id=84。
② R. Wang, Y. Song, H. Xu, et al., "Life Cycle Assessment of Energy Consumption and CO_2 Emission from HEV, PHEV and BEV for China in the Past, Present and Future," *Energies*, Vol. 15, No. 18, 2022.

的报告显示，2023年全球范围内PHEV在其使用寿命内产生的温室气体排放量平均比ICEV少约30%，随着未来电力的进一步脱碳，这一差距将有望在2035年达到35%。[①] 此外，该分析假设PHEV的效用因子仅为40%，如果通过加强基础设施建设等方式进一步提高效用因子，则可以进一步减排。根据ICCT报告，与ICEV相比，PHEV可以使整体尾气CO_2排放量减少15%~55%。[②] Veza等人对比了BEV、HEV、PHEV和ICEV的减碳效益，提出与ICEV相比，BEV具有较低的CO_2排放，为20%~27%，而PHEV比BEV稍高一些，但差距不大，PHEV仅比BEV稍高10%。[③]

3. 基于低碳燃料的PHEV减碳效益评估

基于上述PHEV减排成本效益的汇总，进一步结合近期热门讨论的绿电合成燃料（E-fuel），基于美国乘用车市场发展情况，构建离散选择模型，对基于低碳燃料的PHEV减碳效益进行评估。

设计三种情景：基准情景（按照美国当前的情况继续发展不受其他因素影响）、B+I+C+D70情景和B+I+C+D70+E+P35情景。情景假设中，B表示更低的电池成本，I表示更高的基础设施覆盖率，C表示碳税434元/吨CO_2，D70表示到2050年电网降碳比例为70%，E表示使用绿电和直接空气捕集二氧化碳技术生产的E-fuel引入市场，P35表示E-fuel在2025~2035年完成100%渗透，得到如下结果。

由图4可知，相比基准情景来说，B+I+C+D70情景将会促进BEV和PHEV的销量增加。而随着E-fuel的加入和E-fuel价格的下降（B+I+C+D70+E+P35情景），PHEV销量提升的同时，ICEV也通过使用E-fuel实现了一定的减排，此时ICEV的销量下降趋势也变得更平缓。

由图5可知，B+I+C+D70情景会降低燃料部分的碳排放，但是会增

[①] 国际能源署（IEA）：《全球电动汽车展望2024》，2024年4月。
[②] Patrick Plötz, Cornelius Moll, and Yaoming Li., "Real-world Usage of Plug-in Hybrid Electric Vehicles: Fuel Consumption, Electric Driving, and CO_2 Emissions," 2024.
[③] I. Veza, M. Z. Asy'ari, M. Idris, et al., "Electric Vehicle (EV) and Driving towards Sustainability: Comparison between EV, HEV, PHEV, and ICE Vehicles to Achieve Net Zero Emissions by 2050 from EV," *Alexandria Engineering Journal*, Vol. 82, 2023.

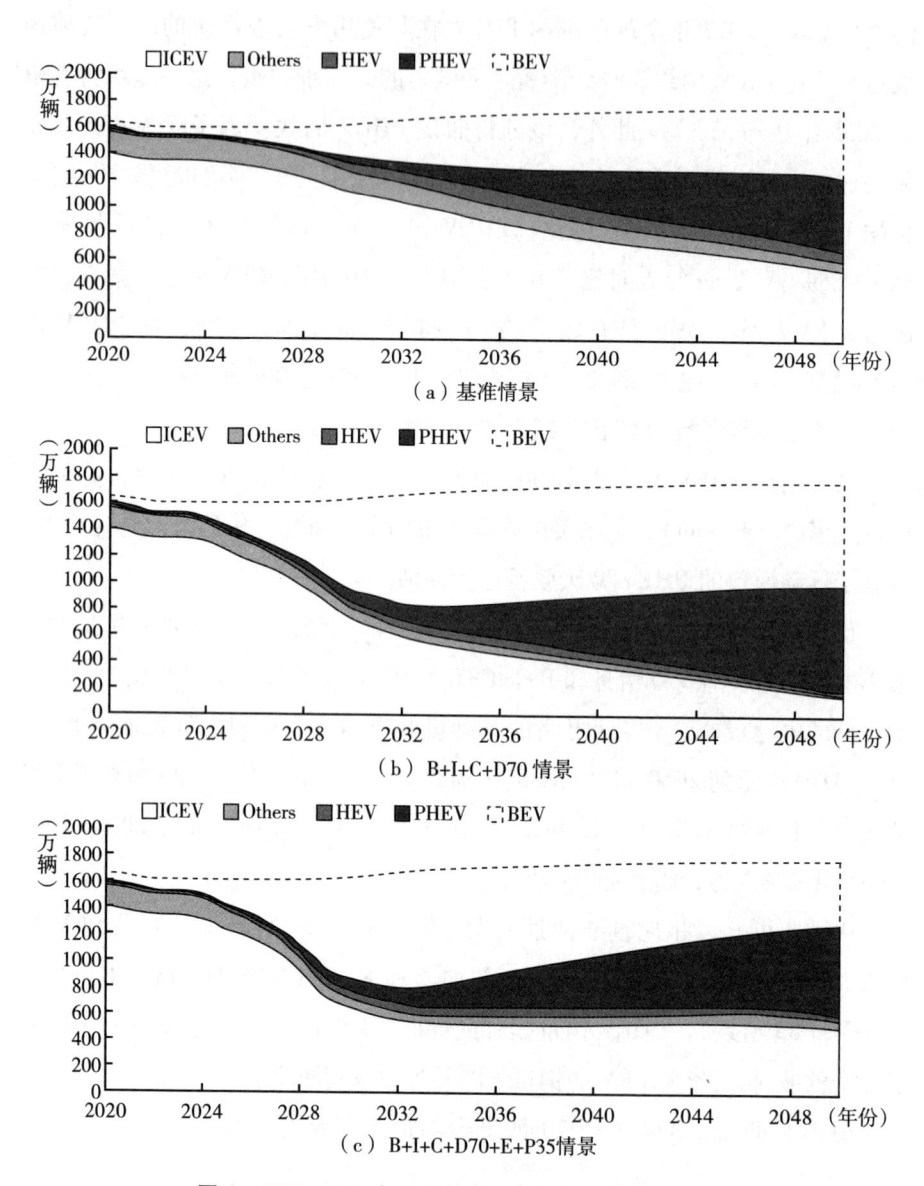

图 4　2020~2048 年不同情景下美国乘用车市场销量

加电力部分的碳排放。B+I+C+D70+E+P35 情景虽然会因 BEV、PHEV 的销量快速增加而小幅增加电力部分的总排放，但是会更加显著地降低燃料部分的碳排放。

中国插电式混合动力汽车优势场景分析及减碳成本效益评估

（a）基准情景

（b）B+I+C+D70情景

（c）B+I+C+D70+E+P35情景

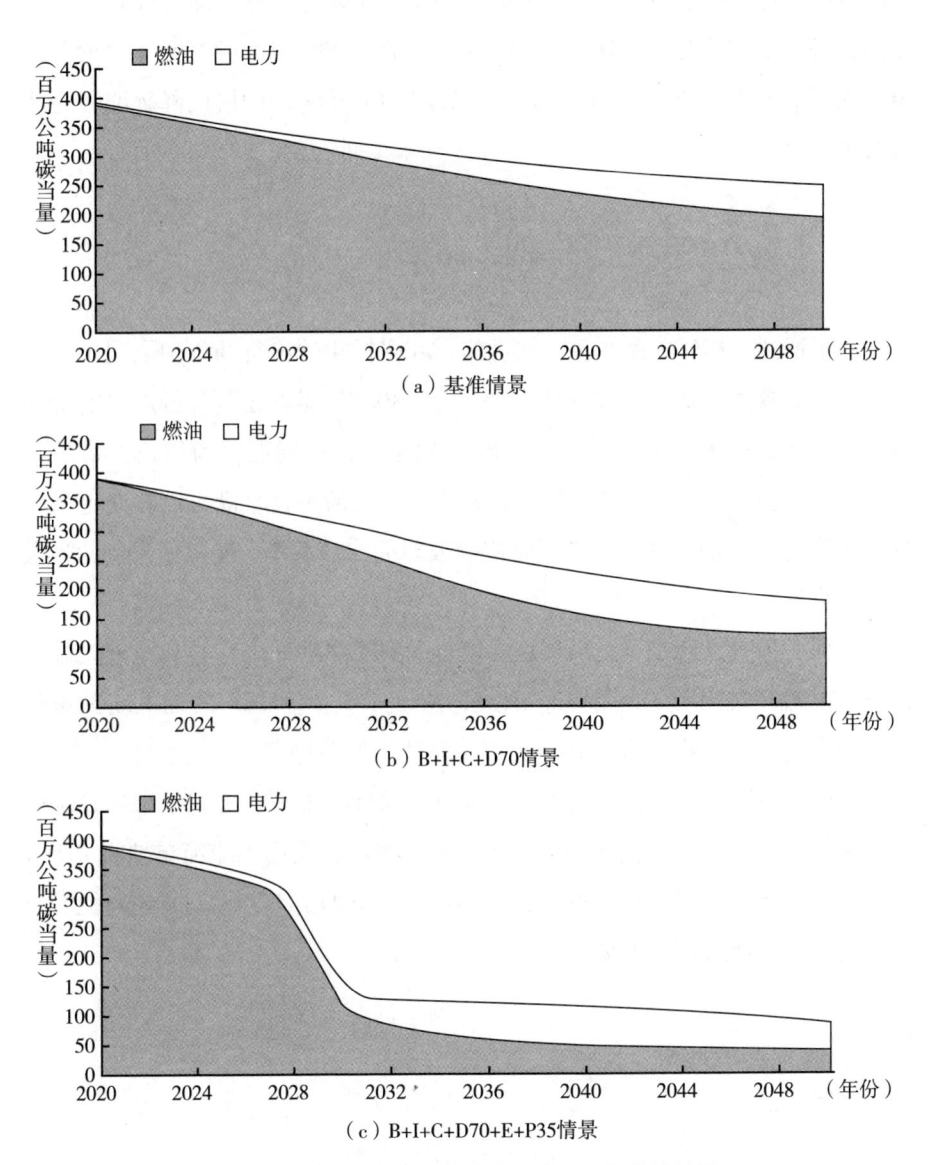

图 5　2020~2048 年不同情景下的温室气体排放量

综上所述，在更低的电池成本、更好的充电基础设施、碳税政策和电力降碳计划执行的前提下，E-fuel 的使用将使得包含内燃机结构的 PHEV 和

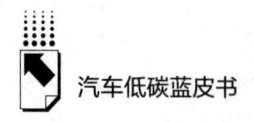

ICEV 具有更强的市场竞争力。再加上 PHEV 在补能条件、综合续驶里程等方面具备一定的优势，中国交通部门实现低碳转型的技术路径除了全面使用 BEV 之外，BEV、PHEV（E-fuel）与 ICEV（E-fuel）的协同降碳路径也将具有可行性。

四 结论

综上所述，PHEV 存在独特的优势，在多样化的出行场景中展现出强大的竞争力。首先，通过优先使用电力驱动，PHEV 能够显著降低用户的能源成本。其次，PHEV 可以有效消解 BEV 的里程焦虑问题，为用户提供更灵活的出行体验。最后，PHEV 的能源补充方式灵活多样，既可以在充电条件良好时优先充电，也可以在必要时依赖成熟的加油系统，确保了出行的连续性和可靠性。

然而，值得注意的是，PHEV 的优势受到用户的充电行为和充电设施的建设情况对其效用因子的影响。因此，进一步提高 PHEV 的纯电续驶里程并增强充电便捷性将是提升 PHEV 市场竞争力的关键。

PHEV 不仅具有显著的市场应用价值，而且在未来随着充电基础设施的完善和技术的进步，其优势将进一步凸显。因此，我们不应简单地将 PHEV 视为过渡性产品，而应积极挖掘其在不同场景下的潜力，推动其在新能源汽车市场中的广泛应用和发展。

参考文献

陈树勇、陈全世、田光宇等：《可外接充电式 HEV 的研究与发展》，《交通信息与安全》2009 年第 2 期。

王震坡、梁兆文等：《中国新能源汽车大数据研究报告（2023）》，机械工业出版社，2023。

佐思汽研：《2023-2024 年全球和中国混合动力汽车研究报告》，2024 年 1 月。

车百智库：《混合动力乘用车发展前景研究》，2024年1月。

国际清洁交通委员会、中汽数据：《中国电动汽车成本收益评估（2020~2035）》，2021年4月。

Baodi Zhang, Fuyuan Yang, Lan Teng, Minggao Ouyang, Kunfang Guo, Weifeng Li, and Jiuyu Du, "Comparative Analysis of Technical Route and Market Development for Light-Duty PHEV in China and the US," *Energies*, Vol. 12, No. 19, 2019.

Baodi Zhang, Fuyuan Yang, Weifeng Li, Minggao Ouyang, "Multi-perspective Evaluation of Fuel-efficient Architecture for China's Plug-in Hybrid Electric Vehicles across Levels, Time, and Driving Cycles," *Energy Conversion and Management*, No. 293, 2023.

Arun, V., Kannan, R., Ramesh, S., et al., "Review on Li-Ion Battery vs Nickel Metal Hydride Battery in EV," *Advances in Materials Science and Engineering*, 2022.

Patel, N., Bhoi, A. K., Padmanaban, S., et al., *Electric Vehicles: Modern Technologies and Trends*. Springer Singapore, 2021.

Kalghatgi G., Agarwal A. K., Leach F., et al., *Engines and Fuels for Future Transport*. Springer Singapore, 2022.

National Academies of Sciences, Engineering, and Medicine, *Assessment of Technologies for Improving Light-Duty Vehicle Fuel Economy—2025-2035*. Washington, DC: The National Academies Press, 2021.

R. Wang, Y. Song, H. Xu, et al., "Life Cycle Assessment of Energy Consumption and CO_2 Emission from HEV, PHEV and BEV for China in the Past, Present and Future," *Energies*, Vol. 15, No. 18, 2022.

Patrick Plötz, Cornelius Moll, and Yaoming Li, "Real-world Usage of Plug-in Hybrid Electric Vehicles: Fuel Consumption, Electric Driving, and CO_2 Emissions," 2024.

I. Veza, M. Z. Asy'ari, M. Idris, et al., "Electric Vehicle (EV) and Driving towards Sustainability: Comparison between EV, HEV, PHEV, and ICE Vehicles to Achieve Net Zero Emissions by 2050 from EV," *Alexandria Engineering Journal*, Vol. 82, 2023.

B.6 基于大数据的纯电动汽车碳减排关键要素分析

王震坡　詹炜鹏　么丽欣*

摘　要： 本报告基于大规模纯电动汽车实际运行数据，建立纯电动汽车行驶阶段上游碳减排模型，分析纯电动汽车行驶阶段上游碳排放的关键影响因素。研究结果表明，电力碳排放因子、车辆规格、气候和温度等多个因素对纯电动汽车行驶阶段上游碳减排效果具有重要影响。在此基础上，本报告提出加强碳排放管理、开展技术创新、推进配套建设和出台奖补政策等建议。

关键词： 纯电动汽车　碳减排　电力碳排放因子

随着全球对气候变化和环境保护关注度的提升，汽车碳排放问题越发得到社会各界的重视，寻找替代传统燃油汽车的低碳交通方式成为当前社会的重要课题。纯电动汽车因其零尾气排放和低碳排放特性，成为解决交通领域碳排放问题的重要途径之一。不过由于电力在上游生产过程中会产生大量碳排放，本报告重点介绍纯电动汽车行驶阶段上游碳排放情况。

在车辆全生命周期碳排放的计算中，大量文献集中于单一车型的纯电动汽车与燃油汽车碳排放差异的研究，这导致了以下局限性：①长期循环参数

---

* 王震坡，博士，北京理工大学教授、博导；詹炜鹏，北京理工大学机械与车辆学院博士生；么丽欣，硕士，高级工程师，中汽政研低碳经济研究部。

的设定采用情景分析的方法,例如假设车辆的行驶总里程为 15 万公里[1];②日常行驶里程等短期循环参数通过问卷调查进行统计;③静态统计参数通过文献研究设定,例如假设燃油车的效率和性能保持不变,或忽略能源结构随时间的变化[2]。上述参数设定的限制,易导致模型计算结果的参考价值有所降低。例如,文献提出,当电力碳排放因子低于 $600 \text{gCO}_2\text{e/kWh}$ 时,纯电动汽车的碳排放量将小于插电式混合动力汽车和燃料电池汽车,但忽略了其他动态因素的影响。[3] 此外,考虑到驾驶行为、行驶条件和能源效率等动态因素的实时变化对碳排放的影响,一些文献采用具有更新周期的小时能耗数据进行研究,但这些模型分别基于简化的充电曲线和动态模拟来获取纯电动汽车的能耗,很难包括环境和工作条件等实际因素。[4][5][6]

总的来说,先前研究主要基于调查和抽样统计的静态数据,计算典型纯电动乘用车的碳排放量。本报告基于纯电动汽车的实际运行数据,建立自下而上的纯电动汽车行驶阶段碳减排计算模型,并分析电力碳排放因子、车辆规格、气候和温度等多个因素的影响。

---

[1] Guo X., Sun Y., Ren D., "Life Cycle Carbon Emission and Cost-effectiveness Analysis of Electric Vehicles in China," *Energy for Sustainable Development*, No. 72, 2023, pp. 1–10.

[2] Chen Q., Lai X., Gu H., et al., "Investigating Carbon Footprint and Carbon Reduction Potential Using a Cradle-to-cradle LCA Approach on Lithium-ion Batteries for Electric Vehicles in China," *Journal of Cleaner Production*, No. 369, 2022, p. 133342.

[3] Isik M., Dodder R., Kaplan P. O., "Transportation Emissions Scenarios for New York City under Different Carbon Intensities of Electricity and Electric Vehicle Adoption Rates," *Nature Energy*, Vol. 6, No. 1, 2021, pp. 92–104.

[4] Ghosh A., "Possibilities and Challenges for the Inclusion of the Electric Vehicle (EV) to Reduce the Carbon Footprint in the Transport Sector: A Review," *Energies*, Vol. 13, No. 10, 2020, p. 2602.

[5] Gryparis E., Papadopoulos P., Leligou H. C., et al., "Electricity Demand and Carbon Emission in Power Generation under High Penetration of Electric Vehicles. A European Union Perspective," *Energy Reports*, No. 6, 2020, pp. 475–486.

[6] Luna T. F., Uriona-Maldonado M., Silva M. E., et al., "The Influence of E-carsharing Schemes on Electric Vehicle Adoption and Carbon Emissions: An Emerging Economy Study," *Transportation Research Part D: Transport and Environment*, No. 79, 2020, p. 102226.

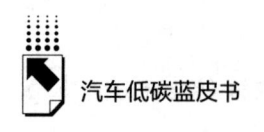

一 纯电动汽车碳排放模型构建

（一）纯电动汽车全生命周期碳排放核算系统边界

车辆的生命周期碳排放包括燃料周期和车辆周期。[①] 燃料周期通常指的是 WTW 阶段（从油井到车轮），包括 WTP 阶段（从油井到油泵）和 PTW 阶段（从油泵到车轮）。对于燃油汽车，WTP 包括原油开采和提炼加工等阶段；对于纯电动汽车，WTP 包括电力（火电、水电、风电、光伏发电和核电等）的生产和传输等阶段。车辆周期包括原材料获取、零部件加工、车辆制造、废弃物回收等过程。

（二）纯电动汽车燃料周期碳排放核算具体方法

1. 模型概述

对于传统能源汽车，行驶阶段碳排放在其全生命周期碳排放中占比最大，本报告重点研究行驶阶段碳排放量的测算方法。尽管纯电动汽车在行驶过程中不直接产生碳排放，但其能源消耗所对应的电力生产过程仍然会产生碳排放。因此，研究纯电动汽车行驶阶段的碳排放具有重要意义，有助于评估其环境影响并制定更有效的减排策略。

本部分基于车辆实际运行数据建立纯电动汽车行驶阶段的碳排放计算模型（由于纯电动汽车行驶过程中不产生碳排放，后文中提及的纯电动汽车碳排放均指的是行驶耗能对应的电力生产碳排放），如图 1 所示。该模型由两个主要部分组成：纯电动汽车 WTP 模型和能耗模型。纯电动汽车 WTP 模型考虑了多种发电方式和发电技术，将不同地区的能源结构（如煤炭、天

[①] Liu J., Li J., Chen Y., Lian S., Zeng J., Geng M., et al., "Multi-scale Urban Passenger Transportation CO_2 Emission Calculation Platform for Smart Mobility Management," *Applied Energy*, No. 331, 2023, p. 120407.

然气、核能、水电、风能、太阳能等）及其各自的发电效率、碳排放系数和发电比例，通过加权平均的方法计算，转化为电力碳排放因子 GGEF（gCO_2e/kWh）。在能耗模型中，通过车辆的行驶片段和充电片段，考虑充电桩效率 η_4，可以得到每辆车的实际电网能耗 E_g（kWh/km）。然后，计算出每辆车每公里的碳排放量 $GHG_{EV,km}$（gCO_2e/km），将其与该车辆在一段时间内的行驶距离 M（km）相结合，就可以得到该段时间内每辆车的碳排放量 GHG_{EV}（gCO_2e）。根据需求，可以计算出一定时间内不同省份、地区或国家层面的行驶阶段碳排放量。

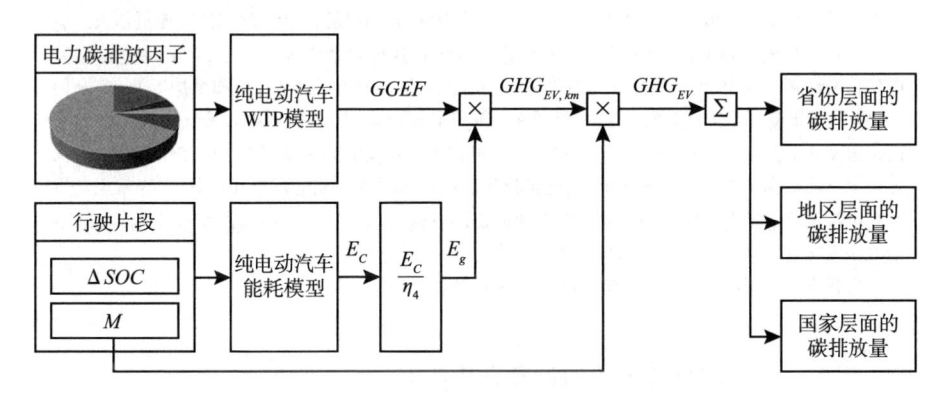

图 1　纯电动汽车行驶阶段碳排放计算流程

2. 纯电动汽车 WTP 模型

纯电动汽车 WTP 模型的目的是根据区域能源结构计算当地电力碳排放因子，该因子表示电网每单位输出的电力产生的碳排放量，该模型还考虑了能源运输、发电、传输和分配过程中产生的损失，如图 2 所示。

本部分所提到的碳排放是指温室气体排放。目前，国际公约规定控制的温室气体有 7 种，分别是二氧化碳（CO_2）、甲烷（CH_4）、氧化亚氮（N_2O）、氢氟碳化物（HFCs）、全氟化碳（PFCs）、六氟化硫（SF_6）、三氟化氮（NF_3），这些气体根据其全球变暖潜势系数被转换成二氧化碳当量（CO_2e）。全球变暖潜势系数（亦称增温潜势）是用于衡量不同温室气体相对于二氧化碳的增温效应的一个指标，CH_4 和 N_2O 的全球变暖潜势系数分别为 25 和

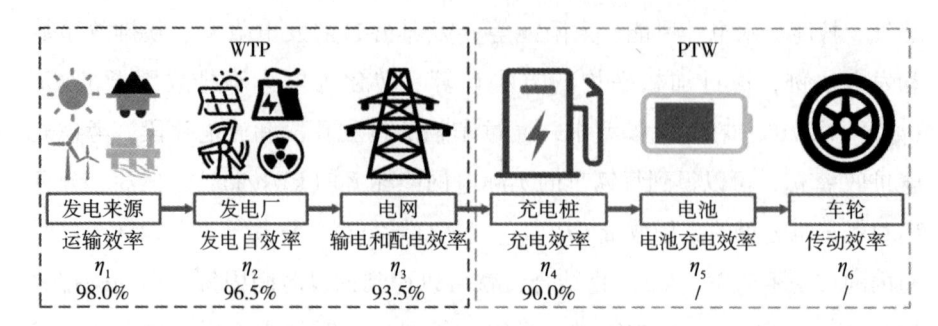

WTP			PTW		
发电来源	发电厂	电网	充电桩	电池	车轮
运输效率	发电自效率	输电和配电效率	充电效率	电池充电效率	传动效率
η_1	η_2	η_3	η_4	η_5	η_6
98.0%	96.5%	93.5%	90.0%	/	/

图 2 纯电动汽车 WTP 模型

注：η_1 = 98.0%（发电来源运输效率），表示能源（如煤炭、天然气等）从能源产地运输到发电厂过程中所保留的能量比例，98.0%的效率意味着在运输过程中仅有2%的能量损失。η_2 = 96.5%（发电自效率），表示发电厂在发电过程中自用能量的损耗，96.5%的效率意味着发电厂自身消耗了3.5%的能量用于维持发电厂的运营（例如发电厂设备运行和维护等），其余的96.5%的能量被用于实际发电。η_3 = 93.5%（输电和配电效率），表示电力从发电厂传输到电网，以及在电网中分配到用户端（如充电桩）过程中，所保留的能量比例，93.5%的效率意味着电力在输电和配电过程中有6.5%的能量损失。η_4 = 90.0%（充电桩充电效率），表示电动汽车充电桩在将电网电力转化为电动汽车电池所需的直流电过程中，所保留的能量比例，90.0%的效率意味着充电过程中约有10%的能量损失。

资料来源：GREET 模型、《中国电力年鉴》等。

298。因此，电力碳排放因子的计算方法如下：

$$GGEF = GEF_{CO_2} + 25GEF_{CH_4} + 298GEF_{N_2O} \tag{1}$$

$GGEF$ 表示电力碳排放因子（gCO_2e/kWh），GEF_{CO_2} 表示电力 CO_2 排放因子（$gCO_2 e/kWh$），GEF_{CH_4} 表示电力 CH_4 排放因子（$gCO_2 e/kWh$），GEF_{N_2O} 表示电力 N_2O 排放因子（gCO_2e/kWh）。而 GEF_{CO_2}、GEF_{CH_4}、GEF_{N_2O} 三者的计算方法类似，因此以 GEF_{CO_2} 为例讲述计算方法：

$$GEF_{CO_2} = \frac{\sum_{i=1}^{8}(EF_i \times p_i)}{\eta_3} \tag{2}$$

i 表示各种发电方式，$i=1\sim8$ 分别表示燃煤发电、天然气发电、燃油发电、水电、核电、风电、光伏发电和生物质能发电。EF_i 表示第 i 种发电方式的碳排放因子，p_i 表示第 i 种发电占比。其中，由于燃煤发电、天然气发电、燃油发电均属于火力发电，发电过程中可以使用不同的燃烧技术，它们的碳排放因子计算方法如式（3）：

$$EF_i = \sum_j^{n_i} (EF_{i,j} \times p_{i,j}) \ (i = 1,2,3) \tag{3}$$

其中，j 表示各种燃烧技术，n_i 表示第 i 种发电方式拥有的燃烧技术总数，$EF_{i,j}$ 表示第 i 种发电方式采用第 j 种技术的碳排放因子（gCO_2e/kWh），计算方法如式（4）所示，$p_{i,j}$ 表示在第 i 种发电方式中第 j 种技术的占比。

$$EF_{i,j} = \frac{1}{Cp_{CO_2} \times \eta_1 \times \eta_2}(\frac{1}{LHV_i} \times Cp_i - VOC_{i,j} \times Cp_{VOC} - CO_{i,j} \times Cp_{CO} - CH_{4\ i,j} \times Cp_{CH_4}) \tag{4}$$

其中，LHV_i 表示第 i 种发电方式使用的燃料的低位热值（J/kg），Cp_i 表示第 i 种燃料的含碳率，$X_{i,j}$ 表示在第 i 种发电方式中第 j 种技术每发一度电产生的 X 气体质量（kg），Cp_X 表示 X 气体的含碳率，X 表示 VOC、CO 和 CH_4。

由上述公式可以计算出中国各种主要发电方式的电力碳排放因子，结果如表1所示，并且可以进一步计算出各省份的电力碳排放因子，如表2所示。

表 1 主要发电方式的碳排放因子

单位：gCO_2e/kWh

发电方式	碳排放因子
燃煤发电	3186
天然气发电	1620
燃油发电	2700
水电	18
核电	23
风电	18
光伏发电	18
生物质发电	21

资料来源：欧训民、彭天铎、张茜等，《中国电动汽车的发展规模及其能源环境资源影响研究——方法、模型和应用》，经济管理出版社，2019。

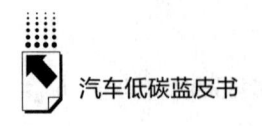

表2 2020年中国各省份电力碳排放因子和发电量

单位：gCO_2e/kWh，亿 kWh

省份	电力碳排放因子	发电量	省份	电力碳排放因子	发电量
天津	920.98	752.73	辽宁	684.91	2050.97
上海	920.98	819.05	浙江	678.26	3366.41
北京	914.33	441.32	广东	671.61	5010.00
安徽	884.4	2681.71	重庆	648.34	774.74
山东	864.45	5511.99	海南	615.09	319.01
河南	847.83	2749.14	福建	578.52	2537.09
山西	841.18	3366.87	贵州	571.87	2174.39
陕西	827.88	2278.34	湖南	531.97	1496.21
江西	824.56	1317.89	广西	528.65	1889.79
江苏	817.91	5049.44	甘肃	512.02	1601.19
河北	807.93	3195.87	湖北	392.33	2907.12
内蒙古	797.96	5633.88	四川	123.02	3980.76
黑龙江	797.96	1083.53	青海	113.04	857.93
宁夏	787.98	1824.98	云南	109.72	3451.07
新疆	758.06	4031.63	西藏	56.52	68.96
吉林	744.76	944.66			

3. 纯电动汽车能耗模型

对于区域层面的纯电动汽车碳排放量，可以通过充电总量来计算。然而，为了比较纯电动汽车在不同地区、不同规格、不同用途下的单位公里碳排放量，需要建立纯电动汽车能耗模型。由于充电片段的电压电流波动远小于行驶片段，采用安时积分法更为合适。因此，本部分根据该时间段内相邻的充电片段，计算每个行驶片段内车辆行驶的平均能耗（见图3）。[①]

对于一段时间的行驶片段的能耗进行统计，可以得到该段时间内该车的平均能耗，如下列公式所示：

[①] Cui D., Wang Z., Zhang Z., et al., "Driving Event Recognition of Battery Electric Taxi Based on Big Data Analysis," *IEEE Transactions on Intelligent Transportation Systems*, Vol. 23, No. 7, 2021, pp. 9200-9209.

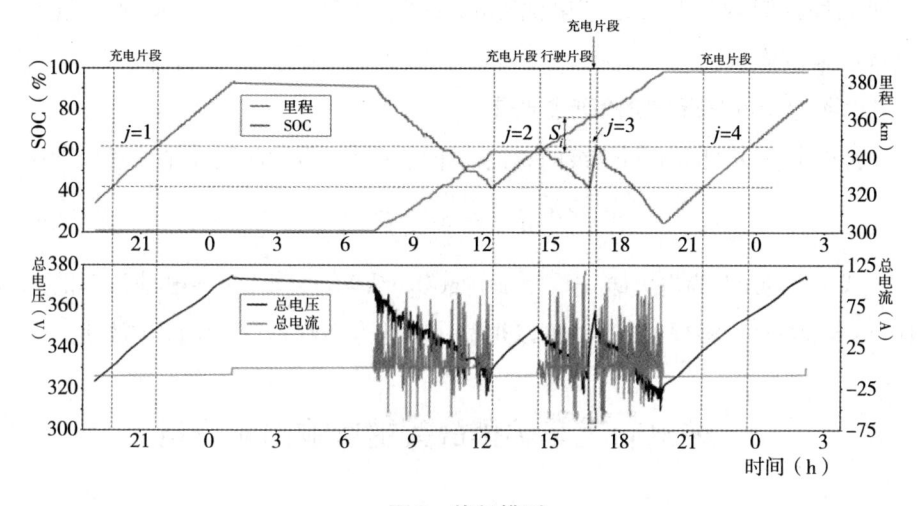

基于大数据的纯电动汽车碳减排关键要素分析

图 3 能耗模型

$$E_c = \frac{\sum_{i=1}^{n} E_{c,i} \times S_i}{\sum_{i=1}^{n} S_i} \tag{5}$$

$$E_{c,i} = \frac{\sum_{j=1}^{m} W_{cf,j}}{m \times S_i} \tag{6}$$

$$W_{cf,j} = \sum_{p=1}^{T_j-1} U_p I_p (t_{p+1} - t_p) \tag{7}$$

其中，E_c 为一段时间内平均行驶能耗（kWh/km），$E_{c,i}$ 为第 i 个行驶片段的能耗（kWh/km），S_i 为第 i 个行驶片段的里程（km），$W_{cf,j}$ 表示第 j 个充电片段的充电能量（kWh），m 表示用来计算行驶片段能耗的相邻充电片段数量，T_j 表示第 j 个充电片段的总帧数，U_p、I_p 和 t_p 分别表示第 p 个时刻的动力电池电压（V）、电流（A）和时间戳（s）。

为了提高准确性，本部分在行驶段两侧各选择两个充电片段进行能耗计算。此外，充电片段的剩余电量（SOC）变化范围必须包含行驶片段的 SOC 变化范围。使用该方法计算能耗的优势在于反映了温度、工况

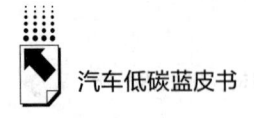

等对能耗的影响，并考虑了电池充电效率、车辆传动效率、电池容量衰退等因素的影响。

4.纯电动汽车行驶阶段碳排放量

纯电动汽车相比于同等级的燃油汽车的每公里行驶阶段碳排放量如下：

$$GHG_{EV} = GGEF \times E_{EV} \tag{8}$$

式中，$GGEF$ 为电力碳排放因子（gCO_2e/kWh），E_{EV} 为纯电动汽车的能耗（kWh/km）。根据式（8）可以得到每辆纯电动汽车行驶阶段排放量。

二 纯电动汽车碳排放关键影响因素分析

经过上一部分的分析，可以看出纯电动汽车的碳排放不仅取决于电力生产过程中的碳排放，还受到车辆自身能耗以及行驶里程的影响，而能耗又与车辆的规格、所处的气候环境密切相关。因此，本部分主要对以上关键影响因素进行分析。

本报告所采用的研究数据来自新能源汽车国家大数据平台，经综合考虑后共选取255.9万辆在中国运行的纯电动汽车作为研究样本，采样周期为2023年1月1日至2023年12月31日。其中，包含乘用车197.38万辆、客车30.53万辆和专用车27.99万辆。

（一）电力碳排放因子和车辆规格

为了探讨电力碳排放因子对各车型减排的影响，我们假设电力碳排放因子在一定范围内发生变化，而其他参数值保持不变。在这种情况下，灵敏度分析公式为：

$$S = \frac{\frac{\Delta CR}{CR_0}}{\frac{\Delta GGEF}{GGEF_0}} = -E \times \frac{GGEF_0}{CR_0} \tag{9}$$

其中，S 表示减排量对电力碳排放因子的敏感性，ΔCR 和 CR_0 分别表示各个车型的碳减排量变化和在当前情况下的碳减排量（kg），$\Delta GGEF$ 和 $GGEF_0$ 分别表示电力碳排放因子的变化和当前的电力碳排放因子（gCO_2e/kWh），E 代表各个车型的能耗（kWh/km）。可以看出，各个车型的碳减排量对电力碳排放因子的敏感性取决于它们各自的能耗和当前每公里的碳减排量。

各种级别乘用车、客车、专用车的碳减排量对电力碳排放因子的敏感性分析结果如图4所示。由图4（a）、（b）和（c）的碳减排量相对变化可以看出，特种车辆和客车与A级乘用车相比能耗较高，其碳排放减量受电力碳排放因子影响更大。总体而言，各种车型的减排量与电力碳排放因子的变化呈线性关系，降低全国范围内的电力碳排放因子有助于促进重型车辆电气化带来的环境效益。

（二）行驶里程

本部分主要讨论不同地区车型行驶里程差异对碳减排量的影响，图5展示了中国不同城市中，按车辆类型划分的日均行驶里程分布，包括六种车辆类型，分别是私家车、出租车、公务车、租赁车、客车及专用车。

各城市私家车日均行驶里程相对较低，大多数在50公里以下，广州和深圳稍高。出租车的行驶里程显著高于其他类型车辆，大多数城市的平均行驶里程在70~100公里，上海和深圳的出租车行驶里程最高，中位数分别为109公里和101公里。公务车的行驶里程在各城市间变化较大，深圳和广州的公务车行驶里程最高。租赁车的行驶里程在各城市间差异不大，普遍高于私家车，基本上与出租车相当。客车的行驶里程在50~100公里，深圳和广州的客车行驶里程较高，中位数分别为57公里和88公里。专用车的行驶里程相对较低，但广州和深圳的专用车行驶里程略高于其他城市。

这些行驶里程的差异会直接影响碳排放，通过提高各城市中不同车辆类型的行驶里程和使用频率，可以有效减少碳排放，实现更环保的交通系统。

（三）气候和温度

以A级乘用车为例，本部分主要讨论不同地区气候和温度对能耗和碳

(a) 不同等级乘用车

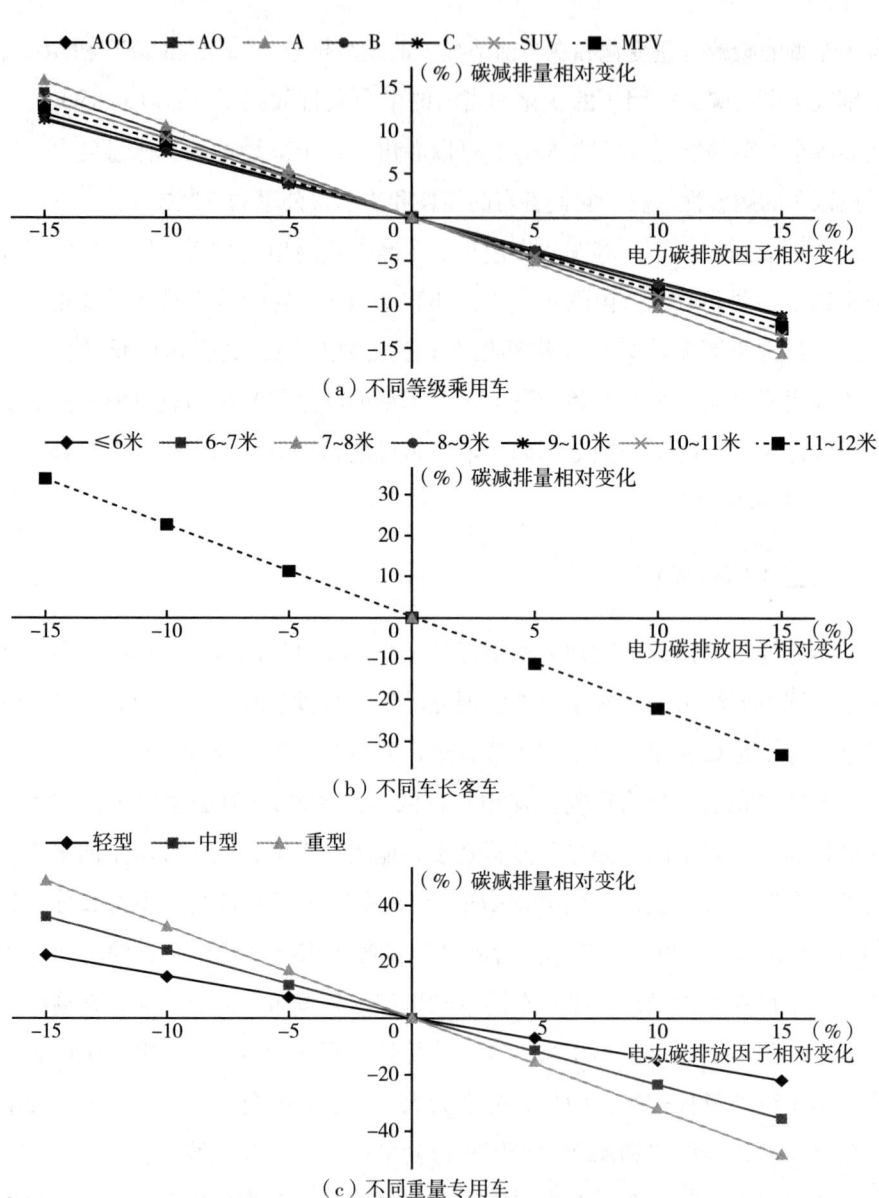

(b) 不同车长客车

(c) 不同重量专用车

图 4　纯电动汽车每公里碳减排量对电力碳排放因子的敏感性分析

减排量的影响，以进一步分析区域间碳减排量差异的根本原因。

从图 6 可以看出，北京的温度随季节变化最大，导致其能耗出现巨大波动，冬夏季能耗差异甚至可达 31.1%。此外，由于北京电力碳排放

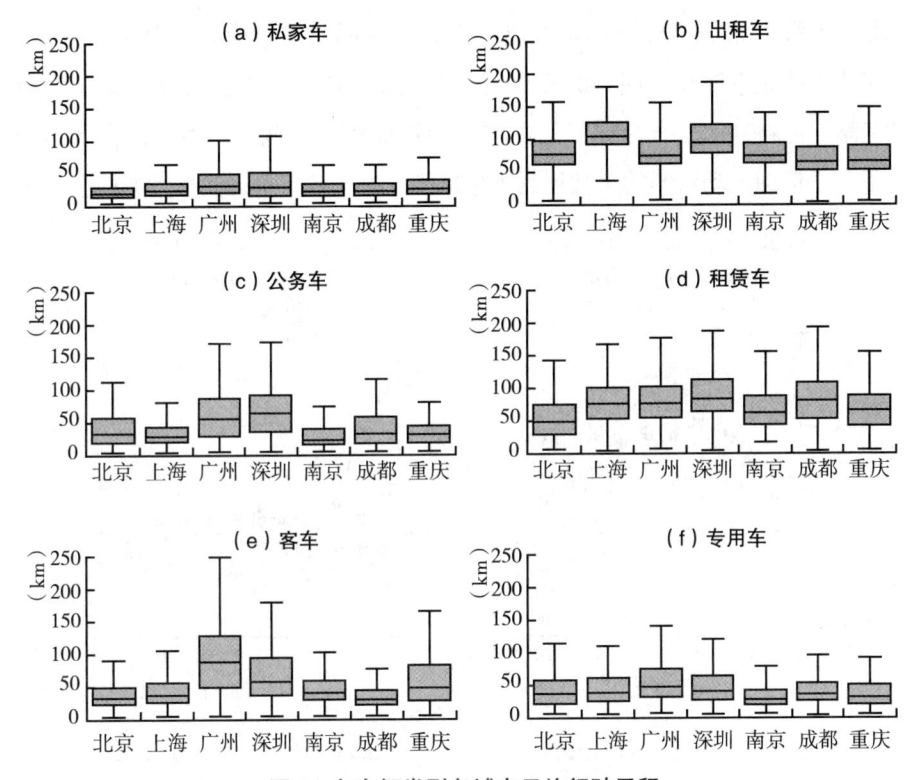

基于大数据的纯电动汽车碳减排关键要素分析

图 5　各车辆类型各城市日均行驶里程

注：出租车的日均行驶里程偏低的主要原因包括，一是数据统计包含部分长期停运或偶尔营运的不活跃出租车辆，进而降低了平均行驶里程；二是受疫情影响，用户出行需求下降导致出租车使用频率降低、行驶里程减少。

因子较高，甚至出现北京的纯电动乘用车在 1 月和 12 月减排效果较差的情况。呼和浩特（温带大陆性气候）出现与北京（温带季风气候）类似的现象，但波动性更为温和。深圳和上海属于亚热带季风气候，海口属于热带季风气候，能耗和碳减排情况相似，全年的碳减排效益均稳定在 $50\sim125 gCO_2e/km$。总的来说，当电力碳排放因子较大时，温度的影响就会显现。

从上述 7 个典型城市可以看出，在冬季，由于气温较低，纯电动汽车的能耗普遍增加，导致碳减排量减少。纯电动汽车在冬季能耗增加的原因有四个：一是锂离子电池在低温下活性降低，内阻增加，放电时产生额外损耗；

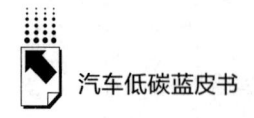

二是在低温下无法进行高功率充电,因此动能回收功能受到限制甚至失效;三是为了防止电池在低温下的充放电性能过度下降,电池主动加热系统会启动,增加能耗;四是车内暖气的使用也会增加额外的能耗。因此,在低温环境下,不仅纯电动汽车的续驶里程大幅减少,减排效果也受到极大影响。

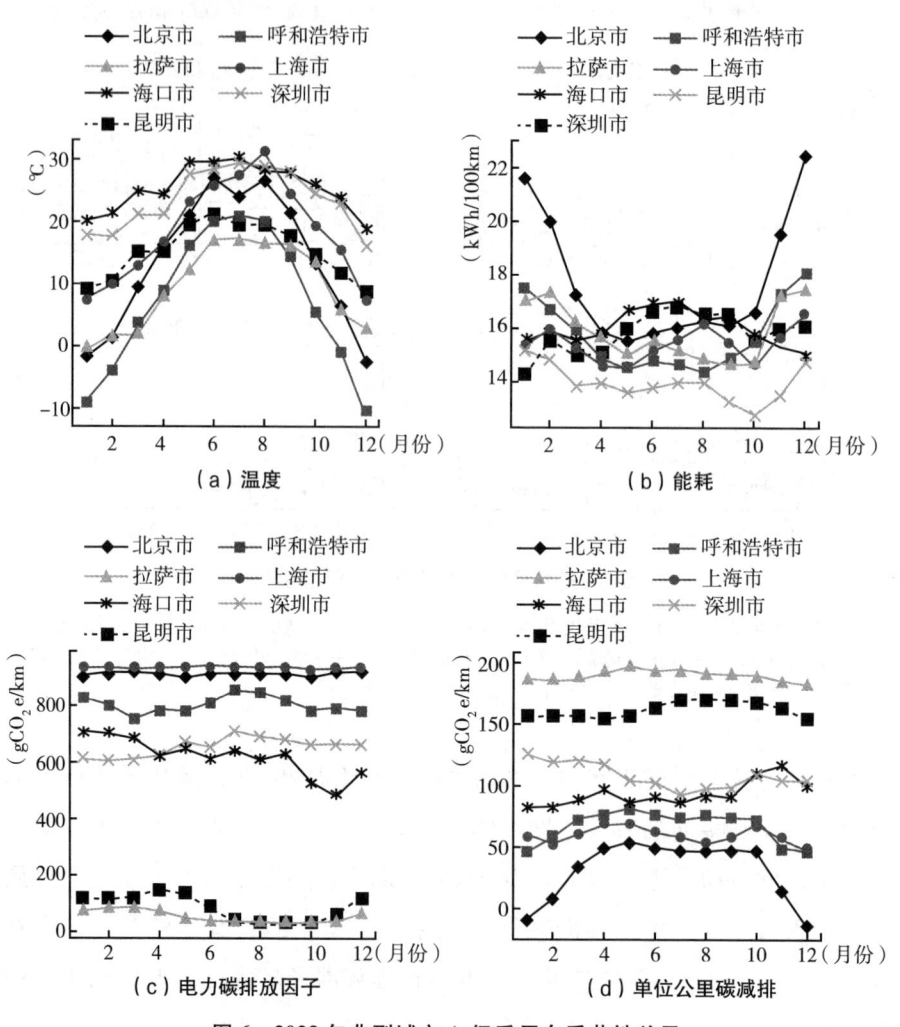

图6 2023年典型城市A级乘用车季节性差异

注:各个城市的电力碳排放因子是由表1主要发电方式的碳排放因子和国家统计局提供的城市发电结构数据(https://data.stats.gov.cn/index.htm)计算得出。

此外，车型、车速、驾驶行为、交通拥堵情况等因素的差异性也会影响能耗和碳减排。通常，较小的车型比较大的车型更节能，在相同行驶距离下，小型车的碳排放量通常比大型车少30%~40%，在每行驶1000公里的情况下，紧凑型车的碳排放量为97~128kgCO$_2$e，而大型SUV可能高达111~150kgCO$_2$e。驾驶行为也会显著影响车型能耗和碳排放，频繁的加速和刹车会导致耗电量增加20%~40%。交通拥堵导致车辆长时间息速或低速行驶也会带来能耗和碳排放量的增加，例如，一辆在畅通道路上行驶的紧凑型车碳排放量为120gCO$_2$e/km，而在拥堵情况下碳排放量可能达到144~168gCO$_2$e/km。因此，优化交通管理、推广节能驾驶技术和选择合适的车辆类型都是降低能耗和碳排放的重要手段。交通基础设施的改善和智能交通系统的应用也能有效减少拥堵，从而降低能耗和碳排放。

三 政策建议

（一）加快电力低碳转型

优化能源结构，推动电力生产向清洁能源转型，增加风电、光伏发电和核电等低碳发电比例，减少火电等高碳排放能源的使用，降低整体电力碳排放因子。提升电力传输和配电技术水平，减少输电过程中的能量损失，进一步降低电力碳排放因子。同时，在不同地区间协调优化电力资源，促进电力跨区域调配和共享，推进高碳排放地区的电力需求由低碳排放地区供应。

（二）加强关键技术创新

研发高效、低温适应性强的电池技术，减少低温对电池性能的影响，提升电池的能量密度和充放电效率。开发和应用智能能量管理系统，优化车辆在不同温度和行驶条件下的能耗，最大化制动能量回收功能，提高整体能效。推广使用新材料和轻量化设计，降低车辆自重，提高车辆能效，减少每公里的能耗和碳排放。建立完善的大数据平台，依托大数据技术实时采集和

分析公共领域纯电动汽车的能耗数据，优化车辆调度和充电策略，进一步降低碳排放。

（三）因地制宜推广和使用纯电动汽车

加快建设和升级充电基础设施，特别是在温度较低地区和行驶里程较长的地区，确保充电网络的覆盖和效率。在不同气候条件下推广适应性强的纯电动汽车，特别是在温度变化较大的地区，研发适应低温和高温环境的技术和设备。制定季节性维护和使用策略，确保车辆在极端天气下的运行效率和安全性，减少温度对能耗和碳减排效果的负面影响。

（四）发挥经济政策激励约束作用

引入碳排放交易机制或碳税，迫使高排放车辆承担更高的使用成本，促使消费者和企业选择低排放车辆。实施差异化的道路使用费，根据车辆的碳排放水平制定道路使用费，低排放车辆可以享受较低的通行费用。鼓励保险公司根据车辆的排放水平调整保费，让低排放车辆享有较低的保险费用，从而进一步激励低排放车辆的使用。

参考文献

欧训民、彭天铎、张茜等：《中国电动汽车的发展规模及其能源环境资源影响研究——方法、模型和应用》，经济管理出版社，2019。

Guo X., Sun Y., Ren D., "Life Cycle Carbon Emission and Cost-effectiveness Analysis of Electric Vehicles in China," *Energy for Sustainable Development*, No. 72, 2023.

Chen Q., Lai X., Gu H., et al., "Investigating Carbon Footprint and Carbon Reduction Potential Using a Cradle-to-cradle LCA Approach on Lithium-ion Batteries for Electric Vehicles in China," *Journal of Cleaner Production*, No. 369, 2022.

Isik M., Dodder R., Kaplan P. O., "Transportation Emissions Scenarios for New York City under Different Carbon Intensities of Electricity and Electric Vehicle Adoption Rates," *Nature Energy*, Vol. 6, No. 1, 2021.

Ghosh A., "Possibilities and Challenges for the Inclusion of the Electric Vehicle (EV) to Reduce the Carbon Footprint in the Transport Sector: A Review," *Energies*, Vol. 13, No. 10, 2020.

Gryparis E., Papadopoulos P., Leligou H. C., et al., "Electricity Demand and Carbon Emission in Power Generation under High Penetration of Electric Vehicles. A European Union Perspective," *Energy Reports*, No. 6, 2020.

Luna T. F., Uriona-Maldonado M., Silva M. E., et al., "The Influence of E-carsharing Schemes on Electric Vehicle Adoption and Carbon Emissions: An Emerging Economy Study," *Transportation Research Part D: Transport and Environment*, No. 79, 2020.

Liu J., Li J., Chen Y., et al., "Multi-scale Urban Passenger Transportation CO_2 Emission Calculation Platform for Smart Mobility Management," *Applied Energy*, No. 331, 2023.

Cui D., Wang Z., Zhang Z., et al., "Driving Event Recognition of Battery Electric Taxi Based on Big Data Analysis," *IEEE Transactions on Intelligent Transportation Systems*, Vol. 23, No. 7, 2021.

B.7
氢内燃机技术发展现状及应用前景

帅石金　孙柏刚*

摘　要： 氢燃料处于绿电合成燃料（E-fuel）的最前端，是实现碳达峰与碳中和的理想能源载体。氢燃料的热值高、辛烷值高、燃烧速度快，是一种理想的内燃机燃料。氢内燃机具有零碳排放、高效率、低成本等显著优势，但也面临氢喷射、早燃、回火、润滑等需要解决的可靠性与安全性问题。本报告主要介绍氢内燃机的发展历程、基本工作原理和性能优化方向，重点关注国内外主机厂和科研机构的氢内燃机产业化关键技术研发及示范应用进展，建议明确氢内燃机发展定位，设立国家重点研发计划专项和示范工程，促进氢内燃机产业发展。

关键词： 氢内燃机　氢燃料　零碳排放

2022年3月，国家发展改革委和国家能源局联合发布《氢能产业发展中长期规划（2021—2035年）》，氢能被确定为未来国家能源体系的重要组成部分和我国实现"双碳"目标的重要绿色能源载体，也是国家"新质生产力"的重要组成部分。2023年8月，国家标准委与国家发展改革委、工业和信息化部、生态环境部、应急管理部、国家能源局等部门联合印发《氢能产业标准体系建设指南（2023版）》，再次强调氢能转换利用设备与零部件（包括氢燃料电池、氢内燃机、氢气锅炉、氢燃气轮机等）以及氢能应用（包括交通、储能等）等方面标准制定的重要

---

* 帅石金，博士，教授，清华大学车辆与运载学院、中国内燃机学会氢发动机创新联合体；孙柏刚，博士，教授，北京理工大学机械与车辆学院、中国内燃机学会氢发动机创新联合体。

性，同时要推动氢能相关新技术、新工艺、新方法、安全相关标准的制定与修订。

在全球能源与动力绿色转型的背景下，传统内燃机产业面临着前所未有的挑战，但也蕴藏着整机和核心零部件技术转型升级的契机。氢内燃机具有零碳排放、氢燃料纯度要求低、制造链完备、经济性好、综合运营成本低等优势，是一种理想的新能源动力装置。目前，国内外内燃机和整车企业针对氢内燃机的安全性、可靠性等关键技术进行产业化攻关，并在道路汽车、非道路汽车、轨道、航空、船舶和发电等领域进行示范运行，推动氢内燃机实现可持续发展，继续发挥内燃机在重大装备和制造领域的减碳作用。

一 氢内燃机概述

（一）氢内燃机的发展历程

早在1804年，瑞士发明家Isaac de Rivaz就设计开发了一种二冲程内燃机，是世界上第一台氢内燃机，该机采用火花点火并使用氢气作为燃料，于1807年被用于小型轮式车辆动力，如图1所示。

1968年，苏联科学院西伯利亚分院理论和应用力学研究所用汽车发动机分别进行燃用汽油和氢的试验，并研究改用液氢的结构方案，试验取得成功，发动机热效率提高，热负荷减轻。1972年，美国Los Alamos实验室把一辆别克牌轿车改成液氢汽车，发动机是一台增压的六缸四冲程内燃机，充装一次液氢后行驶274公里。20世纪70年代后，苏联、德国、日本、美国、中国都有氢内燃机的技术投入，但是离市场推广还有相当长的距离，更多是实验室产品和概念车。

进入21世纪，随着科技不断进步，车用氢内燃机的研发出现了一个高潮。德国宝马（BMW）汽车公司开发了氢燃料发动机7系轿车，它所搭载的6.0升V12氢/汽油双燃料发动机拥有全可变Valvetronic电子气门控制和

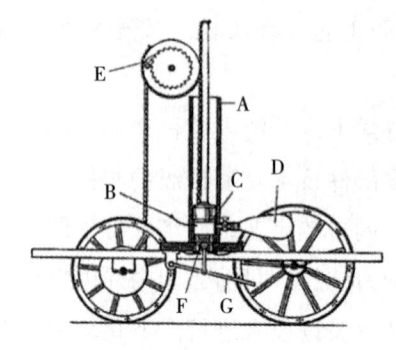

A：气缸
B：火花点火装置
C：活塞
D：装有氢燃料的气球
E：棘轮
F：带有进气阀和排气阀的对置活塞
G：用于操作对置活塞的手柄

图1 Rivaz设计开发的一种二冲程氢内燃机驱动汽车

资料来源：https：//en.wikipedia.org/wiki/De_Rivaz_engine。

可变Double-VANOS双凸轮轴可变气门正时系统等，在汽油模式下，燃油通过直接喷射供应，而在氢模式下，氢燃料则通过进气歧管被吸入气缸中（见图2）。德国曼（MAN）货车公司2006~2009年生产了14辆氢内燃机公交车，在柏林运行，其中4辆一直运行到2015年。2006~2009年，美国福特（FORD）汽车公司在美国能源部（DOE）的支持下，研发了氢混合动力轿车，氢内燃机的有效热效率达到45.5%。

图2 宝马开发的BMW 760i轿车用氢/汽油双燃料内燃机

资料来源：https：//automotivetechinfo.com/2006/12/hydrogen-under-the-bmw-hood/。

进入 2020 年，随着全球达成碳中和共识以及中国承诺实现"双碳"目标，世界范围内又掀起一轮氢内燃机的开发热潮。中、欧、美、日等国家和地区的道路重卡公司，以及非道路、发电、轨道、轮船等动力装备公司，纷纷加大氢内燃机的研发力度，并大力推广示范应用。

（二）氢内燃机的工作模式

氢内燃机一般采用点燃方式工作。如图 3 所示，氢气可以喷入进气歧管（PFI）与空气混合后进入气缸内，也可以直接喷入（DI）缸内与空气混合。此外，氢内燃机还可以通过其他容易自燃的燃料，如柴油、生物柴油、二甲醚等引燃氢气。

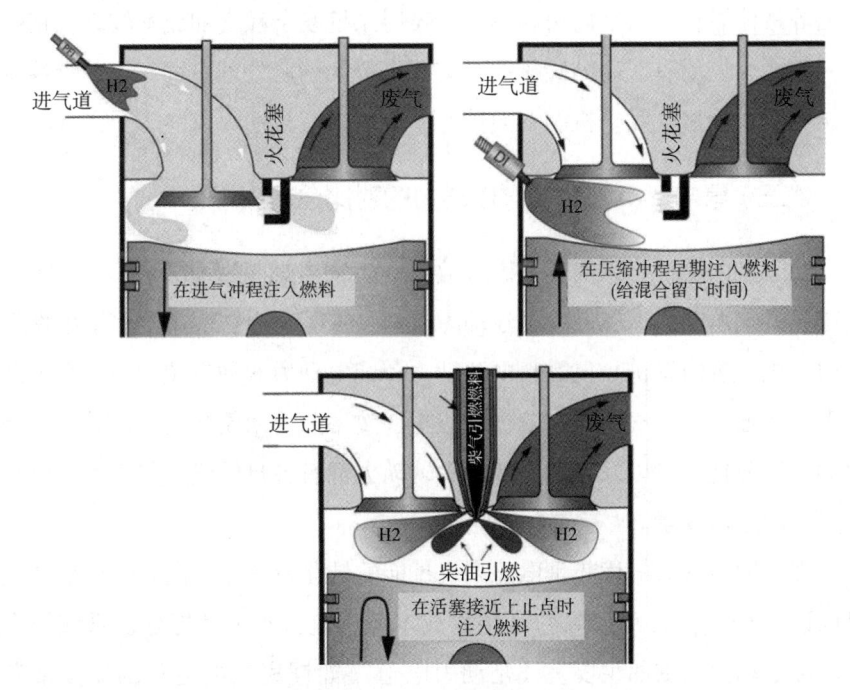

图 3　氢气的三种典型喷射方式（进气道喷射、缸内直喷、双燃料喷射）

资料来源：Sandia National Laboratories，"Is There a Place for H2 Internal Combustion Engines?" Overview of H2 ICE activities for DOE HFTO 2023。

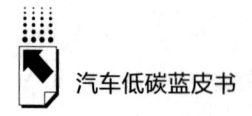

进气道喷射系统相对简单、成本低，只需3~10bar喷射压力，NO_x排放较低，但氢气占据进气混合气体积，空气进气量受限，氢的混合气热值偏低，氢内燃机的动力会减少20%~30%，此外还有进气道回火风险，以及动力响应慢等不足。

缸内直喷系统需要更高的喷射压力（10~50bar），系统复杂度和成本偏高，高压氢罐的残余氢更多、利用率降低，但氢的混合气热值高，如果能通过更高的增压比吸进更多的空气，理论上氢直喷发动机可以实现比常规汽油机和柴油机更好的动力输出，此外直喷氢的动力响应好，可以避免回火等问题。

氢双燃料喷射一般需要更高的喷射压力（100~600bar），把柴油或生物柴油等液体燃料喷入缸内引燃氢气，喷射系统复杂程度和成本较高，相较前两种模式燃烧后有较高的碳排放，需要更复杂的后处理系统，但双燃料喷射系统的耐久性好，发动机的动力性好，也可以减少回火风险。

（三）氢内燃机与其他零碳动力的对比分析

除了氢内燃机可以实现零碳排放外，生物质燃料（如乙醇、生物柴油）内燃机、纯电动力、氢燃料电池动力等都是零碳动力。表1给出了生物质燃料内燃机、氢内燃机、氢燃料电池动力和纯电动力四种零碳动力在全生命周期碳排放强度、大气污染、总拥有成本、效率、使用便捷性、基础设施等方面的对比分析。可以发现，这四种零碳动力都有各自的优点与不足，以及各自适应的应用场景。

纯电动力最大的优势是电能到机械能的转化效率非常高，峰值最高效率可以达到95%以上（见图4），用电成本低，电机动力性能好，系统结构简单。纯电动力面临的主要挑战是动力电池（如锂离子电池）的能量密度不够大，成本高，充电时间长，低温充电困难，存在二次污染和安全隐患等问题，适合短距离、较小型的动力装备。氢燃料电池动力在中高负荷区运行的发电效率和氢内燃机处于同一水平、远低于电机工作效率，其最大的优势是加氢时间短，续驶里程长，但面临加氢基础设施不完善、制造成本高、耐久

表1 四种零碳动力的优缺点对比

	生物质/合成燃料	氢内燃机	氢燃料电池	动力电池
排放因素				
CO_2排放强度	CO_2排放强度取决于生物质/碳的来源	使用绿氢/蓝氢可实现零/最小CO_2排放	在使用绿氢/蓝氢时，实现零/最小CO_2排放	CO_2排放强度取决于混合电网；使用可再生能源可实现零CO_2排放
污染物排放	NO_x和颗粒物排放与柴油相似	使用SCR时，无显著NO_x排放	零排放	零排放
成本因素				
效率(从油井到车轮)	约20%	约30%(使用可再生氢能)	约35%(使用可再生氢能)	75%~85%，取决于传输和充电损耗
动力系统的资本支出	与现在的内燃机相同	氢内燃机与柴油机的资本支出相似，但需要氢气瓶	燃料电池和电池需要高资本支出，但比纯电动汽车更具扩展性	大型电池需要高资本支出(较小较轻的需要中等资本支出)
限制(空间、有效负荷)	尺寸和重量与现在的内燃机相同	发动机与现在的内燃机相同，但是需要氢气瓶	燃料电池和氢气瓶相比于内燃机需要更多的空间	比内燃机需要更大的重量；有效载荷约束受限于工况
运行时间、补充燃料	<15分钟，取决于油箱大小	15~30分钟，取决于气瓶大小	15~30分钟，取决于气瓶大小	3小时以上，取决于快充能力
基础设施成本	可以使用现有基础设施	需要氢能输配和加氢站	需要氢能输配和加氢站	需要充电桩和电网升级

性能划分：□低性能 ■中低性能 ■中高性能 ■高性能

资料来源：McKinsey&Company, "How Hydrogen Combustion Engines can Contribute to Zero Emissions," 2021。

性较差等突出问题，适合长距离重型货车。绿电合成燃料（E-fuel）内燃机属于碳中和动力，其最大优势是完全可以基于现有的汽油机和柴油机使用，但面临燃料成本高、使用过程中仍存在碳排放和有害物排放等问题。

综合来看，氢内燃机具有以下突出的优势：①氢燃料单位质量热值约为汽油的3倍，可燃混合气浓度范围大，易于实现稀薄燃烧；辛烷值高、自燃温度较高，利于提高压缩比；点火能量低，燃烧速度快，火焰传播速度是汽油的12倍；扩散系数大，更容易和空气形成均匀的混合气，是非常优秀的内燃机燃料。②保留了传统内燃机的主要结构和零部件系统，具有结构紧

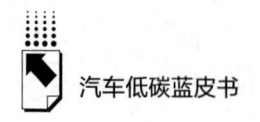

高负载下动力系统技术表现不同
效率变化（图中曲线注有说明）

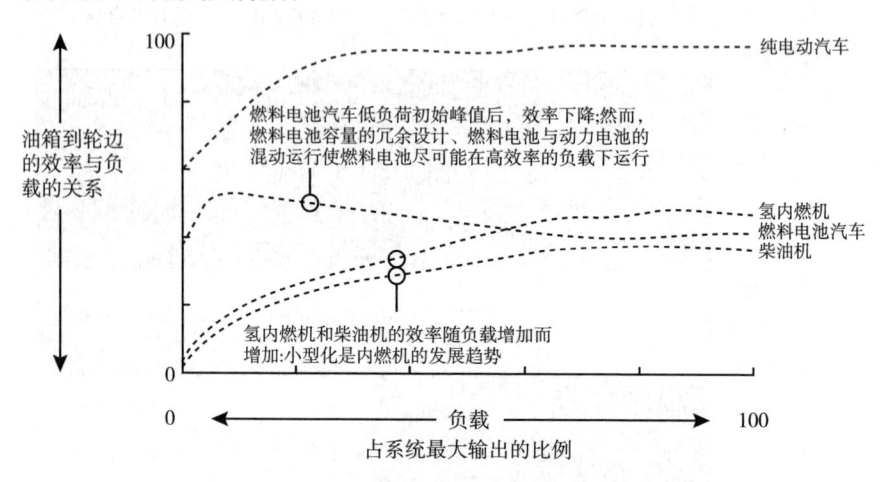

图4 氢内燃机、氢燃料电池和电机效率的对比

注：定义"系统最大输出"为系统可持续提供的最大输出（包括增压器），相当于燃料电池系统输出的80%。

资料来源：McKinsey&Company, "How Hydrogen Combustion Engines can Contribute to Zero Emissions," 2021。

凑、动力响应速度快、功率密度大的特点。③克服了传统化石燃料内燃机的主要劣势，主要排放物是水和少量NO_x，可实现近零排放。④对燃料纯度品质和氢能基础设施要求低，不仅可以使用低纯度氢作为燃料，也可以使用氢与其他燃料的混合燃料，具有多种燃料适应性，可以显著降低对加氢站、氢燃料电池等技术装备的依赖。⑤发动机技术较为成熟，产业链健全，可以短期内启动大面积推广应用，为氢能应用积累制、储、运、加的有益经验，有助于氢能推广和普及。⑥全周期成本低、经济性好，NO_x后处理成本低，没有贵金属催化剂消耗。⑦发动机本体采用金属制造，寿命长，回收利用率高，全生命周期的碳排放低。①

---

① 帅石金、王志、马骁等：《碳中和背景下内燃机低碳和零碳技术路径及关键技术》，《汽车安全与节能学报》2021年第4期。

（四）氢内燃机的应用场景分析

氢内燃机具有成本低、动力性强、工作范围广、热效率高的特点，因此氢内燃机在乘用车、商用车、农业机械、铁路、海运领域都具有广泛的应用前景，如图5所示。

图5　氢内燃机的应用场景

氢内燃机和氢燃料电池动力（燃料电池+电机）都是采用氢燃料作为能量输入，输出的都是机械能，在碳中和背景下可以用于驱动各种交通装置实现零碳排放。在乘用车领域，由于纯电动和插电式混合动力汽车已经得到大规模应用，氢内燃机和氢燃料电池动力汽车难以发挥减碳作用。氢内燃机相比氢燃料电池动力具有制造和使用综合成本优势，对氢燃料的品质要求低，适用的场景更加宽泛。近中期，氢内燃机具有潜力在中重型货车和通航无人机上得到示范和推广应用。长远来看，氢内燃机在大型长距离船舶和民航飞机上具有应用潜力。

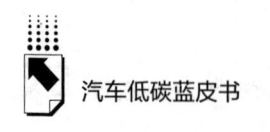

二 国内外氢内燃机技术最新发展动态

（一）国外氢内燃机

1. 车用氢内燃机

德国牵头成立了超过60家企业和研发机构参与的全球"氢内燃机联盟"，覆盖欧、美、日等国家和地区以及氢产业链上下游公司和研究机构，聚焦氢内燃机前瞻性和产业化研究。主要关注氢内燃机系统设计的安全性，氢气喷射和燃烧系统的开发和测试，后处理系统包括尿素和氢气SCR De-NO$_x$开发，阀门、活塞环、活塞等部件的氢兼容性，曲轴箱通风、润滑剂选型等外围部件安全与可靠性等。该联盟研究成果的主要结论：氢作为商用车的能源载体，对于实现《巴黎协定》的目标至关重要；就可靠性、上市时间和成本而言，氢内燃机是一项极具吸引力的技术，可以作为纯电动和燃料电池商用车的补充，并计划在2024年前进行小批量生产。

日本五十铃（Isuzu）、电装（DENSO）、丰田（Toyota）、日野（Hino）和日本商业伙伴技术（CJPT）等五家公司近期也成立氢内燃机联合攻关团队，开始规划和研究重型商用车用氢内燃机，将利用每家公司积累的技术来挖掘氢内燃机在重型商用车中的潜力，目的是将内燃机技术作为实现碳中和的主要技术路线之一。

美国西南研究院（SwRI）近期牵头成立了氢内燃机联合体，成员单位既有康明斯、戴姆勒等发动机和整车企业，也有博世、博格华纳、NGK等喷射系统和后处理零部件供应商，还有美孚、阿美、壳牌、雅富顿等上游能源和润滑油公司。联合体开发并生产了一辆Class 8氢内燃机示范车，实现了近零CO$_2$和PM排放，以及超低NO$_x$排放，表明氢内燃机是重卡脱碳的现实途径，确保氢内燃机在零排放汽车（ZEV）技术中占有一席之地。

目前，康明斯（Cummins）、曼（MAN）、道依茨（Deutz）等在重卡氢内燃机关键技术研发和产业化示范方面走在世界前列。2023年，康明斯与印度塔塔（TATA）集团签署协议，斥资4.25亿美元在工业城市贾姆谢德布尔（Jamshedpur）建造工厂，预计每年生产4000台氢内燃机。康明斯近期宣布首台B6.7H氢内燃机于2024年3月下线，将集成到塔塔汽车的货车中。

2. 非道路氢内燃机

在非道路领域，英国工程机械巨头JCB公司押注氢为未来燃料。JCB公司2021年启动了耗资1亿英镑的氢内燃机生产项目，英国发动机工厂已经制造超过75台原型氢内燃机。JCB公司在2023年CONEXPO展会上推出清洁氢内燃机448 ABH2，采用进气道喷射（PFI）系统和可变叶片单涡轮增压器，不需要后处理系统。2023年12月，JCB在印度推出由专门设计的氢内燃机驱动的反铲装载机（Backhoe Loader，BHL）JCB 3DX。还同步推出自主设计和制造的移动加氢车，可为16台氢能源反铲装载机高效加氢。

美国通用电气（GE）公司开发了颜巴赫（Jenbacher）100%氢内燃机发电机组J416，实现发电效率40%，综合热电效率93%。美国西屋制动（WABtec）公司开发氢内燃机用于驱动机车，目标是使其氢能机车研发工作与北美氢气生产的计划步伐相匹配，2027年将推出其首个氢原型机。此外，瑞士利勃海尔（Liebherr）公司开发免润滑氢直喷（DI）系统技术，并进行50吨氢内燃机H966驱动的挖掘机示范，该公司的第一台氢动力履带式挖掘机R 9XX H2获得2022年Bauma创新奖。

日本川崎重工（Kawasaki Heavy Industries）、洋马电力技术（Yanmar Power Technology）和日本发动机公司（Japan Engine Corporation）于2021年组成一个联合体，共同开发用于远洋和沿海船只的氢内燃机，目标是在氢内燃机技术方面确立世界领先地位，并在2025年前推向市场。川崎重工、洋马电力技术和日本发动机公司将分别负责研制中速、高速和低速氢内燃机。此外，联合体将开发一个氢燃料储存和供应系统，作为日本综合氢燃料系统的一部分。

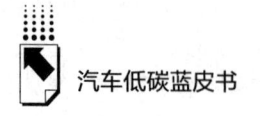

（二）国内氢内燃机

我国氢内燃机的研究开始于20世纪80年代初，国内一些高校和科研单位对纯氢内燃机、燃油-氢内燃机、燃气-氢内燃机等进行了基础研究和工程化研究。近年来，随着我国"双碳"目标的推进，一汽集团、潍柴动力、广汽集团、玉柴集团、上海新动力、北汽集团等开始发力车用氢内燃机产品研发和示范。2022年6月，一汽解放设计研发的重型商用车缸内直喷氢气13L内燃机成功点火并稳定运行，功率500马力，指示热效率突破55%。同时，中国重汽、潍柴动力联合发布氢内燃机重卡，搭载潍柴动力开发的13L氢内燃机，实现有效热效率41.8%，目前潍柴氢内燃机热效率已突破45%。2021年12月，玉柴集团发布商用车氢内燃机YCK05，热效率达到42%。2022年6月，玉柴YCK16H氢内燃机成功点火，最大功率达560马力。2022年7月，上海新动力汽车科技股份有限公司首台12.8L直喷氢内燃机点火成功，最大功率480马力，热效率高达44%。

在乘用车领域，一汽、吉利、东风、广汽、北汽、长安等车企也纷纷推出氢内燃机产品，热效率普遍达到44%~46%的水平，并积极开展整车搭载工作。2021年4月，中国一汽设计研发的红旗2.0L氢内燃机顺利下线，热效率大于42%，该氢内燃机还搭载到辽宁通航四座飞机实现氢能通航飞机的世界首飞，如图6所示。

图6　国内首台航空氢内燃机驱动飞机试飞成功

资料来源：https://t.cj.sina.com.cn/articles/view/1642634100/61e89b7404001dlst。

三 氢内燃机技术趋势研判及发展建议

（一）氢内燃机技术发展趋势

1. 氢燃料喷射直喷化

氢进气道喷射（PFI）会牺牲氢内燃机的动力性，而且存在回火的安全隐患，而缸内直喷（DI）可以灵活控制氢的喷射时刻、喷射量，可以减少早燃倾向，避免进气道回火。从提高氢内燃机的动力性、经济性和安全性角度看，氢燃料缸内直喷代表了氢内燃机喷射控制技术的发展方向。①

2. 进气高增压化

从化学计量比来看，由于氢完全燃烧需要的空气比汽油燃烧多2.3倍，再加上氢内燃机一般都采用空气占比较高的稀燃模式，因此氢内燃机运行时总体是"缺气"的，需要采用高压比增压技术，如超级或两级增压，给缸内提供足够多的空气，才能保证氢内燃机实现高功率密度运行。

3. NO_x排放近零化

氢内燃机尽管可以实现零碳排放，但氢高温燃烧会带来NO_x排放。为了减少NO_x缸内生成量，可以采用废气再循环（EGR）和稀薄燃烧技术，来提高空燃比（混合气中空气和氢气的比例）。原理如图7所示，从氢内燃机NO_x生成量随空燃比的变化情况来看，当空燃比超过2时，NO_x排放可以趋近于零。为了满足未来严格的欧Ⅶ排放法规，氢内燃机也需要和柴油机一样采用尿素选择催化还原后处理（SCR）技术，但氢内燃机的SCR后处理系统更简单，体积、成本也远低于常规柴油机的SCR系统。

（二）氢内燃机产业化痛点问题

目前，我国氢内燃机关键技术研发和产业化略滞后于欧美日等地区和国

---

① 孙柏刚、包凌志、罗庆贺：《缸内直喷氢燃料内燃机技术发展及趋势》，《汽车安全与节能学报》2021年第3期。

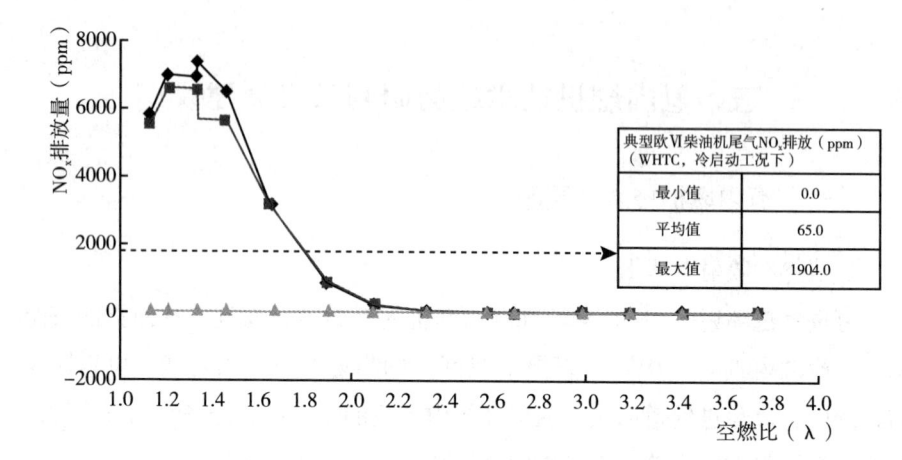

图7 氢内燃机 NO_x 排放量随空燃比的变化规律

家，主要表现在：①共性关键技术开发的深度不够，如氢气喷射系统控制和可靠性、异常燃烧、排放控制、功能控制等。②核心零部件和专用零部件成熟度和可靠性亟待提升，如高压氢气喷射的氢气浓度传感器、电控油气分离器、后处理器等。③缺少示范工程项目，无法完成技术演示和验证。④相关的标准、法规、政策体系配套仍待加强。

（三）氢内燃机产业发展政策和法规建议

1. 明确氢内燃机发展定位，给予与氢燃料电池同等的政策支持

在交通领域，氢能利用有燃料电池、氢内燃机两种技术路线，两者的基本功能一致，都是输入氢能、输出动力的新能源交通动力。在两者都满足国家排放法规要求的前提下，成本和可靠性就成为市场选择的核心因素，所以从国家政策层面来说，建议从成本、技术可靠性发展角度给予支持。具体而言，建议给予氢内燃机与氢燃料电池同等的政策支持，鼓励企业、研究机构加大氢内燃机研究开发投入，引导社会资本有序进入，共同推动氢内燃机尽快完成工程化、产品化开发。减碳方面，建议科学开展碳减排效应核算，将氢内燃机的减排贡献纳入国家核证自愿减排量，以碳定价形式引导氢内燃机、燃油发动机、碳中性燃料发动机及其他形式氢能动力公平竞争。

2. 设立氢内燃机国家重点研发计划专项，促进氢内燃机关键核心技术水平提升

建议开展氢内燃机的动力性、经济性与排放控制等性能优化和关键核心技术攻关，主要涉及喷嘴、控制系统、专用后处理器等关键零部件和系统。建议设立氢内燃机国家重点研发计划专项，成立氢内燃机国家工程技术中心，推进氢内燃机产品和重大技术攻关、中试转化、工程化应用，加强氢内燃机检测技术体系建设，提升我国氢内燃机产业竞争力。

3. 设立氢内燃机应用示范工程，尽快建立氢内燃机及车辆的标准政策体系

国内汽车及发动机企业已开发出多种不同用途的氢内燃机性能样机，后续很快可进入可靠性考核、样车开发阶段。建议设立氢内燃机示范工程，引导企业和研究机构参与。将示范运行中的氢内燃机及车辆的使用数据纳入氢能及燃料电池示范相关国家级数据平台，为标准法规体系建立奠定技术基础，也为后续工程化、产品化奠定技术基础。建议遴选工业副产氢富集地区，尽快启动不同车型、不同区域的综合应用示范工程，在地方示范基础上加快建立氢内燃机及其整车的国家标准、产品监督管理体系。

参考文献

帅石金、王志、马骁等：《碳中和背景下内燃机低碳和零碳技术路径及关键技术》，《汽车安全与节能学报》2021年第4期。

孙柏刚、包凌志、罗庆贺：《缸内直喷氢燃料内燃机技术发展及趋势》，《汽车安全与节能学报》2021年第3期。

B.8
汽车制造企业碳排放现状分析及对策建议

秦超 刘智 马乃锋[*]

摘　要： 本报告通过分析汽车制造企业碳排放现状，系统梳理汽车制造企业在工艺优化、公辅设备降碳、建筑节能改造、数字化应用等方面的减排路径，建议汽车制造企业结合生产现状，选择适宜方法，积极推动工艺升级与节能改造、导入非化石能源电力、使用数字化能碳管理系统，不断降低制造现场碳排放。

关键词： 碳达峰　碳中和　汽车制造企业　减碳路径

一　汽车制造企业碳排放现状

在国家"双碳"目标的推动下，低碳化、数字化、智能化生产快速发展，为汽车制造企业带来新的绿色发展机遇。麦肯锡中国2022年12月发布的特刊数据显示，汽车生产制造过程中的碳排放占汽车价值链排放的3%左右[①]，虽占比不高，但是近年来，我国汽车产业规模不断扩大，2023年汽车生产总量达到3011.3万辆[②]。随着产量的增加，汽车制造企业产生的碳排放也将不断增加，着眼于我国规模庞大的汽车制造产业，其绝对碳排放量仍

---

[*] 秦超，博士，高级工程师，中汽研汽车工业工程（天津）有限公司；刘智，研究生，助理工程师，中汽研汽车工业工程（天津）有限公司；马乃锋，硕士，工程师，中汽政研低碳经济研究部。
① 麦肯锡中国：《麦肯锡中国汽车行业CEO特刊：驶向2030——汽车行业竞速赛》，2022年12月。
② 国家统计局：《中华人民共和国2023年国民经济和社会发展统计公报》，2024年2月29日。

不可忽视。

在"1+N"双碳政策背景下，企业越来越关注碳排放管理。如表1所示，随着我国汽车行业碳核算标准体系的完善，越来越多的企业自主披露碳排放数据。碳排放因产能、计算系数、组织边界划分方式选择不同，结果差异较大，不同企业间年度碳排放数据缺乏可比性，但同一企业不同年度碳排放数据可体现企业的碳控排趋势，可用于企业自身开展比对研究。

表1 2021~2023年汽车企业碳排放情况

单位：万 tCO_2e

企业	2021年	2022年	2023年
比亚迪[a]	521.9112	806.1970	1234.1455
上汽集团	521	531	203[b]
广汽集团[c]	101.9571	132.9409	106.0904
北京汽车[d]	77.4696	78.0503	59.8397
吉利汽车[e]	4948.6715	5041.6466	5678.0564
小鹏汽车[f]	4.2484	10.6420	16.2742
理想汽车[g]	5.4882	10.4733	20.1566

注：范围一是指企业一系列活动直接产生的温室气体排放；范围二是指企业购买的能源（包括电力、蒸汽等）间接产生的温室气体排放；范围三是指企业除了范围一、范围二以外其他所有的温室气体排放。

资料来源：数据来自各企业发布的环境和社会及公司治理报告、可持续发展报告、社会责任报告、年报等；a、b、c、d、g 包含范围一、范围二；e 数据来自吉利控股集团公布的 2023 年可持续发展报告，含范围一、范围二、部分范围三的温室气体排放量；f 包含范围一、范围二、部分范围三。

制造企业在生产活动方面的能源消耗主要有工艺设备用能、公辅设备用能、建筑用能等。工艺设备用能包括冲压、焊接、涂装、总装等用能环节，其中涂装、焊接环节的能源消耗量较大，一般来说，涂装车间产生的碳排放占到整车厂的40%~60%，焊接车间的碳排放仅次于涂装车间，可达30%左右。① 公辅设备用能指包括循环水泵、空压机、空调等在内的公辅设备为工

---

① 刘斌：《碳中和与汽车：中国汽车产业的零碳之路》，机械工业出版社，2023。

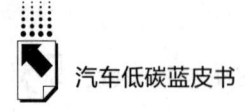

艺设备、工厂生产环境等提供服务时消耗的能源。以上生产用能直接影响其温室气体排放，从排放源角度来看主要包括两个部分，一是企业使用化石燃料燃烧产生的直接排放、生产过程中产生的直接排放；二是外购的电力、热力等产生的间接排放[①]，其中外购电力在汽车制造阶段碳排放中占有更大比重，约为80%，通过采取优化能源采购策略、提高设备能效等手段，可以有效降低工厂碳排放水平。通过提高建筑能源利用效率，加强建筑运行节能管理，也能够有效降低制造企业整体碳排放。

二 汽车制造企业减碳技术路径

为了降低汽车制造过程中的碳排放，汽车制造企业采取了一系列措施，主要从工艺优化、公辅设备降碳、建筑节能改造、数字化应用等路径入手，探索适合制造现场的低碳策略。

（一）工艺优化

生产是汽车制造现场最主要的耗能活动，从优化生产工艺的角度推进能源消耗降低是减碳的重要路径，也是需要持续攻克的课题。

1. 一体化压铸技术

一体化压铸技术作为一项制造工艺和产品技术的集成创新，减少了零部件数量和焊接点。2020年，特斯拉将一体化压铸技术运用于Model Y后地板总成，将多个零件重新设计整合，一次压铸成型，使得车身零件数量比Model 3减少79个，焊点由700~800个减少到50个，相比于传统的冲压与焊接工艺，有效减少碳排放。

2. 涂装工艺优化

涂装车间能耗最高，具备较大的降碳潜力。白车身经历磷化、电泳、烘干、涂装、打胶、检查等环节完成涂装。可从车身运输方式、水洗步骤、漆

---

① 《工业企业温室气体排放核算和报告通则》（GB/T 32150-2015），中国标准出版社，2015。

种类、烘干方式及温度、自动化喷涂、除尘方式、工艺空调改进、固体废物处理及再利用等方面进行工艺优化，提升改善时应与设备厂家紧密合作，在保证涂装品质的同时，推进降碳工作。

3. 工业机器人最优路径规划

汽车生产线人工作业存在效率低、错误率高、劳动强度大等问题，因此在喷漆、焊接、装配、质量检验等环节的生产现场有大量的机器人作业。通过提高机器人轨迹路径规划的稳定性、准确性，能够极大限度降低产品不良率、提升生产效率、降低生产成本，从而减少碳排放。

4. 无动力装置技术

在生产车间部分场景可应用无动力装置（指运用重力作用、杠杆效应，由连杆、斜面、滚轮等机构组成的装置）进行零部件传送、完成品运送等。推广无动力装置，能提高现场生产品质，降低非必要能源供给。

（二）公辅设备降碳

在工厂生产运营中，空调系统、制冷站系统、空压站系统、照明系统、雨水回收系统等公辅设备也是能源消耗的主力。

1. 线路损耗优化技术

变压器在电力系统中对电源的电压进行转换，实现电能传输与消耗之间的平衡，具有较高的电能损耗。可采用无功补偿技术减少功率损耗、利用节能型变压器来减少线路损耗[①]等。

2. 热泵技术

在制造现场，循环冷却水将流失大量的热量，采用循环冷却水余热回收技术能显著提升供热环保性及清洁度，同时实现能源节约与高效利用。[②]近年来，空气源热泵、地源热泵技术被广泛应用。空气源热泵热水机组利用逆卡诺循环原理，以制冷剂为介质，通过消耗一定量的电能，将空气中难以利

---

① 李振泽：《电气节能技术的发展应用》，《电气时代》2023年第11期。
② 郭东东：《循环冷却水余热回收供热节能分析》，《低碳世界》2018年第3期。

用的低品位热能转化为可用的高品位热能，并释放到水中制取热水。地源热泵技术是一种能够同时实现供热与制冷双重功能的高效能源利用方式，其工作原理在于利用地下浅层的地热资源。冬季提取土壤中的热量，可用于办公区域、生产现场等的供暖；夏季将办公区域、生产现场等的热量排入土壤，使相应的室内空间温度降低。制造企业在进行空气源热泵和地源热泵改善时，需要综合考虑所处的区域是否适合导入该技术，如地区的气候特点、地质条件等。

3. 空压机热能回收技术

空压机对空气进行的压缩功会转化为内能和散热的热能。其中，压缩空气会带走大约4%的热能，机器及管道则以辐射方式散发出约2%的热能，大约有94%的热能会传递给冷却媒介。[①] 若能有效地回收利用这部分能量，将降低空压机因高温产生的异常并减少余热使用端的碳排放。该技术具有安全、环保、高效和节能的特点，还能提高空压机的运转效率，延长设备使用寿命。

（三）建筑节能改造

1. 建筑加装光伏系统

光伏与建筑简单组合连接（BAPV）是目前建筑光伏的主要形式，在不影响原有建筑物功能的基础上，通过将光伏发电组件安装在已有建筑的屋顶、墙面，实现利用建筑闲置空间发电。光伏建筑一体化（BIPV）技术作为建筑光伏的新方案，将光伏组件或材料与建筑物集成，使其成为建筑物的一部分，如将太阳能光伏组件作为屋顶、幕墙等[②]，起到隔热、挡雨、遮风等作用。该技术与BAPV技术相比，更突出光伏组件的建材化且与建筑浑然一体，即在建筑物的设计、建设以及安装的同时融入光伏组件或材料等[③]，在安全性、观赏性、便捷性和经济性方面都具备一定优势，运用此技术将光伏与建筑结构结合，可降低由化石能源发电产生的碳排放量，实现可再生能

---

① 陆振乾、生兆昆：《空气压缩机热能回收原理及应用效果》，《棉纺织技术》2011年第2期。
② 易旷怡：《太阳能光伏建筑一体化协同设计研究》，北京交通大学硕士学位论文，2013。
③ 张马斌：《光伏建筑一体化技术应用研究》，《中国建筑装饰装修》2024年第1期。

源就地消纳。

2. 建筑外遮阳技术

建筑物外遮阳指应用于建筑透明围护外的遮阳系统，如百叶帘、45度倾角小型百叶片等①，用于抵挡太阳辐射进入室内。汽车制造现场大多采用空调维持生产环境，一般情况下，在室外温度较高、太阳辐射较强的夏天，采用外遮阳技术，可减少空调的能耗。在冬季，外遮阳系统一方面可防止室内热量损失②，另一方面可使用可调遮阳板来灵活应对外界气候变化。另外，可手动/感应智能控制的智能遮阳系统，能够跟随太阳光而移动，自动调节角度与位置，可实现移动式遮阳。③ 整车厂可根据所处地域、太阳光照射的特点、厂房结构特点等，选择适合的外遮阳技术。

3. 玻璃贴膜技术

建筑玻璃贴膜技术施工简单，易于维护，在对建筑物实施节能改造时，建筑玻璃隔热膜得到了较为广泛的应用。④ 在夏季，低辐射膜以及热反射膜具有隔热的功能，同时低辐射膜在冬季可起到保温效果。有研究表明，让两个相同的房间通过空调调节至相同温度时，与不贴隔热膜的房间相比，贴隔热膜的房间空调总能耗低35.83%。⑤ 有学者对单层玻璃和中空玻璃分别贴低辐射膜和热反射膜后进行软件模拟，计算得出贴膜后玻璃的太阳能得热系数都有所下降，下降的程度跟膜的种类有关。⑥

（四）数字化应用

1. 建筑智能控制技术

建筑智能控制是指借助不同传感器采集光、声音、温湿度、气压等信

---

① 王玥：《遮阳技术在建筑节能设计中的应用》，《华中建筑》2008年第3期。
② 王立祥：《建筑遮阳技术在绿色建筑中的应用探索与实践》，《城市住宅》2021年第6期。
③ 刘安琦：《智能建筑中的智能遮阳系统》，《房地产世界》2021年第22期。
④ 赵学友、张晓华：《玻璃贴膜在建筑节能中的应用》，《河南建材》2012年第4期。
⑤ 谢建华、宋文荣、龚延风、段凯：《建筑玻璃贴膜节能性能研究》，《建筑节能》2020年第9期。
⑥ 朱赛鸿、于紫微、李艳红：《既有办公建筑玻璃贴膜气候适应性研究》，《建筑与文化》2021年第8期。

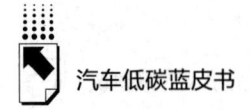

息，应用数据模型、算法等处理信息，依靠自动化控制技术，对照明系统、空调系统、安全防护设施以及电梯运行等建筑设备与设施进行智能操作与控制的技术。随着技术的发展，不断优化建筑智能控制技术控制参数和条件，可有效降低能源费用与温室气体排放。

2. 能碳管理平台

能碳管理平台是一种集成能源管理、碳排放管理、环境监测等多种功能的综合性管理平台。通过对企业能源使用、碳排放、环境监测等数据的采集、分析和处理，能碳管理平台可以帮助企业全面了解自身的能源利用情况和碳排放情况，从而制定更加科学、合理的能源管理和碳排放管理策略。

三 汽车制造企业低碳发展建议

面对碳排放权交易的日臻成熟，节约优先、能源双控向碳排放双控转移等管理趋势带来的挑战与机遇，我国汽车制造企业应根据低碳技术及负碳技术（如CCUS等）的突破、数字化技术的发展、非化石能源电力的推广，结合自身实际，选择适合企业自身发展的降碳技术。企业通过实质性的降碳改造既可以降低运营成本，也可以提升品牌形象，吸引更多的环保消费者。

（一）积极推动工艺升级以及节能改造

企业可结合实际情况，在内部实施碳定价，在此基础上，积极推动实质性的工艺升级以及节能改造（包括建筑领域提升、公用领域降碳改造、余热回收等），降低碳排放量和能源费用，减少未来可能的碳风险。

（二）导入非化石能源电力

根据企业所处地域禀赋条件，导入分布式光伏、风力发电等，为自身的生产供电。随着非化石能源装机量的增加，通过绿电交易降低企业外购电力的温室气体排放也将成为企业降碳的重要手段。

（三）使用数字化能碳管理系统

碳排放与能源的消耗密切相关，对能源的管理一定程度上也是对碳的管理。随着制造企业积极采取降碳活动，持续发掘降碳机会的难度变大，能碳管理平台能够在日常管理中，帮助企业进行碳排放绩效管理并及时发现异常、处置异常，避免因异常带来的能源浪费，可为企业提供最优的降碳策略。

参考文献

麦肯锡中国：《麦肯锡中国汽车行业 CEO 特刊：驶向 2030——汽车行业竞速赛》，2022 年 12 月。

国家统计局：《中华人民共和国 2023 年国民经济和社会发展统计公报》，2024 年 2 月 29 日。

刘斌：《碳中和与汽车：中国汽车产业的零碳之路》，机械工业出版社，2023。

李振泽：《电气节能技术的发展应用》，《电气时代》2023 年第 11 期。

郭东东：《循环冷却水余热回收供热节能分析》，《低碳世界》2018 年第 3 期。

陆振乾、生兆昆：《空气压缩机热能回收原理及应用效果》，《棉纺织技术》2011 年第 2 期。

易旷怡：《太阳能光伏建筑一体化协同设计研究》，北京交通大学硕士学位论文，2013。

张马斌：《光伏建筑一体化技术应用研究》，《中国建筑装饰装修》2024 年第 1 期。

王玥：《遮阳技术在建筑节能设计中的应用》，《华中建筑》2008 年第 3 期。

王立祥：《建筑遮阳技术在绿色建筑中的应用探索与实践》，《城市住宅》2021 年第 6 期。

刘安琦：《智能建筑中的智能遮阳系统》，《房地产世界》2021 年第 22 期。

赵学友、张晓华：《玻璃贴膜在建筑节能中的应用》，《河南建材》2012 年第 4 期。

谢建华、宋文荣、龚延风、段凯：《建筑玻璃贴膜节能性能研究》，《建筑节能》2020 年第 9 期。

朱赛鸿、于紫微、李艳红：《既有办公建筑玻璃贴膜气候适应性研究》，《建筑与文化》2021 年第 8 期。

B.9
电动汽车与电网互动技术发展现状与趋势分析

田新首 师瑞峰 赵建宏[*]

摘 要： 本报告针对电动汽车与电网互动技术的发展现状与趋势进行研究。一是分析国外电动汽车与电网互动技术的背景和意义，指出全球各国在积极推动该技术发展的同时，还面临产业政策、运营模式、经济性等方面的挑战。二是概述国内外能量流动研究、电力系统稳定性管理、能源存储和能源市场参与等电动汽车与电网互动技术的发展概况。三是分析电动汽车与电网互动技术相关政策、标准化现状，提出美国、日本和荷兰正在积极推动相关标准的立项研究，我国也积极参与其中。四是指出在电力系统运行特性深刻变化的需求带动下，电动汽车与电网互动技术具备规模化推广应用的发展潜力和趋势。

关键词： V2G 电动汽车 充放电

电动汽车是指以车载电源为动力，用电机驱动行驶，符合道路交通、安全法规各项要求的车辆。随着我国能源结构的转型和电动汽车产业的快速发展，跨界融合已成为新能源产业发展的时代特征。电动汽车与电网融合互动（Vehicle-to-grid，V2G）技术的推广应用能够在满足电动汽车充电需求的同时，通过调用电动汽车灵活储能资源缓解配电网建设的压力、促进新能源的

---

[*] 田新首，博士，副研究员，华北电力大学能源电力创新研究院；师瑞峰，博士，教授，华北电力大学控制与计算机工程学院；赵建宏，硕士，工程师，中汽政研低碳经济研究部。

消纳。因此，有必要针对我国电动汽车与电网协同发展现状、趋势进行相关研究。

一 国外电动汽车与电网互动技术发展和应用分析

随着全球范围内环境与可持续发展共识逐步深入人心，电动汽车产业迎来了新的发展契机。为应对电动汽车爆发式增长给电网带来的挑战，全球各国正积极推动V2G技术发展。V2G技术由电动汽车与电网之间的双向能量流动研究开始，逐步扩展至电力系统稳定性管理、能源存储和能源市场交易等领域。欧美发达国家通过政府、企业和科研机构的合作，成功推动了电动汽车与电网互动技术的研发和应用，并通过多个示范项目验证了其实际应用的经济性和有效性。如美国Peak Power公司2019年在加拿大多伦多启动了Peak Drive项目；日本丰田汽车北美公司与北美输配电公司Oncor 2023年在美国达拉斯南部的系统运营服务设施（SOSF）开展V2G试点项目，相关实践揭示了V2G技术的应用前景。

（一）国外电动汽车与电网互动技术发展和示范

目前，国外在有序充电及V2G相关技术方面，开展了电动汽车资源特性分析、车网互动技术框架和控制流程研发、汽车有序充放电激励机制及市场模式探索、基础设施及能量管理平台示范推广等工作，为有序充电及V2G技术的推广应用奠定一定基础。

1. 电动汽车资源特性分析

电动汽车既可作为电网柔性负荷，又可以作为分布式储能设备，为电网提供调峰、调压、局部阻塞消除等辅助服务。电动汽车集群作为广义储能设备具有灵活调控潜力。国外相关研究主要集中在电动汽车可调度潜力特性、出行特性及充电负荷特性等方面。其中，电动汽车可调度潜力分析侧重于使用概率统计等数学方法，量化电动汽车可响应容量，电动汽车出行特性主要基于用户出行目的模拟电动汽车出行过程，电动汽车充电负荷特性研究综合

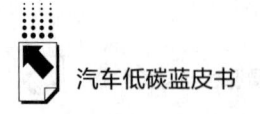

考虑时间、空间双重维度，而充电负荷时间分布则受用户习惯、外部环境与设施等因素的共同影响。

国外面向电动汽车资源特性分析技术的典型工程示范案例项目为2007年美国开展的PJM试点项目，该项目验证了电动汽车响应电网调控需求的影响能力，以及电动汽车作为移动储能设备为电网提供服务的可行性，开启了V2G示范项目的先河；德国2021年开展了Re-dispatch试点项目，主要目标是验证电动汽车的可调度潜力，即利用电动汽车电池作为移动储能，在需要时将其电能反馈到电网，从而减轻电网的压力，降低输配电维护成本。

2. 电动汽车与电网互动框架和控制流程

大规模电动汽车无序充电会给配电网运行带来负面影响，电动汽车有序充放电管理可以在发挥电动汽车灵活可调资源特性的基础上，实现车网高效互动。目前，国际上电动汽车调控方式包括分散式控制、集中式控制和分层控制，同步也在研发兼容需求响应和主动调控的V2G框架和策略。

国外面向电动汽车与电网互动框架和控制流程技术的典型工程示范项目：荷兰"CITY-ZEN" V2G试点项目（2014~2019年）是阿姆斯特丹智慧城市创新平台"CITY-ZEN"项目的组成部分，其目标是测试V2G对电网稳定性的支撑能力，通过实验验证V2G控制技术和电网响应能力；2018年，日本丰田、中部电力公司联合美国Nuvve公司申请并开展了2018年度虚拟电厂示范项目中的V2G部分，该项目最大的特点是融合了丰田公司园区内的电力供需控制模拟系统、V2G控制系统和工厂能源管理系统；2020年，日产汽车公司在英国克兰菲尔德的欧洲技术中心安装了20个具有车网互动功能的充电桩，电动汽车按照优化后的充放电策略连接到充电桩，利用E.ON公司的虚拟电厂软件和Virta公司的数字电动汽车充电平台，根据电网需求、充放电价格和碳强度等因素评估生成的充放电计划，安排充电桩进行电能输送。

3. 电动汽车有序充放电激励机制及市场模式

通过电动汽车充放电激励机制及市场模式实现电动汽车调度与控制，为各参与V2G的市场主体提供收益，是提升V2G整体效益和车主参与响应度的关键。国际上正在通过构建分层、分时、分区的V2G模式，设计涵盖多主体的电动汽车有序充放电激励机制，探索搭建各主体利益均衡的V2G市场。

国外面向电动汽车有序充放电激励机制及市场模式的典型工程示范项目：丹麦Parker项目（2016~2018年）是全球首个V2G商业化示范项目，围绕电网辅助服务、通信协议测试和技术推广性3个维度开展研究，并公开详细的研究成果，对世界各地V2G技术的发展及试点推广起到了引领作用；英国Sciurus项目（2018~2021年）对用户家庭私桩参与V2G的技术方案和商业潜力进行探索，验证了住宅场景V2G提供频率响应、动态遏制调频等辅助服务的潜力，并重点研究了不同服务模式下的价格激励和用户收益。

4. 电动汽车与电网互动基础设施及能量管理平台

充换电设施是支撑电动汽车产业规模化发展的必要条件，能量管理系统是实现车网良好互动的重要基础。为使电动汽车动力电池组与各层级能量管理系统间实现能量交互，国外V2G运营企业通过开发具有双向DC/DC变换及双向DC/AC变流拓扑结构的充电设施，建立集成信息采集、电动汽车充电计划制订等功能的充电运营商和电网公司联合运营平台。

国外面向电动汽车与电网互动基础设施及能量管理平台的典型工程示范项目：美国INVENT项目（2017~2020年）在加州大学圣地亚哥分校部署了50个V2G充电桩，并将学校班车升级为支持V2G的电动巴士，以减少设施的维护成本，提高清洁能源利用率，该项目的一大特色是将Nuvve公司的V2G优化控制平台与加州大学圣地亚哥分校的光伏发电预测系统和建筑能耗管理系统进行整合；英国VIGIL项目（2018~2020年）开发了英国第一个V2G综合管理控制平台，形成了一系列相关的软硬件成果，通过示范应用验证了平台对V2G管控的有效性；2020年，米多梅因能源公司与威马汽车科技集团合作在其位于荷兰莱利斯塔德的总部建设了14个与光伏电池板连接的直流/交流充电桩，通过其研发的专用算法软件进行光伏电池板和电动汽车之间的能源管理，参与电网的辅助服务，实现与电网互动。

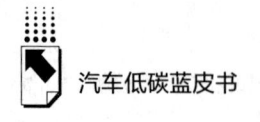

（二）小结

国外电动汽车与电网互动的技术特点是：面向区域、社区和个人提供多元化服务，运营商在商业化推广应用中处于核心地位，收益主要来源于能源市场交易、节能服务和辅助服务。但实际上，国外V2G技术的发展面临多重挑战。一是要实现电动汽车与电网间的稳定互动，在技术上还需要实现高效双向充放电和车载电池安全管理相平衡。二是基础设施建设滞后，包括充电桩不足和电网供给需要升级等，限制了V2G技术的推广应用。三是消费者对V2G技术了解有限导致市场接受度不高。四是政策和法规支持不足，网络安全问题频发制约V2G技术发展。

二 国内电动汽车与电网互动技术发展和应用分析

随着国家"双碳"目标的稳步推进，新能源消纳比例急剧增加、电动汽车产业规模快速增长都对电网调节能力提出了更高要求，同时也暴露了配电网存在的薄弱点。因此，国内电动汽车与电网互动技术推广应用对于满足充电需求、缓解配电网压力、促进电动汽车灵活性资源利用与新能源消纳都具有重要意义。目前，国内电动汽车与电网互动技术发展已取得显著进展，在智能电网与电动汽车双向互动领域，智能电网技术，包括高级计量体系（AMI）、高级配电运行（ADO）、高级输电运行（ATO）等技术可以为电动汽车实现与电网的双向互动提供支撑。在充电设施智能化和网络化方面，充电设施智能化水平不断提升，远程监控、故障诊断等技术的应用提升了电动汽车充电的便利性和安全性。

（一）国内电动汽车与电网互动技术发展和示范

有序充电方面，国内相关研究和实践通过建立电动汽车、电动汽车用户、电动汽车充电站和电网之间的信息互动平台，感知负荷变化趋势并预测充电负荷需求，进而借助分时划价、分区划价或其他策略动态引导用户的充电行为，并将经济性、稳定性等指标作为优化目标，持续优化有序充电策略。双向充放电方面，国内相关研究和实践主要通过平衡各方利益，解决电池老化及造成电网负荷波动等问题，构建最佳的双向充放电策略，为电力系统带来"削峰填谷"、消纳过剩新能源发电产能的积极影响。[①] 国内在V2G相关技术领域开展的具体研究和实践如下。

1. 电动汽车资源特性分析

国内电动汽车资源特性分析主要关注充电负荷预测，通过将交通、道路、地理位置等外部环境所属的空间影响因素引入电动汽车充电负荷的时空分布预测，提升充电负荷预测精度。目前，通常采用基于路网—桩网—电网多网协同的电动汽车出行及充电行为协同优化的充电负荷预测策略。

国内面向电动汽车资源特性分析技术的典型工程示范项目：2021年，北京市电力公司在北京环球影城度假区建设了国内规模最大的集中式智慧有序充电站，通过智慧车联网充电控制策略算法实现不同时段功率输出的分级调节，缓解用电高峰变压器压力。

2. V2G框架与控制流程

国内关于V2G框架与控制流程的研究主要基于能量管理策略对电动汽车进行充放电行为的协同管理。能量管理策略主要是指从用户侧角度引导充电，从电网侧或充电站运营商角度规划充电，同时兼顾用户侧与电网侧/充电站运营商的充电及调控需求。电动汽车充放电行为调控方式包括分散式控制和集中式控制，分散式控制无须统一调度和预测电动汽车可调度容量，决策过程以本地化为主，适用于无法集中管理、需要电动汽车即插即用的应用场景；集中式控制通过聚合区域内电动汽车，由调度中心统一管理，控制精度与调控效果更好。

国内面向V2G框架与控制流程技术的典型工程示范项目：2019年，北京人济大厦V2G示范项目建成，项目除了布置电动汽车充放电桩外，还布

[①] 魏一凡、韩雪冰、卢兰光等：《面向碳中和的新能源汽车与车网互动技术展望》，《汽车工程》2022年第4期。

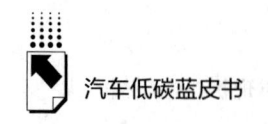

置了一座 2MWh 的用户侧储能电站共同参与楼宇用电负荷调控，监控系统实时监控变压器负载率、分时电价等信息，上级主站系统制定并下发充放电功率调节策略，平抑楼宇用电负荷曲线，车主通过手机应用软件设置车辆 SOC 上下限、用车时间、参与意愿等，赚取放电收益；2020 年，南京江北新区建设了"光储充放用"智能一体化充电综合服务楼宇示范工程，可以实现基于台区能量自治的最优经济运行、支撑电网迎峰度夏的主动削峰填谷等功能。

3. 电动汽车有序充放电激励机制及市场模式

国内电动汽车有序充放电激励机制及市场模式大多采用以需求响应分时电价或签约方式为主的激励机制，用户可通过响应分时电价参与 V2G，实现同步促进新能源消纳的目的。电动汽车用户对于激励机制的响应方面，一般将响应情况通过消费心理学模型与分时电价挂钩，但并未充分考虑用户的电价敏感性、电池寿命折旧、行驶里程焦虑及用户充电习惯等因素，因而激励效果有待提高。

国内面向电动汽车有序充放电激励机制及市场模式的典型工程示范项目：2020 年，北京中再中心大厦 V2G 示范站建成，是我国第一座商业化运营的 V2G 充放电站，该电站共布置 12 个双向充放电桩，用电低谷时段电价为 0.3023 元/kWh，用电高峰时段电价为 1.4167 元/kWh，电动汽车在高峰时段放电，放电价格为 0.7 元/kWh，用户放电收益约为 0.4 元/kWh，年收益可达 4000 元；2020 年 4 月，国网公司华北分部在国内首次将电动汽车充电桩调节资源正式纳入华北电力调峰辅助服务市场并正式结算，电动汽车参与电网实时调控和调峰辅助服务市场由单向充电拓展至充放电两种形态；2022 年，山东青岛某工业园区建设了一套"光储充放"智能微网系统，集电动汽车充放电、分布式发电、储能、电能馈网四大子系统于一体，实现了具有能量双向流动调节功能的一体化交直流混合配电网络单元。

4. V2G 能量管理平台

国内 V2G 能量管理平台主要包含电力调控平台及需求响应平台等，该能量管理平台除了传统电力交易功能外，还包括电动汽车群体日前/日内充放电计划生成、电网级车网互动策略生成与分解、电动汽车有序充放电指导电价的制定及市场出清等功能，能够在满足电动汽车基本用电需求的同时与电网进行能量互动。

国内面向V2G能量管理平台的典型工程示范项目：2019年12月，冀北虚拟电厂示范工程建成并投运，通过先进的用户侧智能计量控制终端、边缘智能网关、物联网云平台、5G通信等技术，聚合分布式电源、分布式储能、可控负荷、充电桩等不同类型的分布式资源，参与华北调峰辅助服务市场；2021年1月到2022年8月，浙江省累计聚合5万余个充电桩参与需求响应的互动示范应用，有效实现了削峰填谷，缓解电力供需矛盾，在预测到电力供需出现缺口时启动需求响应。

（二）小结

国内电动汽车与电网互动技术应用过程中，电动汽车储能系统通常采用高能量密度的锂离子电池，并基于区块链和物联网技术实现电动汽车与电网之间的双向能量交易，智能电网建设也加速了电动汽车与电网互动的智能化和信息化进程。但综合来看，目前国内电动汽车与电网互动技术发展还面临诸多困难，一是顶层设计缺失与标准体系不完善，现有的电力并网与计量等标准未考虑具备V2G功能车辆和设备的应用需求，V2G聚合参与电力交易的相关数据交互、运行调控、信息安全等标准体系仍待建立或健全；二是V2G技术发展存在充电设施研发、通信协议和数据接口标准不统一、能源交易模式亟待创新等问题；三是电力基础设施建设仍然滞后于电动汽车产业发展，一定程度上制约了电动汽车的产业升级。目前，国外V2G技术推广应用也面临类似的难题：一是硬件成熟度较低，推广成本较高，国外V2G起步较早，当时市场化的双向充放电桩和支持充放电的电动汽车较少，且价格高昂；二是日产、丰田等车企在车辆供应商中占据了主导地位，未考虑不同电动汽车车型对V2G的适应性；三是试点车桩和电网规模较小，产品适应性有待提高，缺乏对大电网和跨城市/区域电网的互动支撑验证分析，其技术性结论和成果的可推广性仍存在较大局限性。

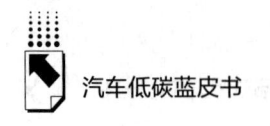

三 电动汽车与电网互动技术相关政策及标准化现状

在电动汽车标准体系、检测认证方面，国际上已经形成相对完备的标准和认证体系，同时相关研究机构也已逐步开展V2G相关标准立项研究工作，例如国际标准化组织（International Organization for Standardization，ISO）、国际自动机工程师学会（Society of Automotive Enginecrs，SAE）及日本电动汽车快速充电器协会（Charge and Move，CHAdeMO）等正支持电动汽车双向充放电标准化协议制定。我国从国家到地方纷纷出台激励措施，对V2G技术发展起到积极促进作用，国内相关研究机构正在电动汽车与间歇性电源协同调度、有序充电及V2G等方面开展标准立项研究工作。

（一）电动汽车与电网互动技术政策现状

车网互动技术政策扶持加码。2024年5月，国务院印发《2024—2025年节能降碳行动方案》，大力发展微电网、虚拟电厂、车网互动等新技术新模式。2024年4月，财政部、工业和信息化部、交通运输部发布《关于开展县域充换电设施补短板试点工作的通知》，积极探索V2G等的新技术新模式应用。2024年3月，国家能源局印发《2024年能源工作指导意见》，探索开展车网双向互动。此外，为调动电动汽车等灵活储能资源参与电网调节，近年来我国各省份陆续出台电力需求响应相关政策。据不完全统计，截至2024年6月底，已有广西、安徽、山东等约30个省份发布电力需求响应政策。总体来看，我国电力需求响应相关政策有五大特点。一是我国电力需求响应的政策框架依托于六大调控主体，包括国家发展改革委、国家能源局、国家电网、南方电网、省级能源主管部门和电力调度机构。这些主体负责政策制定、政策落实和监督管理等，形成了电力需求响应政策的决策层级。二是我国推出了特许经营模式，鼓励第三方能源服务公司提供电力需求响应服务。三是我国政府通过经济激励措施来促进电力需求响应。具体措施包括差别化电价政策、电力市场奖励机制和电力费用减免。四是我国政府出台了一系列能效标准和用电限制措施，以规范能源消费和提高能效水平。五是我国在电力市场领域进行了一系列改革，以强化电力需求响应的市场机制，包括市场设计调整、短期交易规则、电力交易市场建设等。

电力需求侧响应相关政策主要表现形式为落实峰谷分时电价，推进销售电价改革，具体针对不同月份设置差异化高峰、平段和低谷时段，以及电价形式。目前，峰谷分时电价有两种形式，一是按用电量补偿，如辽宁2023年7月发布《关于进一步完善分时电价机制有关事项的通知》，明确工商业用户执行分时电价，其中高峰时段7：30～10：30、16：00～21：00，低谷时段11：30～12：30、22：00～5：00，其余为平段，尖峰、高峰、平时、低谷时段电价比为1.875：1.5：1：0.5；二是按需求响应次数补偿，如湖南2023年8月发布《湖南省电力需求响应实施办法》和《湖南省电力可中断负荷管理办法》，需求响应每次补偿价格不高于10元/kW，可中断负荷调用补偿价格20元/kW。

（二）电动汽车与电网互动技术标准化现状

1. 国际标准化现状

目前，国际上在V2G标准化方面开展工作的机构主要包括：ISO、国际电工委员会（International Electrotechnical Commission, IEC）、SAE、CHAdeMO、电气与电子工程师协会（Institute of Electrical and Electronics Engineers, IEEE）等。ISO标准化方面，2010年，国际标准化组织道路车辆技术委员会数据通讯分技术委员会（ISO/TC22/SC31）与国际电工委员会电动汽车和工业车辆电能传输系统技术委员会（IEC/TC69）联合组成标准工作组启动V2G通信接口标准化制修订相关工作，目前规划《电动汽车和充电站之间通信协议》（ISO 15118）系列20项标准，已发布7项，涵盖全球所有与充电相关的用例，包括传导式充电（交流和直流）、无线充电以及为公共汽车等大型车辆充电的受电弓①等。此外，由国际标准化组织道路车辆技术委员会电驱动车辆

---

① 受电弓：电力牵引机车从接触网取得电能的电气设备，安装在机车或动车车顶上。

分技术委员会（ISO/TC22/SC37）制定的《电动汽车·导电功率传递·安全要求》（ISO 17409-2020）作为车辆侧标准也涉及对外放电相关安全要求。IEC标准化方面，电动汽车充电系统及充电接口分别由TC69、国际电工委员会电动汽车充电接口国际标准工作组（TC23/SC23H）负责制修订，V2G方面，除了与ISO联合制定的ISO 15118系列标准，还有正在编制的《电动汽车充电协议与标准：综合指南》（IEC 63110）系列标准、《本地充电站管理系统和本地能源管理系统》（IEC 63380）系列标准、《基于电动汽车的分布式储能系统管理》（IEC 63382）系列标准，此外还包括国际电工委员会国际电力通信标准工作组（IEC/TC57）编制的《电力设施自动化用通信网络和系统·第5部分：功能和设备型号的通信要求》（IEC 61850-7-420）、《电力应用自动化用通信网络和系统·第90-8部分：电子移动对象模型》（IEC 61850-90-8）、《通用智能电网要求·第2-4部分：电力运输相关领域》（IEC SRD 62913-2-4）。SAE标准化方面，其下属混动—电动汽车委员会负责电动汽车、混合动力电动汽车标准化制修订相关工作。CHAdeMO成立于2010年3月，致力于建立基于快速充电系统的国际标准，日本国内的直流快充桩主要采用CHAdeMO标准，其在V2G领域已发布多项标准。[①] 国外V2G相关标准化情况如表1所示。

2. 国内标准化现状

国内在V2G标准化方面虽有相关标准发布或列入制定计划，但暂未形成系统的标准体系，主要有国家、行业、团体、地方4个层级相关标准，分别为车辆侧、充电设施侧、电网侧标准。车辆侧标准方面，主要为《电动汽车用传导式车载充电机》（GB/T 40432-2021）及正在制定的《电动汽车传导充放电系统：车辆对外放电要求》（GB/T 18487.4）。充电设施侧标准方面，包括《电动汽车充换电设施接入配电网技术规范》（GB/T 36278-2018）、《电动汽车充换电设施术语》（GB/T 29317-2021），能源行业电动汽

---

① 张元星、刁晓虹、李涛永等：《全球车网互动标准进展研究及相关建议》，《电力信息与通信技术》2023年第2期。

表 1　国外 V2G 相关标准化情况

标准化组织	V2G 相关标准化情况
ISO	对车桩之间的有线、无线通信协议进行了规范,逐步扩展并支持智能充电管理和 V2G 相关功能
IEC	对车桩间控制导引、通信协议、充电接口及充电站与上级平台间通信协议、以分布式电源形式放电并网等内容进行了规范,以单向智能充电控制为主
SAE	对电动汽车与用户、能源管理系统及电网间的智能充放电通信用例进行了规范,但不涉及车桩间通信内容
CHAdeMO	对电动汽车与直流充电机间智能充放电通信协议和控制导引电路进行了规范,是目前世界范围内 V2G 试点最多的标准案例
IEEE	制定的《分布式资源与电力系统的互联标准》(IEEE 1547)提出了公共耦合点总功率达 10 MV·A 及以下的分布式能源的性能、操作、测试、安全和维护的标准及要求

车充电设施标准化技术委员会于 2019 年启动《电动汽车充放电双向互动的制定工作 第 1 部分：总则》《电动汽车充放电双向互动 第 2 部分：有序充电》的制定工作。电网侧标准方面,涉及电力需求响应、能源互联网、可调节负荷并网运行与控制等多个技术领域,且大多数处于立项或编制阶段,如由全国电网运行与控制标准化技术委员会发起并制定的《可调节负荷并网运行与控制技术规范》系列 13 项电力行业标准,以及《能源互联网与电动汽车互动规范》国家标准。2023 年 12 月,国家发展改革委等 4 部门发布《关于加强新能源汽车与电网融合互动的实施意见》,针对车网互动的标准体系、配套电价和市场机制等方面明确了时间节点和工作目标,到 2025 年,我国车网互动技术标准体系初步建成,到 2030 年,我国车网互动技术标准体系基本建成,市场机制更加完善,车网互动实现规模化应用。

（三）小结

总之,在国际标准化方面,ISO、IEC、SAE 和 CHAdeMO 等机构在 V2G 标准化方面开展了众多工作,但大多关键性标准尚处于制修订状态,形成大规模应用仍需要一定时间,需要通过大量试点应用完善标准化体系建设。在

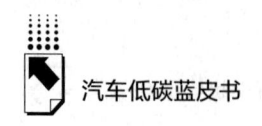

国内标准化方面，车辆侧、充电设施侧和电网侧都已在研或推出V2G相关标准制修订，但在相关终端设备、接入电网、系统平台、通信协议、检测评估等方面仍需进一步细化和完善。另外，需要注意的是，我国电力需求响应相关政策和V2G标准会根据能源政策、经济发展和能源需求等因素进行调整，以适应能源转型和电力市场改革的需求。

四 我国电动汽车与电网互动技术发展趋势

（一）V2G技术实施路径分析

V2G技术在峰谷价差套利、调峰服务和调频服务等场景中发挥着重要作用，智能有序充电、调峰填谷服务、调频服务和峰谷价差套利是V2G的主要实施路径。此外，V2G技术还可以与可再生能源发展相协调，为电力系统提供备用服务，进行电压控制和阻塞管理，并为应急电源提供支持。[1] 未来随着电力需求的增长和电力系统的转型，车网互动技术具有巨大的发展潜力。

智能有序充电。电动汽车有序充电是指在配电网、用户、充电桩以及电动汽车之间进行充分的信息交互和分层控制，全面感知配电变压器的负荷变化趋势，动态调整充电时间和功率，优化配电变压器的负荷运行曲线，实现削峰填谷。

调峰填谷服务。电动汽车参与电网调峰是通过改变其在负荷侧的充放电功率，或在短时间内将负荷转变为电源来维持发用电平衡，响应速度较快，且可以减少发电机组的调峰成本。

调频服务。电动汽车充放电参与电网调频具有双向调节、响应速度快、储备裕度小等优点。当参与电网一次调频时，电动汽车聚合商接收调频调度

---

[1] 舒印彪、张丽英、张运洲等：《我国电力碳达峰、碳中和路径研究》，《我国工程科学》2021年第6期。

指令，根据下辖充电站可调资源情况下发控制策略。当参与电网二次调频时，电动汽车主要与发电机组配合，聚合商以收到自动发电控制指令为基础，计算并将调频任务下发至各充电站。

峰谷价差套利。峰谷价差套利是指车主在电价较低时充电，在电价较高时放电，即使不考虑额外的放电补贴，车主也能够利用电价差节约充电成本。

与可再生能源的互动与协调。大规模电动汽车集群可以作为一种具备灵活移动性的分布式储能参与可再生能源的协同调度，在平抑可再生能源波动的同时减少资源浪费。

备用服务应用场景。电动汽车提供备用服务是指在电力系统发电与负荷之间存在较大的偏差时，上调充电功率以参加上调备用市场，放电或下调充电功率以参加下调备用市场。

其他应用场景。电动汽车可提供电压控制辅助服务以及参与电力市场阻塞管理。电动汽车的移动储能特性能够在停电或电源短缺时向用电设备甚至小范围微电网提供应急电源。同时，随着电网和大规模电动汽车间能量双向智能传输水平提高，系统复杂度也必然上升，须开发相应规程调度V2G能量以优化规模化V2G并网运行。

（二）电力场景下的V2G发展需求及可行性分析

根据碳达峰、碳中和电力需求测算，我国电力需求仍保持持续增长。综合各权威预测结果分析，在社会用电量方面，国家能源局2024年1月发布的数据显示，2023年全社会用电量92241亿kWh，同比增长6.7%，预计2030年将达到11.4万亿kWh，2060年将达到16.3万亿kWh。未来，电力负荷结构也将发生显著变化，在电源装机结构方面，将大幅提升风电和太阳能发电装机，在满足增量电力需求之后进一步替代煤电。截至2023年12月底，全国累计发电装机容量约29.2亿kW，新能源装机10.5亿kW，同比增长20.7%。预计2030年总装机达到40亿kW，其中新能源装机达16亿kW；预计2060年总装机达到71亿kW，新能源装机容量为50亿kW。基于电力

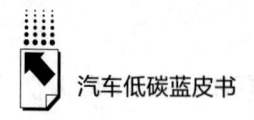

系统接入波动性，可再生能源比例不断提高，灵活性需求不断增加。

根据《汽车产业绿色低碳发展路线图1.0》，到2030年，电动汽车占汽车新车销量的60%；电动汽车销量在2040年前增长迅速，2050年左右趋于平稳。假设电动汽车寿命周期为10年，根据Logistic曲线和预测数据计算①，到2030年，我国电动汽车保有量将达1亿辆，2035年将达2亿辆，2040年达到3亿辆，2050年达到3.6亿辆左右，电动汽车市场逐渐趋于饱和。经测算车载动力电池与电网互动是安全性高、成本低、规模大的分布式短周期储能方式，预计到2040年约3亿辆电动汽车装载200亿kWh电池，其中灵活调节容量超过100亿kWh，能满足短周期峰谷调节的需求。

市场潜力与需求使得V2G具有可行性，新能源快速发展使电力系统运行特性发生深刻变化，对可调节电源与可调节负荷需求不断提升，V2G技术具有巨大的市场潜力，还能促进电动汽车与新型电力系统的融合发展，为实现"双碳"目标提供支持。V2G技术成熟度越来越高，能够提供频率调节、峰谷填平和备用容量的电网服务，很好地满足可调节负荷技术需求。②其在经济效率上可行，目前实验室和小规模试点项目验证了V2G技术，车网互动技术不仅可以提升电网的稳定性，还能促进可再生能源的消纳，降低电网负荷峰值时的压力并具备潜力为电动汽车车主创造额外经济效益。V2G技术还得到政策的大力支持，政府通过出台相关政策促进V2G技术发展，并在实际应用中展现出巨大潜力和价值。随着技术进一步发展和政策支持，V2G技术有望在未来得到更广泛应用，并为实现清洁、可持续能源做出重要贡献。

（三）小结

V2G技术的实施路径主要包括智能有序充电、调峰填谷服务、调频服务和峰谷价差套利，未来V2G技术的发展需求包括与可再生能源的互动、

---

① 王震坡、梁兆文等：《中国新能源汽车大数据研究报告（2022）》，机械工业出版社，2022。
② 王震坡：《双碳目标下电动汽车有序充电与车网互动技术研究》，《电力工程技术》2021年第5期。

备用服务、电压控制、阻塞管理和应急电源等方面。根据预测，电动汽车保有量将快速增长，车载动力电池与电网互动将成为重要的分布式短周期储能方式，并有望在未来得到更广泛应用；未来，V2G 的推广应用对于充电需求的满足、配电网建设压力的缓解、电动汽车灵活性资源的利用及新能源消纳都具有重要意义。另外，需要注意的是，目前也存在先进智能化终端、通信技术、相关平台系统等支撑手段不足，高效车网互动多主体、多层级协同调度手段缺乏的问题。

参考文献

魏一凡、韩雪冰、卢兰光等：《面向碳中和的新能源汽车与车网互动技术展望》，《汽车工程》2022 年第 4 期。

张元星、刁晓虹、李涛永等：《全球车网互动标准进展研究及相关建议》，《电力信息与通信技术》2023 年第 2 期。

舒印彪、张丽英、张运洲等：《我国电力碳达峰、碳中和路径研究》，《中国工程科学》2021 年第 6 期。

王震坡、梁兆文等：《中国新能源汽车大数据研究报告（2022）》，机械工业出版社，2022。

王震坡：《双碳目标下电动汽车有序充电与车网互动技术研究》，《电力工程技术》2021 年第 5 期。

专题篇

本篇聚焦汽车"双碳"领域的热点话题，以专题形式深入分析欧盟《电池与废电池法规》的主要内容和要求、对我国相关产业的影响，提出相关建议，同时对国内外碳足迹数据库基本概念进行介绍，对主流数据库开展对标研究，并对汽车碳足迹数据库建设提出相关建议。

欧盟《电池与废电池法规》于 2023 年 8 月正式生效，是全球首个将碳足迹引入强制性产品准入的法规。《欧盟电池法对我国汽车及动力电池行业的影响和建议》对法规总体内容以及在碳足迹、回收率及再生材料、标签和信息管理等方面的要求进行了详细梳理，深入分析其对我国动力电池和新能源汽车在产品出口、供应链产业链安全、产品低碳竞争优势等方面的影响。从建立健全碳足迹政策法规体系，完善电池循环和再生材料利用体系，推进国际政策法规的沟通、协调与互认等三个方面研提应对建议。

碳足迹数据库是产品碳足迹核算的计算基础。《国内外碳足迹数据库分析及我国碳足迹数据库建设建议》详细介绍了碳足迹基础数据库和行业数据库的基本概念，并以中国电力碳足迹为例，对 ecoinvent、GaBi 和 CLCD 等国内外基础数据库进行对标，剖析国外数据库普遍高估我国电力碳足迹的主要原因，最后从加快数据库建设、提升数据库质量、加强国际衔接互认等方面对我国汽车碳足迹数据库建设提出建议。

B.10
欧盟电池法对我国汽车及动力电池行业的影响和建议

范柏余 石红 刘斌 李震彪 王佳[*]

摘 要： 2023年8月，欧盟《电池与废电池法规》正式生效，是全球首个将碳足迹引入强制性产品准入的法规，同时欧盟正在陆续出台多项附属规则。该法规对电池产品碳足迹、电池和材料回收利用等方面提出详细要求，将对中国汽车及动力电池行业产生重大影响。本报告通过深入分析法规内容和潜在影响，建议我国建立健全碳足迹政策法规体系，完善电池循环和再生材料利用体系，各方协力推进国际政策法规的沟通、协调与互认。

关键词： 动力电池 新能源汽车 碳足迹

　　为建立一套完整和统一的电池全生命周期管理法规，引导投资者在欧盟内部建立完整的电池全价值链产能，2023年8月，欧盟《电池与废电池法规》（以下简称"法规"）正式生效，取代2006年起实施的《欧盟电池指令》。法规通过市场准入管理、回收再利用、信息公开等方式对电池全产业链实施闭环管理，监管电池产品可持续性和安全性，对电池从采矿加工、材料和电池生产制造、使用以及报废回收整个产业链实施严格全面的管理，并提出碳足

---

[*] 范柏余，硕士，工程师，中汽政研低碳经济研究部；石红，硕士，高级工程师，中汽中心首席专家、中汽政研低碳经济研究部部长；刘斌，博士，教授级高级工程师，中汽中心首席专家、中汽政研副主任；李震彪，硕士，高级工程师，中汽政研低碳经济研究部；王佳，硕士，高级工程师，中汽政研低碳经济研究部。

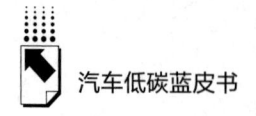

迹、再生材料使用等指标的重点要求。另外，还对标签和信息、经营者义务以及电子信息交换要求等内容作出规定。其中，碳足迹作为电池可持续性的一部分，是法规新增的重要指标，若不能满足相关要求则不能进入欧盟市场。

一 法规主要内容和要求

（一）法规总体介绍

法规对电池的管理可简称为"534"，即针对5类电池实施3种管理方式，主要监管4方面内容。法规管理范围覆盖在欧盟上市或投入使用的所有电池（包含欧盟本地生产和进口），分为电动汽车动力电池[1]、轻型运输工具电池[2]、启动、照明和点火电池[3]、工业电池[4]以及便携式电池[5]等5类电池，包含单独使用或集成到电气、电子设备和交通工具中使用的电池。法规通过市场准入管理、回收再利用、信息公开3种方式对电池全产业链实施闭环管理，主要监管电池产品可持续性和安全性、标签和信息、经营者义务以及电子信息交换要求等4个方面内容。电池制造商需要满足电池碳足迹、材料再生利用等可持续性发展要求，依规定张贴有害物质、二维码等标签信息，在"电池护照"中写入碳足迹等相关数据以实现信息交换，并履行供

---

[1] 是指设计为法规（EU）2018/858定义的M、N和O类混合动力或电动汽车提供牵引力的任何电池；或质量超过25kg的，设计为法规（EU）No 168/2013定义的L类车辆提供牵引力的任何电池。

[2] 是指任何密封的、质量小于或等于25kg的，旨在为轮式车辆提供牵引力的电池，这些车辆可以单独由电动机或由电动机和人力的组合方式提供动力，例如电动自行车、电动助力车、电动滑板车，包括法规（EU）No 168/2013定义的L类车辆，但不包括电动汽车动力电池。

[3] 是指设计为启动、照明或点火提供电力的任何电池，也可用于车辆、其他运输工具或机械的辅助或备用目的。

[4] 是指任何专门为工业用途设计的电池，或任何经过准备再利用后用于工业用途的电池，以及质量超过5kg的，除轻型运输工具电池、电动汽车动力电池和启动、照明或点火电池外的其他电池。

[5] 是指密封的、质量小于或等于5kg的，非设计专供工业用途的，既不是电动汽车动力电池，也不是轻型交通工具电池，也不是启动、照明或点火电池。

应链尽职调查以及生产者责任延伸等经营者义务,未满足法规相关要求的电池将禁止进入欧盟市场。其中,碳足迹声明和分级、电池和材料回收率、再生材料使用、电池标签和护照信息等方面是法规监管重点,对动力电池和新能源汽车企业影响较大。

(二)碳足迹要求

碳足迹作为电池可持续性的一部分,是法规新增的重要监管指标。法规对碳足迹实施"先报数、后定级、再设限"三步走的分阶段管理。第一步要求是电池包制造商上报碳足迹声明,内容包含电池制造商、电池碳足迹值等信息。第二步,依据碳足迹值将产品分级。第三步是确定碳足迹限值,禁止高于限值的电池产品进入欧盟市场,届时制造商需附技术文件证明电池生命周期碳足迹值低于欧盟设定的限值。其中,电动汽车动力电池的碳足迹声明、性能等级和限值要求最早实施,时间要求见表1。

表1 电动汽车动力电池碳足迹要求时间表

要求阶段	生效时间节点要求
一、先报数	以二者最晚者为准: ①2025年2月18日 ②计算规则及声明格式发布后12个月
二、后定级	以二者最晚者为准: ①2026年8月18日 ②等级规则及声明格式发布后18个月(暂未发布,原计划2025年2月18日发布)
三、再设限	以二者最晚者为准: ①2028年2月18日 ②限值规则发布后18个月(暂未发布,原计划2026年8月18日发布)

碳足迹计算规则是决定碳足迹合规难度的核心。2023年6月,欧盟委员会联合研究中心(Joint Research Centre,JRC)公布了法规配套法案碳足迹计算规则的草案版(Carbon Footprint Rules for Electric Vehicle Batteries,CFB-EV),CFB-EV在欧盟电池产品环境足迹分类规则(Product

Environmental Footprint Category Rules，PEFCR）的基础上对计算过程进行进一步细化和改进，规定了核算边界、数据来源、电力模型等方面内容。具体来说，动力电池碳足迹核算边界为原材料获取、电池制造、分销运输和回收利用四阶段碳排放之和，其中，在核算电池制造环节碳排放时，必须使用企业自身具体的实景数据。此外，CFB-EV认可企业通过外购绿电绿证的方式消费具有环境属性的电来降低碳排放，但需满足包括唯一性在内的相关要求。

2024年4月，欧盟委员会对"草案版"进行了更新，公布碳足迹计算规则授权法案的"征求意见稿"，征询意见期为2024年4月30日到5月28日。相比草案版本，主要有以下三方面的改变：一是核算范围增加远洋海运碳排放。征求意见稿规定运输环节的核算边界为"电池下线运输至欧盟市场"（CFB-EV要求计算电池从制造现场运输到整车总装环节的碳排放），意味着欧盟外国家电池出口到欧盟需计入远洋海运的碳排放，计算方法对中日韩等国家需远距离运输的动力电池和新能源汽车不利。二是改变电池全生命周期总能量的计算方法。电池碳足迹为电池包总碳排放与电池全生命周期提供的总能量的比值。电池全生命周期总能量计算方法为电池额定容量、电池年循环次数、运行年限的乘积（CFB-EV总能量计算方法是整车全生命周期里程与整车电耗乘积）。其中，电池年循环次数采用固定值，其中轻型电动汽车电池为60次/年，无法体现长寿命动力电池的性能优势；而运行年限通过质保期核定，这会导致企业将技术水平竞争转化为售后能力的竞争，并且未明确是采用电池包还是电芯的质保期，结果或将成倍改变，指标科学性也存疑。三是不认可绿证和绿色电力购买协议。购买绿电是企业减碳的主要措施之一，但征求意见稿不认可任何绿证、购电协议等合同文书带来的碳减排，理由是无法确保全球范围内绿电绿证等合同文书是电力绿色环境属性的唯一证明，导致企业只能采用直连电力碳排放和全国电网平均碳排放两种方式来计算用电碳排放，无法通过外购绿电绿证来降低产品碳足迹值。

（三）回收率及再生材料要求

为提高电池和材料的回收率，法规要求到 2025 年底，废旧铅酸、锂基、镍镉和其他电池的最低回收率应分别达到 75%、65%、80% 和 50%；到 2030 年底，铅酸电池和锂基电池的回收率将进一步提高至 80% 和 70%。在材料回收方面，法规要求钴、铜、铅和镍四种金属材料的回收率在 2031 年底需要达到 95% 以上，并设定锂的回收率到 2027 年底达到 50%，到 2031 年底达到 80%，实施中将根据市场和技术发展以及锂的供应情况对回收率目标进行修改。

为提高材料循环利用率，法规要求在制造新的动力电池时使用的钴、铅、锂、镍等材料中必须采用一定比例的再生材料。自 2028 年 8 月 18 日起，电池制造商需披露各型号电池的活性材料中钴、铅、锂、镍的重量信息。自 2031 年 8 月 18 日起，动力电池需满足再生材料使用比例要求。废旧电池和材料的回收率、再生材料的使用比例目标见表 2、表 3、表 4。

表 2　不同类型废旧电池的回收率目标（按质量计）

单位：%

时间	电池类型及回收率			
	铅酸电池	锂基电池	镍镉电池	其他电池
2025 年 12 月 31 日	75	65	80	50
2030 年 12 月 31 日	80	70	80	50

表 3　废旧电池中金属材料的回收率目标（按质量计）

单位：%

时间	回收材料种类及回收率				
	钴	铜	铅	锂	镍
2027 年 12 月 31 日	90	90	90	50	90
2031 年 12 月 31 日	95	95	95	80	95

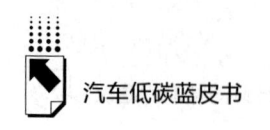

表4 再生材料种类及使用比例目标（按质量计）

单位：%

时间	再生材料种类及使用比例			
	钴	铅	锂	镍
2026年8月18日	出台再生材料使用比例计算和验证方法的授权法案			
2028年8月18日	随附的技术文档包含各型号电池再生材料中钴、铅、锂、镍的使用比例			
2031年8月18日	16	85	6	6
2036年8月18日	26	85	12	15

（四）标签和信息管理

"电池护照"用于记录电池从生产、使用到回收的数据，可实现全生命周期数据互通。法规对电池信息披露作出详细规定，自2025年8月18日起，所有电池均应带有"单独收集"标识，方便电池差异化回收。镉（Cd）含量超过0.002%或铅（Pb）含量超过0.004%的电池，需标识Cd或Pb化学符号。自2026年8月18日起，电动汽车动力电池应贴有包含电池型号、电池容量等信息的标签，并标明电池碳足迹以及性能等级。自2027年2月18日起，所有电池均应标有能链接到"电池护照"的二维码。欧盟将在2026年1月1日前建立"电池护照"电子信息交换系统，该系统可读取电池类型、关键原材料和碳足迹等信息。电池企业需要加强数据收集与质量控制，与供应链上下游实现数据共享和协作，确保碳足迹数据的准确性和完整性。

二 对我国动力电池及新能源汽车产业的影响

（一）影响动力电池和整车产品出口

法规对动力电池碳足迹声明、性能等级、限值以及材料回收利用等方面作出明确要求，实施严格的市场准入管理。需要注意的是，碳足迹已成为动力电池市场准入规则的核心要素之一,碳足迹管理也正进一步"扩围",由动力电池升级到整车,例如法国政府是对低碳足迹的新能源汽车进行补贴,意大利也正效仿法国,将新能源汽车购置补贴与碳足迹挂钩。可以看到,越来越多的国家高筑以"碳"为核心的贸易壁垒,但我国动力电池和汽车行业应对能力普遍不足,尚无完善的碳足迹管理体系,核算方法、标准、数据等相关研究也较为欠缺,未来动力电池及整车出口将会受限。另外,目前我国促进动力电池回收、再生材料使用的政策体系尚待完善,再生材料使用存在认证流程不全、材料供给不足等问题,未来如果难以满足法规规定的再生材料使用比例最低限值要求,将进一步阻碍我国动力电池和整车产品出口。

(二)影响供应链产业链安全

法规要求自 2027 年起动力电池出口到欧洲必须持有符合要求的"电池护照",需要记录电池的制造商、材料成分、碳足迹、供应链等关键信息,并向欧盟政府、社会工作机构及相关利益方进行披露。法规还要求企业开展供应链尽职调查,尽职调查需从原材料供应商开始。供应链是企业核心竞争优势,过于详细的碳足迹数据可以揭示动力电池产业链的关键环节以及企业之间的合作关系。无限制、广延伸的尽职调查将引发供应链及材料配方等商业机密泄露的风险,甚至影响我国动力电池产业链供应链安全。此外,为满足法规要求,部分企业不得不选择海外建厂的方式,但海外合资或技术授权等方式存在核心技术外溢风险,包括电池材料配方、工艺、装备、系统集成等。

(三)影响产品低碳竞争优势

碳足迹是法规监管的重要方面。产品碳足迹评价需以生命周期评价(Life Cycle Assessment,LCA)和生命周期清单分析数据库(Life Cycle Inventory,LCI)为支撑。我国 LCA 研究和 LCI 数据库建设工作起步较晚,虽然近些年来积累了一定的工作基础,但依然缺乏较为统一、透明且公开完善的本土化数据库。碳足迹计算的重要参数是碳排放因子,在计算电池产品

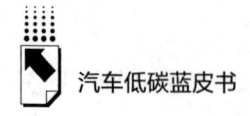

碳足迹时，尤其在原材料获取和加工环节，所用因子数据通常来自欧盟指定的国外数据库，存在因子数据偏高、更新滞后等"失真"情况。我国很多产品的制造工艺和能效都达到全球先进水平，使用"失真"的数据不能真实体现我国产品的碳足迹，大大削弱了我国产品的绿色竞争力。

三 建议

欧盟《电池与废电池法规》虽然在一定程度上对我国相关产品出口造成不利影响，但也揭示出我国碳足迹管理体系、循环和再生利用体系不健全以及数据基础不扎实等问题，将成为我国完善自身碳管理、提升相关产业低碳竞争力的契机。

（一）建立健全国内碳足迹政策管理体系

一是构建全产业链碳足迹管理政策体系。建立跨部门的汽车和电池产品碳足迹管理协同与分工机制，积极推动汽车及电池产品碳足迹政策标准制定，加快构建与碳挂钩的汽车管理与财税激励政策体系。二是建立健全产品碳足迹评价体系。完善碳足迹评价机制，发挥行业机构作为企业与政府的沟通桥梁作用以及第三方评价和监督优势，关注绿色转型在汽车和电池行业的创新应用，强化典型案例的启发性和标杆作用，鼓励跨行业协同降碳。三是加快研究碳足迹落地政策。明确行业碳足迹管理方向，指导企业提升碳排放管理水平。研究建立汽车与动力电池碳足迹试点方案，提前研究将产品碳足迹结果作为新能源汽车车辆购置税减免政策技术指标或道路机动车辆产品准入政策技术指标的可行性与具体方案。

（二）健全完善我国电池循环和再生材料利用体系

一是建议研究制定具有强制约束力的动力电池回收利用专项法规和行业管理制度。严格落实生产者责任延伸制度，对动力电池全生命周期各环节有关主体的权利义务关系加以规范，确保我国电池循环利用体系健康运行。二是进一步健全技术标准体系，针对现阶段再生材料使用要求等问题，加快研究制定剩余寿命评估规范、再生原料评价等相关标准，研究与已有相关标准的协调和对接，提高电池回收效率与材料回收水平。

（三）多角度发力积极应对法规要求

一是强化薄弱环节，加速构建我国碳排放因子数据库，夯实数据基础，提高核算的准确性，同时大力推动能源结构绿色转型，从根本上缩小我国产品与欧盟产品在低碳属性方面的差距。二是积极同欧盟开展谈判，争取空间，利用中国汽车企业国际化发展创新联盟和中国汽车标准国际化中心等交流平台，加强中国与欧洲各国的高层对话，并积极参与动力电池及汽车行业国际"双碳"政策标准的制修订，推动国内外产品碳足迹方法学和因子数据的协调互认。三是针对不合理条款发声，如围绕法规涉及的数据采信、数据保密、供应链尽职调查和绿证使用等条款进行谈判，维护产业正当权益。

B.11
国内外碳足迹数据库分析及我国碳足迹数据库建设建议

王洪涛[*]

摘　要： 本报告首先介绍碳足迹基础数据库和行业数据库的基本概念，并对国内外主要碳足迹数据库进行对标分析，然后以中国电力碳足迹为例，总结国外数据库普遍高估我国电力碳足迹的主要原因，包括模型计算的基础数据不具本土代表性、国内外分类口径不一致等，最后从加快数据库建设、提升数据库质量、加强国际衔接等方面对我国汽车碳足迹数据库建设提出建议。

关键词： 碳足迹　数据库　汽车产业

2021年10月，国务院印发的《2030年前碳达峰行动方案》中明确指出要建立统一规范的碳排放统计核算体系，积极参与国际碳排放核算方法研究，探索建立重点产品全生命周期碳足迹标准。2024年1月，国家数据局等17部门联合印发《"数据要素×"三年行动计划（2024—2026年）》，提出支持打通关键产品全生命周期的物料、能源等碳排放数据以及行业碳足迹数据。2024年3月，《政府工作报告》中提出提升碳排放统计核算核查能力，建立碳足迹管理体系。一系列政策文件的发布彰显出产品碳足迹的重要程度，同时也标志着碳足迹正在全面进入我国"双碳"政策体系。

欧盟《电池与废电池法规》等与碳足迹相关的技术贸易政策陆续出台，完善我国国家碳足迹基础数据库、建立碳足迹行业数据库，能够帮助企业洞

---

[*] 王洪涛，博士，四川大学碳中和未来技术学院副教授。

察自身产品和供应链的碳排放情况，制订可行的减排计划，在多变的国际环境中维护自身权利和竞争力。

一 碳足迹数据库概念

生命周期评价（Life Cycle Assessment，LCA）的概念自20世纪90年代提出以来，已经历了30多年的发展。作为一种全面的评价思想理念，LCA旨在量化分析各种产品或服务在所有生产消费过程中对各种资源环境影响的程度及潜在的改进方向。碳足迹与生命周期评价概念联系紧密，重点关注各种资源环境影响中温室气体这项单一指标，主要指某种产品或服务在其生命周期内各类温室气体的排放总量，包含所有直接和间接过程产生的温室气体，以二氧化碳当量表示（$kgCO_2e$）。碳足迹数据库则是按一定规范要求开发，并系统性涵盖尽量完整齐全的产品和服务的碳足迹指标的数据集合。

（一）碳足迹基础数据库

碳足迹基础数据库是产品碳足迹核算的重要数据支撑和计算基础。开发建设碳足迹基础数据库难度较高，原因在于众多基础大宗能源、化学品等的生产、运输过程常常交织复杂，例如煤炭开采涉及用电，电力生产同样涉及烧煤，要完整追溯调查全部能源、化学品互相交织的过程，其难度不言而喻。

目前的碳足迹基础数据库主要有瑞士ecoinvent基础数据库、美国GaBi基础数据库、日本IDEA（Inventory Database for Environmental Analysis）数据库和中国生命周期基础数据库（Chinese Life Cycle Database，CLCD）。瑞士ecoinvent基础数据库由瑞士ecoinvent中心开发，数据主要源于统计资料与技术文献，最新的v3.10版本涵盖了欧洲及世界多国约20000个单元过程和汇总过程数据集，包括农业、畜牧业、建筑、化工、能源、运输等行业，是国际LCA和碳足迹研究领域使用最广泛的数据库之一，也是许多机构指定的基础数据库之一。GaBi基础数据库由德国Thinkstep公司（现被美国

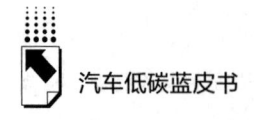

Sphera公司收购）开发，原始数据主要来源于合作公司、协会和公共机构，2022年发布的最新数据库版本包括全球各国各行业约17000个数据集，涵盖建筑、化工、能源等10多个行业，但其用户无法展开并查看数据内部的模型结构。日本IDEA数据库由日本产业技术综合研究所（AIST）、日本产业环境管理协会（JEMAI）联合开发，涵盖日本标准商品分类范围内的所有产品，包括制造业（化工、纺织、建材、机械等）、非制造业（农业、林业、渔业等）和其他部门（电力、煤气、水和污水等）的数据集，2022年3月发布的v3.1版本包括约4700个数据集。中国CLCD数据库最初由四川大学创建，后由亿科环境持续开发，是欧盟发起的国际生命周期数据库网络（Life Cycle Data Network，LCDN）最早的成员之一，包括国内电力、运输、建筑、化工、农业、包装等行业的数千种模型和近万个单元过程，用户可以展开并查看数据内部的模型结构。

（二）碳足迹行业数据库

碳足迹行业数据库是专注于某单一行业的具体产品或服务的碳足迹数据库，比较典型的行业数据库有荷兰Agri-footprint数据库、瑞士WALDB（World Apparel & Life Cycle Assessment）数据库等。Agri-footprint数据库是由荷兰Blonk公司开发，是农业行业碳足迹数据库，其原始数据主要来自统计数据、科学文献，最新的v6.3版本包含针对特定国家和地区约5000个单元和汇总过程数据集，包括农业中的化肥、植物油、糖业、淀粉、乳业、肉类等产品内容。WALDB数据库是由瑞士Quantis公司与服装和鞋类行业的领先组织与公司组成的联盟共同创建的，专注于服饰鞋类行业，拥有约700个数据集。

建立汽车行业数据库、电池行业数据库等行业数据库，需要确定行业内的主要产品，并完整追溯调查产品的上下游生产消费过程，同时需借助碳足迹基础数据库提供的能源、运输、化学品等产品的碳足迹数据，最终提供下游产品的碳足迹计算结果。

二 国内外碳足迹数据库对标研究

电力碳足迹是生命周期评价和碳足迹系统中重要的基础数据，下文以中国电力碳足迹因子为例，将国内外模型进行综合对标分析，从建模过程是否可访问原模型、模型是否可追溯、数据是否透明准确等方面进行国内外对标研究。

（一）ecoinvent 基础数据库

瑞士 ecoinvent 基础数据库中的中国电力碳足迹模型是可见、可追溯的全过程模型（见图 1）。建模过程可向上游层层追溯，比如，可追溯到国家电网和南方电网的贡献率，国家电网又可继续展开追溯到华东电网、华北电网、华中电网，南方电网也可继续展开追溯到广东电网、贵州电网等各自的贡献率。基于此，ecoinvent 基础数据库建立了可展开、可追溯的中国电力碳足迹模型，但由于其数据来源不明确，计算得出的中国电力碳足迹因子值 0.971 kgCO$_2$e/kWh 高于中国实际水平。

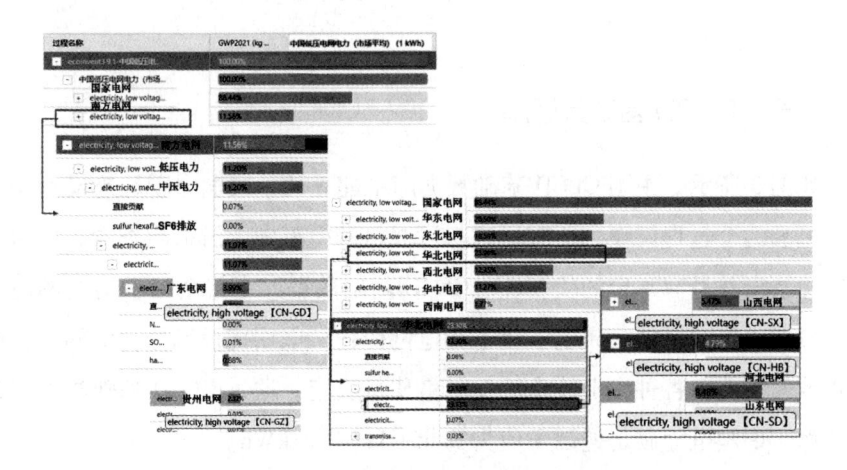

图 1 ecoinvent 中国电力碳足迹模型结构

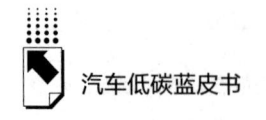

（二）GaBi 基础数据库

美国 GaBi 基础数据库中的碳足迹模型不可层层向上游追溯，缺乏标准规范的模型结构以及数据来源，类似于"黑箱结构"。针对中国电力碳足迹数据，GaBi 基础数据库没有区分区域电网和省级电网，仅有全国 1~60kV[①]平均电力碳足迹，高达 0.942 $kgCO_2e/kWh$。其中，GaBi 基础数据库以 8%计算我国电网损耗值，而据国家能源局数据，2023 年全国线损率仅为4.54%，被明显高估（见图 2）。

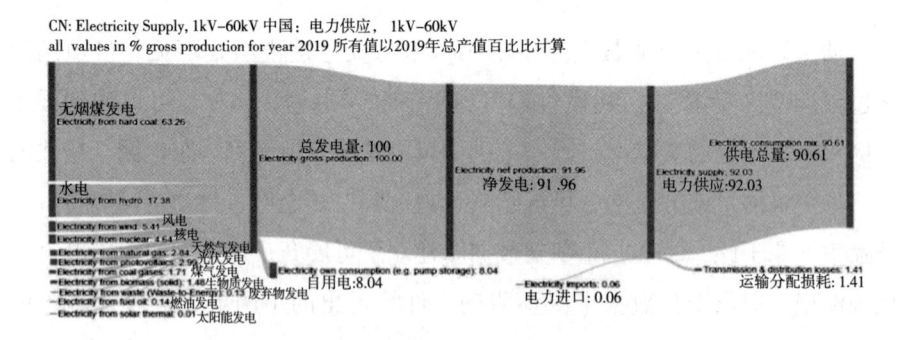

图 2　GaBi 中国电力碳足迹模型结构

（三）CLCD 基础数据库

如图 3 所示，中国 CLCD 基础数据库中建立的中国电力碳足迹模型是可层层追溯的全过程模型，所有用户都可以打开模型向上游追溯查看，同时数据来源清晰并具有一定的代表性。CLCD 基础数据库中将全国平均电网电力主要分成火电、水电、风电、核电和电网传输、电网建设部分，电网电力碳足迹数值主要由各种发电技术的发电量比例决定，通过 CLCD 基础数据库建模计算，中国电力碳足迹因子值为 0.651 $kgCO_2e/kWh$。

综上所述，以中国电力碳足迹因子为例，国外数据库该数值普遍偏高，

---

① GaBi 基础数据库对电压等级为 1~60kV 的电力碳排放进行单独统计。

```
全国平均电网电力
├ 全国平均电网电力传输
  ├ 全国平均电网电力
    ├ 火电
      ├ 原煤
        ├ 原煤
          ├ 露采硬煤
          ├ 井工硬煤
          ├ 电力（数据库）
          ├ 水路运输（数据库）
          ├ 公路运输（数据库）
          ├ 铁路运输（数据库）
        ├ 洗精煤
      ├ 天然气（数据库）
      ├ 燃料油（数据库）
      ├ 火电厂（数据库）
    ├ 水电
    ├ 风电（数据库）
    ├ 核电（数据库）
  ├ 电网建设
```

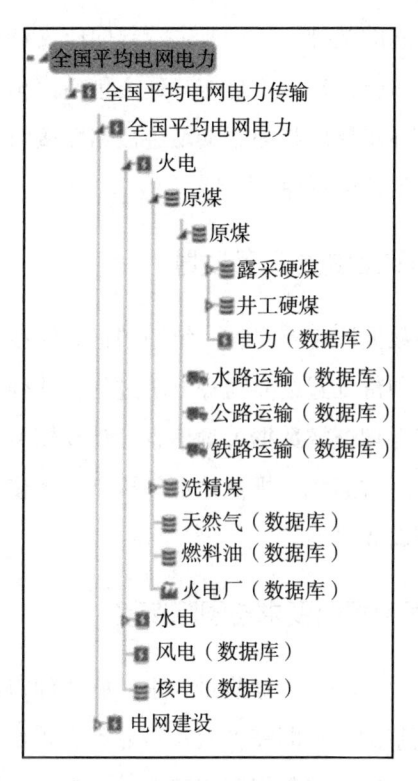

图3 CLCD中国电力碳足迹模型结构

其原因主要有以下两点：一是电力碳足迹因子的过程数据来源不具备国家、技术和年份代表性，导致与中国本土实际情况不符；二是GaBi基础数据库中对中国电力碳足迹的电压标称为1~60kV，ecoinvent基础数据库中将电压统一分为高、中、低三类，与我国现行输电电压的等级划分不完全一致，电力碳足迹建模的不一致导致与实际情况存在差异。

三 我国汽车碳足迹数据库建设建议

（一）加快对数据库建设工作的统一管理

建议国家主管部门加快建设我国汽车行业碳足迹基础数据库，在确保方

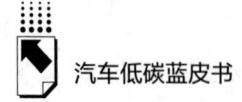

法统一和规则标准可靠的基础上,行业主管部门应支持有条件、有基础的行业机构、龙头企业、科研机构分工合作,建立包括汽车、电池等在内的碳足迹细分行业数据库,逐步形成与国家碳足迹数据库接轨、满足国际协调互认需求的中国本地化碳足迹数据库。

(二)逐步提升碳足迹数据库质量

汽车行业碳足迹数据库应有完整、统一的计算模型,模型应追溯至各类原辅料、能耗、运输和待处置废弃物等上游过程,并列明上游数据来源。碳足迹数据库拥有者应合理披露数据关键信息、计算模型以及必要的文档说明等内容,并建立数据库常态化、规范化更新机制,逐步建立覆盖面广、适用性强、可信度高的更新体系。

(三)加强数据库规范要求与国际衔接

建议在数据库建模方法、数据质量要求、格式和审核认证等方面形成统一的规范要求,在此基础上不断完善汽车行业本土碳足迹数据库建设。在建设过程中,应加强国际碳足迹数据库规范要求,充分发挥多双边磋商对话机制作用,加强与国际相关方的沟通对接;积极参与国际汽车、动力电池碳足迹相关标准规则的制修订,推动与主要贸易伙伴在数据库方面的衔接互认。

借 鉴 篇

本篇主要围绕国外汽车产业低碳政策法规和绿电绿证政策展开，对国际上汽车低碳相关政策法规的现状及发展趋势进行系统分析介绍，并对我国汽车产业低碳发展涉及的相应领域给出启示与建议。

近年来，世界各国政府出台了一系列旨在促进汽车产业低碳发展的政策法规。《2023年国外汽车产业低碳政策动态分析及展望》详细介绍了美国、欧洲、亚洲和其他国家最新的汽车低碳政策，并总结出鼓励新能源车辆购买使用、限制高碳排放车辆使用，不断加严汽车排放限制，多技术路线、多能源路线共同发展和加强消费侧导向四大政策趋势。

2023年以来，欧盟、美国对各自汽车碳排放法规进行了系列升级，加严了对不同类型车辆的碳排放要求。《欧美国家碳排放法规进展及对我国的启示》详细介绍了欧盟乘用车、轻型厢式货车和中重型商用车排放法规，德国乘用车能耗标识法规和美国轻型、中型及重型车辆相关排放法规的进展情况。

受欧盟碳边境调节机制等政策影响，国内外用能企业对于绿电和绿证的需求大幅增加，交易日益活跃，关注度日益提升。《国外绿电绿证政策分析与启示》首先对欧洲绿证GO和美国可再生能源证书RECs的制度内涵、特点、交易实施和监管做了详细论述，对国际绿证I-REC及全球可再生能源工具APX TIGRs进行简要介绍，对我国绿电绿证制度的演变、内涵、特点和制度实施及效果开展梳理分析，通过对比分析制度的异同及联系，以问题为导向提出加大可再生能源电力消纳责任权重、市场化手段引导绿证价格、建立绿电消费认证标识制度、推进国内外绿证互认等完善我国绿电绿证制度的建议。

B.12
2023年国外汽车产业低碳政策动态分析及展望

鹿秋杨 黄彦文 郑玥彤 刘岱宗 范柏余*

摘 要： 近年来，世界各国政府出台了一系列旨在促进汽车产业低碳发展的政策法规，对全球汽车产业发展将产生深远影响。本报告通过研究分析美国、欧洲、亚洲和其他国家汽车产业最新低碳政策动态，发现鼓励新能源车辆使用是当前主流政策方向。此外，汽车尾气排放限制趋严，以及支持多车辆类型、多能源路线共同发展也是主要政策特点。建议汽车企业及时跟踪掌握国外相关政策动态，发现并适应国际趋势，积极应对行业发展中的不确定性。

关键词： 汽车产业 国际政策 低碳政策

随着全球气候变化的加剧和环境问题的日益严峻，低碳发展已成为国际社会共同关注的焦点。当前，越来越多的国家政府以国际协议和《巴黎协定》为框架发布了碳达峰碳中和目标和实施路径，并将低碳政策作为疫情后经济复苏计划的一部分，以同时保障经济增长和环境效益。汽车产业作为全球经济的重要支柱之一，其能源消耗和温室气体排放对环境的影响不容忽视。据计算，全球约16%的温室气体排放来自汽车行业，且这仅包含道路

---

* 鹿秋杨，高级工程师，交通与发展政策研究所（美国）北京代表处；黄彦文，工程师，交通与发展政策研究所（美国）北京代表处；郑玥彤，工程师，交通与发展政策研究所（美国）北京代表处；刘岱宗，东亚区首席代表，交通与发展政策研究所（美国）北京代表处；范柏余，工程师，中汽政研低碳经济研究部。

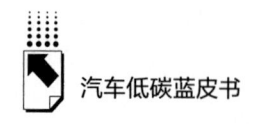

车辆燃料燃烧带来的直接排放，未将原材料的生产、加工、交付等上下游产业产生的大量排放纳入计算范畴。因此，推动汽车产业向低碳、环保转型，不仅是实现经济可持续发展的必然选择，也是响应全球减排承诺的重要举措。

在过去的数十年里，各国政府出台了一系列旨在促进汽车产业低碳发展的政策法规。这些政策不仅涉及传统燃油汽车的排放标准，也包括对新能源汽车的支持和推广。近年来，政府层面认识到数字化技术和优化资源分配在实现汽车行业减排目标中的作用，同时，通过引导消费者购买低碳汽车产品，有效激发了企业绿色生产转型的积极性。这一转变为汽车行业带来了很多益处，包括销售额补贴、行业标准化等直接支持，以及消费税减免、鼓励技术研发等间接激励。然而，在全球化背景下，出海车企在拓展国际市场时也面临较大挑战，尤其是欧美市场对进口新能源汽车及其关键零部件设置的贸易壁垒，增加了企业的运营成本与国际竞争压力。

在此背景下，我国汽车企业更需要实时掌握、充分理解国外汽车低碳政策，寻找因地制宜的出海方案。本报告将深入分析国外汽车低碳政策的最新动态，并展望其未来发展趋势，不仅关注政策的制定和实施，更关注这些政策如何影响汽车产业的技术创新、市场竞争和消费者行为。通过对比不同国家的低碳政策，可以更好地理解各国政府在推动汽车产业绿色转型方面的策略和挑战，并为我国汽车产业低碳政策的制定提供有价值的参考和启示。

一 国外最新汽车低碳政策汇总

（一）美国

2022年8月，美国拜登政府通过了美国历史上规模最大的气候投资法案——《通胀削减法案》（以下简称"法案"），并于2023年4月发布法案细则。法案计划在未来十年内通过增加对大型企业的税收、处方药价格改革、加强税收执法、股票回购税和限制超额业务亏损税务申报等方式筹集

7370亿美元，用于推动能源安全和应对气候变化，同时支持美国本土制造业和新兴产业，特别是新能源汽车行业的发展。在该法案的新增支出中，约3700亿美元用于支持新能源汽车、氢能等与能源安全和气候变化主题相关的行业。关于新能源汽车，该法案提出延续7500美元的新能源汽车个税抵免补贴，并将补贴分为两个部分，分别设置关键矿物来源要求和电池组件本地化要求，各给予3750美元补贴。该法案将有力推动美国新能源产业的发展，推动碳减排目标的实现。预计到2030年，美国温室气体排放较2005年将减少40%。

2023年1月，拜登政府发布由交通部、能源部、住房和城市发展部、环境保护署共同制定的《美国国家交通部门脱碳蓝图》。该蓝图是美国迈向2050年交通领域零排放的重要里程碑，强调零排放车辆和清洁燃料在推动交通减排方面的核心作用，并计划加强清洁能源技术如电动汽车、氢燃料和可再生能源的开发与应用。为实现这一目标，同年2月，美国拜登政府发布美国新能源汽车充电网络建设规划，计划在全美高速公路沿线和社区建成一个方便、可靠且由美国制造的充电桩网络，该规划包含50万个充电桩，将有力推动美国新能源汽车行业发展。

2023年7月，美国国家公路交通安全管理局针对企业平均燃料经济性（Corporate Average Fuel Economy，CAFE）提出新提案，目标将2032年新车的企业平均燃料经济性标准提升至58英里/加仑（折合4.1升/百公里），这将大幅提升燃油效率并减少温室气体排放。该提案覆盖2027~2032年的车型，要求乘用车燃油效率每年增长2%，轻型货车燃油效率每年增长4%，并为2030~2035年的货车设定了每年10%的燃油效率提升目标。这一新标准将取代之前的2024~2026年CAFE标准，成为美国历史上最严格的燃油经济性要求。

2024年3月20日，美国推出了"史上最严汽车尾气排放标准"最终版本，该标准在5月20日生效，适用于2027~2032年的车型。根据标准，到2027年，汽车尾气排放的二氧化碳上限为每英里170克，而到2032年，该上限将降至每英里85克，具体见表1。

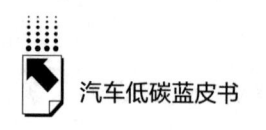

表1 2026~2032年美国车辆CO_2排放预计目标

单位：克/英里

类目	2026年	2027年	2028年	2029年	2030年	2031年	2032年
乘用车	131	139	125	112	99	86	73
货车	184	184	165	146	128	109	90
全车队	168	170	153	136	119	102	85

资料来源：美国环境保护署。

相对其他州而言，加州在应对气候变化的政策上一直走在前列。2023年4月，美国加州空气资源委员会批准了《先进清洁车队法规》。这项法规旨在推动零排放汽车在加州的广泛应用，规定汽车制造商在2036年之前需实现新售中重型车辆100%零排放的目标，并为不同类型的车辆设定了零排放过渡的时间节点。这是世界上首个将零排放要求扩展到重型商用车领域的管理规定。通过《先进清洁车队法规》推动电动汽车的普及，提前实现了销售150万辆零排放汽车的目标，并设定了到2035年州内销售的所有新乘用车都是零排放车辆的新目标。

（二）欧盟

2019年，欧盟为了实现其气候目标、推动气候行动，签署了《欧洲绿色协议》。为了缓解俄乌冲突造成的能源危机，欧盟在《欧洲绿色协议》下对气候目标进行修订，通过进一步加速境内的能源转型以减少对俄国进口化石燃料（特别是碳氢化合物）的依赖，其中，应对气候变化的一揽子实施计划（Fit for 55）预计到2030年可帮助欧盟国家减少30%的天然气消耗量，能源转型行动方案（REPower EU）则用于引导成员国更早实现可再生能源效率目标。此外，欧盟还通过《绿色协议产业计划》提升本土新能源汽车和净零排放设备供应链的竞争力，减少对进口产品的依赖，并通过《关键原材料法案》和《净零工业法案》确保原材料的可获得性。

2021年12月，欧盟发布了包括构建智慧可持续跨欧洲交通网络（Trans-Europe Transport Network，TEN-T）、发展道路智慧服务与信息共享、更新城市交通出行框架等在内的交通减排提案。2023年3月，欧盟委员会发布《替代燃料基础设施部署条例》以修订2014年的《替代燃料基础设施指令》。新条例要求成员国为每辆注册的电动汽车提供输出功率达1.3kW的公共充电设施，明确从2025年起，TEN-T每60公里内需布设功率输出不低于150kW的快充站，并针对重型车辆确保核心网络每60公里安装输出功率不低于350kW的专用充电站、网络其他部分每隔100公里安装充电站，到2030年实现网络全覆盖，还要求2030年起在所有城市节点和TEN-T核心网络沿线每200公里部署可同时为乘用车和货车服务的加氢基础设施，且配备支付卡或非接触式付款设备，以此确保氢能车辆可以在欧盟境内行驶。2023年4月，欧盟议会和理事会修订《新乘用车和新轻型商用车CO_2排放性能标准》（2019/631号法案），新发布的《加强新乘用车和新轻型商用车的CO_2排放性能标准》（2023/851号法案）对境内新销售的乘用车和轻型商用车的二氧化碳排放提出了阶段性减排要求，即从2020年开始每四年递减，2035年之后实现完全零排放，并对每个阶段的排放测试流程提出要求，明确了汽车制造商基于新法案的年排放目标。2024年5月8日，欧盟正式颁布了欧Ⅶ排放法规，旨在进一步约束车辆的非二氧化碳污染排放。

（三）亚洲

1.日本

日本经济产业省（以下简称"经产省"）在2019年和2021年分别发布《面向2050年xEV战略》（以下简称"xEV战略"）、修订《2050年碳中和绿色成长战略》，这是日本内阁为推动电动汽车和氢燃料电池汽车普及、逐步淘汰燃油车制定的行业发展战略性政策。xEV战略中，日本第一次明确了汽车行业温室气体减排目标为"2050年的温室气体排放量相对2010年减少80%"。另外，xEV战略发布之前，日本主要支持推广的清洁能源汽车共有6种，而在xEV战略发布后，清洁能源汽车仅剩下4种，这体现了日本对汽车产业电动化的支持，具体见表2。

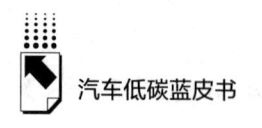

表2 日本政府 xEV 战略出台前后主要支持推广清洁能源汽车类型对比

2008~2019年(xEV战略发布前)	2019年后(xEV战略发布后)
普通混合动力汽车(HEV)	普通混合动力汽车(HEV)
纯电动汽车(BEV)	纯电动汽车(BEV)
插电式混合动力汽车(PHEV)	插电式混合动力汽车(PHEV)
燃料电池汽车(FCEV)	燃料电池汽车(FCEV)
清洁柴油汽车(CDV)	
天然气汽车(NGV)	

2024年，经产省更新清洁能源汽车引进推广补贴额度。与2023年的补贴政策相比，2024年日本对纯电动汽车的补贴更加偏向丰田、日产等本土汽车品牌，对现代、比亚迪、捷豹等海外品牌补贴缩水。2023年底，经产省表示，为了鼓励电动汽车制造商为购买者提供配套的充电设施，从2024年起购置补贴的评估标准中将针对主机厂加入安装的充电设施数量、维修和保养等售后服务以及电池回收三个新维度。

2023年5月26日，日本外务省和经产省共同发布《碳足迹实用指南》，要求投放日本市场的纯电动汽车和插电式混合动力汽车制造商自2024年起必须提交电池从原料开采到废弃处理全过程的二氧化碳排放量，并对可获得政府补贴的碳排放额度设定上限。该二氧化碳排放信息将提供给经产省和消费者，并需接受第三方认证机构核实。《碳足迹实用指南》基本遵循欧盟新电池法，为日本企业统一了蓄电池专属的碳足迹公开通报框架。但是，2024年，日本政府只是咨询企业关于碳足迹计算所使用的标准方法，没有硬性要求披露二氧化碳数值。

2. 韩国

2022年8月，韩国议会通过《碳中和与绿色增长基本法》，其中设定了国家自主减碳目标，后续《国家碳中和绿色增长基本规划（2023—2042年）》又进一步提升了该目标。其中，2030年国家温室气体排放较2018年的降低幅度由"35%以上"调整为"40%"，各产业部门的碳减排量目标也略有提升，从较2018年减少11.4%调整为减少14.4%。为了实现减排目标，韩国政府根据2020年制定的《2050长期低碳发展战略》，以2050年实现碳中和为目标，重点在基础运输中以电和氢等清洁能源替换化石燃料，提出了四个主要方向的相关激励政策和法规：一是提高汽车燃油效率标准（《汽车能源消耗效率和等级标识有关规定》修正案）；二是对购买生态友好车辆提供补贴，包括乘用车、公交、货车、两轮车等，允许国家补贴叠加地方政府补贴；三是对公共部门设定最低购买要求、对汽车制造商设定最低销售要求（《碳中和基本法》《新氢能经济政策方向》）；四是政府集中建设相关基础设施。

3. 东南亚

2023年11月，随着EV3.5计划的批准，泰国政府开启了第二阶段的电动汽车推广，该计划旨在支持电动汽车的本土生产，2024~2027年计划为每辆汽车提供高达10万泰铢（约合人民币19920元）的购买补贴。在排放标准方面，泰国从2024年1月1日起对汽车尾气实施欧V排放标准，这一标准将有助于减少空气污染，特别是PM2.5的排放。印度尼西亚政府正通过扩大对国产和进口新能源汽车的增值税减免、取消奢侈税和将进口税减免延长至2025年底等多重措施来积极推广新能源汽车。此外，2023年3月，印度尼西亚交通部宣布将引入货车燃油经济性标准，以实现车队零排放转型。

（四）其他国家

2023年4月，澳大利亚政府发布《澳大利亚国家电动汽车战略》，在这一战略下，澳大利亚各州政府将在国家标准、数据共享、新能源汽车的可负担性、偏远地区新能源汽车充电基础设施、车队采购、教育和宣传6个关键领域开展合作，以实现向新能源汽车的转型。该战略还公布了各州的电动化目标，如昆士兰州政府计划到2030年，50%的新售乘用车需实现零排放，到2036年，100%实现零排放。除此之外，澳大利亚还制定了多项减少汽车尾气排放的政策，其中包括2024年5月发布的"新车效率标准"。该标准针对从2025年1月1日起新车的二氧化碳年平均排放量，要求将越来越严格，预计2025年将新售轻型汽车的二氧化碳排放量降低到每公里105克，

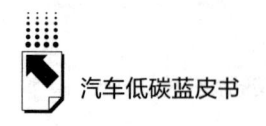

目的是鼓励生产商提供更经济实惠、燃油效率更高的新能源汽车。

加拿大为了鼓励消费者和公司购买电动汽车，分别于2019年5月和2022年7月启动了"零排放汽车激励计划"以及"中型和重型零排放汽车计划"。纯电动和氢燃料电池乘用车可获得最高5000加元的购置补贴，插电式混合动力乘用车可获得最高2500加元的补贴，而零排放中重型卡车可获得最高20万加元的补贴。此外，加拿大也宣布了到2035年，新售的所有轻型车、SUV和轻型货车均为零排放车辆的目标要求。

二 政策特点总结

宏观层面，各国的汽车低碳发展政策均呈现"长期愿景辅以短期行动"的结构特点，既制定长远的低碳发展愿景和战略，又采取切实可行的短期行动计划。这种结构性设计的好处是，在有可量化的长期低碳发展愿景下，政府可以随时对行动计划和政策进行动态调整，以适应新的发展阶段和技术迭代。同时，政策国际化和本土化正在兼容。政策制定需要平衡环境保护、经济发展、国内国外供需、地缘博弈等多方面利益，利益冲突可能存在于市场与政府之间、地区与地区之间、国家与国家之间、政党与政党之间。比如，虽然国际合作在低碳政策中起着重要作用，但各国也会根据本国的具体情况制定符合本土需求的政策，包括通过增加对国外低碳技术和产品的进口关税，以促进低碳产业链本土化、增加国内竞争力。另外，跨部门、跨领域合作越发频繁。近年来，各国的低碳政策多以"绿色复苏"为目标，同时确保经济复苏和气候中和，并且通过前期的低碳发展探索期，大部分政府已经深刻理解企业在低碳转型中的重要作用。因此，除了限制性市场干预，政府还资助企业开展电动化、基础设施建设试点项目，并确保合作方之间的无障碍沟通；通过研发补贴、标准制定等方式，政府引导企业进行技术创新，而技术发展又为更严格的政策提供可能性。此外，碳足迹信息的透明化将进一步推动信息平台技术发展、提高消费者对低碳汽车的接受度。

过去，政府主要通过财政政策、货币政策和进口关税鼓励汽车行业的转型，促进低碳技术的应用和温室气体排放的减少。这包括通过碳税提高碳排放的成本，鼓励企业和个人减少排放；通过补贴企业清洁能源和低碳技术的使用，降低转型的成本门槛。进口关税则是通过减少对低碳汽车技术和产品的进口关税，促进低碳产品在市场上的引进和应用。近几年来，很多国家根据本土的自然和市场资源优势，优先选择最佳能源路线，并为制造商和服务商提供贴合此路径的政策支持。但随着能源结构和交通结构的转移，以及国内需求和国际上对气候转型的重视，清洁能源车辆使用激励政策逐渐呈现以下四个趋势。

一是鼓励新能源车辆购买使用、限制高碳排放车辆使用是主流政策方向。鼓励新能源车辆使用的政策包括大力发展清洁能源技术、新能源车辆税收减免、大力推进清洁能源汽车产业全链条建设等。仅有少部分欧美国家出台了限制高碳排放车辆使用的相关政策，限制高碳排放车辆使用的政策则主要包含提升汽车排放标准、限制高碳排放车辆行驶等。

二是汽车排放限制趋严发展。尽管限制高碳排放车辆的使用并不是目前汽车行业低碳政策的主流方向，但随着各国应对气候变化的意识不断觉醒、更加重视对气候目标的承诺，全球低碳政策目标随着时间推移，从力度和时间维度上都趋向于收紧。更严格的汽车排放标准意味着更低的温室气体排放上限，例如2024年美国环境保护署推出的《2027年及以后轻型和中型车辆多种污染物排放法规》中制定了严格的机动车排放标准，其中特别对汽车二氧化碳的排放作出严格规定，这将促使汽车产业生产更多低排放二氧化碳的汽车，从而更好实现碳中和目标。欧盟也在2024年推出欧Ⅶ标准，对汽车的污染物排放作出严格规定。另外，以部分欧洲国家为代表的国家和地区还通过建设低碳排放区、零碳排放区等方式来限制高碳排放车辆行驶，从而提升高碳排放车辆的使用成本，减少人们对高碳排放车辆的使用。这不仅反映了各国对减少温室气体排放承诺的持续践行，也侧面说明了现阶段汽车行业减碳已经在快速推进中。

三是多技术路线、多能源路线共同发展。汽车领域电动化发展前期，大多数国家优先发展行驶里程更长、路线更固定、资金调动能力更强、更便于

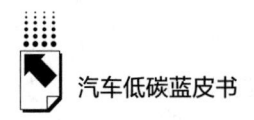

管理和规划的公共交通领域，如公交车、出租车和物流车辆。然而，随着技术进步、成本降低以及乘用车市场需求爆发，各国政策逐渐从公共交通领域转向私家车市场，私家车电动化成为电动汽车增长的主要驱动力，政府通过购车补贴、税收优惠等措施进一步推动私家车的电动化。能源路线方面，由于不同国家和地区在基础设施建设、政策导向、技术积累等方面存在差异，各国对电动汽车和氢燃料电池汽车发展的侧重点也有所不同。总体来看，电动汽车是新能源汽车的主流，以美国、欧盟为代表的国家和地区为新能源汽车产业发展提供了大量政策优惠，而以日本、韩国为代表的国家和地区则大力发展氢燃料电池汽车。随着技术的进步和成本的降低，未来电动汽车和氢燃料电池汽车会在全球范围内得到更广泛的应用和普及。

四是政策对消费侧导向的强调越发明显。政策越来越注重市场驱动，这不仅体现在注重通过需求侧管理引导消费者选择低碳汽车，包括提升产品碳足迹透明度、发放购置补贴和充电桩建设补贴、将交通行业引入碳市场等，还体现在政策的阶段性和灵活性设计上，通过逐步收紧碳排放上限或设置达标日期，政府为行业和市场留出适应新的规范要求的过渡期。这一向消费端转移的政策趋势是应对汽车产业互联、自动驾驶、共享、电动变革的必要战略性转变，同时可以避免对汽车企业施加过多直接限制而产生的利益矛盾，也说明政策正在渗透前期未探索的高成长潜力领域。在新能源汽车碳足迹可追溯性上，各国也在积极寻找可行办法。日本、韩国和欧盟正在通过数字化提升对新能源汽车和电池的碳足迹实施整体监管，排放数据被用来支撑政府补助发放和引导消费者购买低碳产品。此外，一些国家提倡数据共享和信息透明化，以确保低碳发展目标基于科学推理和真实市场情况制定，可实现对政策实施效果的定期评估、鼓励最佳案例在短时间内得到广泛应用等。

三 展望

当前，世界正在经历格局、秩序、体系的全方位变化，涉及经济、政治、文化等多个领域，这种结构性变化给汽车产业带来了整体挑战。未来，汽车产业将是一个多车辆技术路线、多能源路线共同发展，技术与政策协同进步，国际化与本土化兼容并蓄的产业。

在政策标准方面，越来越多的国家和地区将制定机动车排放标准以及高碳排放车辆限行政策法规，从源头上实现汽车行业的减碳，在政策支持和市场需求的双重推动下，新能源汽车的普及率将继续提高。在供应链产业链方面，随着全球贸易保护主义的抬头和技术的快速发展，全球供应链产业链正在重塑，各国积极参与国际合作，共享技术、协调标准的同时，也将注重培育本土供应链产业链，了解与引领新的需求，探索新的商业模式，增强汽车低碳技术的国际竞争力。在智能出行方面，随着人工智能和物联网技术的快速发展，智能出行面临革命，更多汽车企业将通过技术创新和品牌建设，提高智能汽车的技术水平和安全性，同时探索新的商业模式，如共享出行、智能交通等，以适应新的市场需求。

在汽车产业面临深刻变革的当下，车企应当采取前瞻性思维和灵活应变的策略，积极应对行业发展中的不确定性和国际趋势，在汽车产业的新时代中稳健前行，为实现可持续发展目标作出贡献。发展新质生产力，加强品牌建设和技术创新，提升核心产品质量和服务水平，以建立良好的品牌形象并赢得消费者的信任；注重开发符合当地市场需求的产品，包括深入了解当地的汽车低碳发展法规、产品使用场景、消费者习惯等，以提高产品的市场竞争力；深刻理解宏观战略和国际动态，积极响应政府的政策引导，通过技术创新支持更严格的环保政策，并分享低碳转型经验，为政策制定提供参考；联合国内权威机构参与国际标准制定，推动全球化贸易环境建设；制定多元化市场战略，拓展多个海外市场，分散风险。

B.13 欧美国家碳排放法规进展及对我国的启示

林晓 吴彬 王莹莹 齐盛叡 赵一铭*

摘　要： 本报告梳理了欧美国家汽车碳排放法规的发展现状，并提出对我国的启示。欧美国家通过制定严格的汽车碳排放法规，推动了汽车产业的技术创新和绿色发展，重塑了汽车产业的竞争格局。我国需在汽车碳排放日趋加严的背景下，持续强化技术核心竞争力，强化绿色低碳品牌建设，加强全生命周期政策引导。

关键词： 汽车碳排放法规　新能源汽车　节能降碳

行驶阶段碳排放占据汽车产业碳排放的90%以上，是汽车产业降碳的重要领域。欧美国家汽车碳排放法规实施时间长，管理法规丰富。2023～2024年，欧盟、美国对各自的汽车碳排放法规进行了一系列升级，加严了对不同类型车辆的碳排放要求。

一　欧盟汽车碳排放法规发展现状

近年来，全球环境保护和气候变化问题引起各国政府和社会的广泛关

---

* 林晓，博士，正高级工程师，苏州博萃循环科技有限公司，董事长和CEO；吴彬，硕士，工程师，苏州博萃循环科技有限公司，碳咨询部门总监；王莹莹，硕士，工程师，苏州博萃循环科技有限公司，碳咨询部门大中华区负责人；齐盛叡，硕士，工程师，苏州博萃循环科技有限公司，碳咨询部门碳足迹工程师；赵一铭，硕士，工程师，中汽政研新能源汽车研究部。

注。欧盟一直在积极推动更加严格的汽车 CO_2 排放法规落地,以减少温室气体排放,改善空气质量。2023 年,欧盟议会和理事会通过"加严乘用车和轻型厢式货车 CO_2 排放指标修订"[欧盟法规(EU)2019/631]的最终表决程序,正式发布了编号为(EU)2023/851 的法规。这一法规修订了现行的乘用车和轻型厢式货车 CO_2 排放要求。如图 1 所示,根据新法规,2021~2024 年,乘用车和轻型厢式货车的平均 CO_2 排放值分别为 95 g/km 和 147 g/km,并自 2021 年起采用 WLTP 工况。到 2030 年,乘用车和轻型厢式货车的平均 CO_2 排放较 2021 年分别减少 55% 和 50%;到 2035 年,乘用车和轻型厢式货车的平均 CO_2 排放下降 100%,但允许绿电合成燃料(E-fuel)的使用。

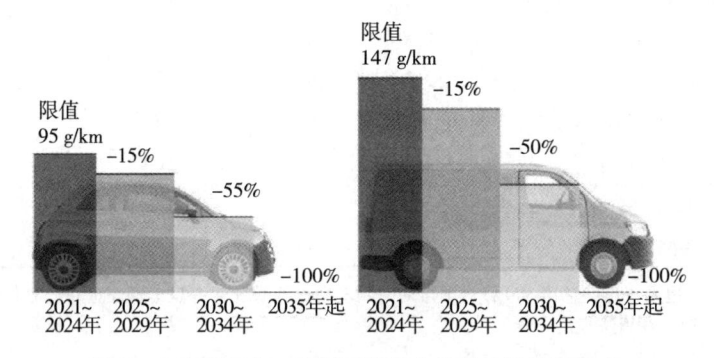

图 1 欧盟乘用车和轻型厢式货车的设计排放量要求

资料来源:欧盟《为何要加严轿车和货车的二氧化碳排放法规》。

在乘用车和轻型厢式货车的 CO_2 排放要求得到严格管控的同时,中重型商用车的温室气体排放要求也逐步加严。2023 年 2 月 14 日,欧盟发布了新的重型车辆 CO_2 排放法规草案[欧盟法规(EU)2019/1242],规定 2030 年、2035 年和 2040 年 CO_2 排放分别减少 45%、65% 和 90%,并要求 2030 年起所有新注册的城市客车实现零排放。2024 年 4 月 12 日,欧盟理事会正式通过了欧Ⅶ机动车排放法规,加严了对 M_2、M_3 和 N_2、N_3 类内燃机车辆(以及内燃机本身)各类污染物的排放控制,限值要求如表 1 所示。其中，欧Ⅶ对以前未受监管的污染物设定排放限值，例如重型车辆排放的 CH_4 和 N_2O。这两种温室气体虽然排放量相对较小，但增温潜势是 CO_2 的多倍。

表1 欧Ⅶ M_2、M_3、N_2、N_3 类内燃机车辆各类污染物排放控制的限值要求

单位：mg

污染物	冷排放（每kWh）	热排放（每kWh）	长度小于3WHTC旅行的排放限制（每次旅行）	可选的怠速排放限制[1]（每小时）
氮氧化物（NO_X）	350	90	150	5000
颗粒物（PM）	12	8	10	
直径10nm以上的颗粒物（PN10）	$5×10^{11}$	$2×10^{11}$	$3×10^{11}$	
一氧化碳（CO）	3500	200	2700	
非甲烷有机气体（NMOG）	200	50	75	
氨气（NH_3）	65	65	70	
甲烷（CH_4）	500	350	500	
一氧化二氮（N_2O）	160	100	140	
甲醛（HCHO）	30	30		

注：1 仅适用于连续怠速300秒后不自动关闭发动机的系统（一旦车辆停止并施加制动）。
资料来源：欧Ⅶ法规。

2024年2月，德国政府发布了新的《乘用车燃油消耗、电力消耗、CO_2 排放和能源成本等方面消费者信息法规》，修订了乘用车能耗标识法规。该法规引入了乘用车 CO_2 排放分级体系，如表2所示，将车辆综合 CO_2 排放值划分为A到G共七级。法规规定了标识必须显示的内容，包括能源消耗、CO_2 排放量、CO_2 排放分级、年度15000公里里程的能源成本、未来10年预估的 CO_2 成本（按照15000公里/年估计）、汽车税（见图2）。对于纯电动和插电式混合动力乘用车，车辆电耗和纯电续驶里程也必须包含在标识中，其中车辆电耗同样包括综合电耗，以及城市工况、郊区工况、乡道和高速公路工况的电耗。

欧美国家碳排放法规进展及对我国的启示

表2　德国乘用车碳排放等级划分

单位：g/km

碳排放等级	碳排放量
A	0
B	1~95
C	96~115
D	116~135
E	136~155
F	156~175
G	176及以上

资料来源：德国《乘用车燃油消耗、电力消耗、CO_2排放和能源成本等方面消费者信息法规》。

新车能源消耗和二氧化碳排放信息

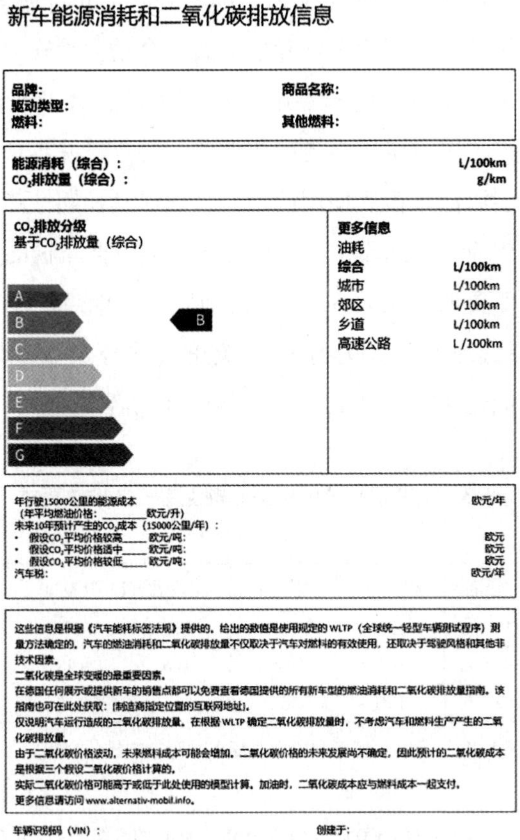

图2　德国乘用车能耗和CO_2排放标识示例

资料来源：德国《乘用车新车燃油消耗、电力消耗、CO_2排放和能源成本等方面消费者信息法规》。

二 美国汽车碳排放法规发展现状

2024年4月,美国环境保护署(EPA)公布了《2027年及以后的轻型和中型车辆多种污染物排放法规》。[①] 这项法规旨在通过降低汽车温室气体和其他有害物质的排放,进一步改善空气质量,保护公众健康,应对气候变化。新法规将逐步在2027~2032年实施,主要包括以下内容。法规采用多污染物控制的方式,设定包括二氧化碳(CO_2)、氮氧化物(NO_x)、颗粒物(PM)等在内的多种有害物质的排放限值。法规对温室气体排放核算方法进行了多项修订,包括对非循环技术(off-cycle technology)和空调系统的计算,以及将零排放汽车(ZEV)和插电式混合动力汽车(PHEV)在合规计算中的上游排放(来自发电和输电)纳入考量。对于纯电动汽车和插电式混合动力汽车,法规设定了电池耐久性的新要求,并延长了保修期,旨在提高消费者对新能源汽车售后使用的信心,确保其长期性能和可靠性。法规规定了2027~2032年轻型车辆以及2b类和3类中型车辆的关键污染物和温室气体排放的限值要求(见表3、表4):到2032年,轻型车辆的温室气体排放较2026年降低约50%,达到85 g/英里(约合53 g/km);中型车辆的温室气体排放降低近44%,达到274 g/英里(约合170 g/km)。

表3 按车型划分的轻型车辆温室气体排放要求

单位:g/英里

车型	2026年(基准)	2027年	2028年	2029年	2030年	2031年	2032年
乘用车	131	139	125	112	99	86	73
轻型货车	184	184	165	146	128	109	90
总车队	168	170	153	136	119	102	85

资料来源:美国《2027年及以后轻型和中型车辆多种污染物排放法规》。

---

① 轻型车辆指总质量不超过8500磅(约合3855千克)的汽车,一般包括乘用车和轻型货车。中型车辆指总质量在8501~14000磅(约合6350千克)的汽车,一般包括中型货车和越野乘用车。

表4 按车型划分的中型车辆温室气体排放要求

单位：g/英里

车型	2026年(基准)	2027年	2028年	2029年	2030年	2031年	2032年
中型货车	423	392	391	355	317	281	245
越野乘用车	522	497	486	437	371	331	290
总车队	488	461	453	408	353	314	274

资料来源：美国《2027年及以后轻型和中型车辆多种污染物排放法规》。

美国环境保护署（EPA）同期也发布了《重型车辆温室气体排放法规》，规定了2027~2032年及以后重型车辆[①]应满足的温室气体排放限值指标和相关要求，对各类重型车辆和内燃机制定了新的温室气体排放要求以及相应的试验规程。表5为按车辆服务场景划分的温室气体排放要求。《重型车辆温室气体排放法规》的实施预计将在2027~2055年实现约10亿吨 CO_2e 减排。为了全面反映车辆的实际环境影响，新法规将ZEV和PHEV的上游排放（来自发电和输电）纳入考量。

表5 按车辆服务场景划分的温室气体排放要求

单位：g/吨英里

时间	服务场景	柴油轻型	柴油中型	柴油重型	汽油轻型	汽油中型
2027年	城市	305	224	269	351	263
	多用途	274	204	230	316	237
	区域	242	190	189	270	219
2028年	城市	286	217	269	332	256
	多用途	257	197	230	299	230
	区域	227	183	189	255	212
2029年	城市	268	209	234	314	248
	多用途	241	190	200	283	223
	区域	212	177	164	240	206

① 重型车辆指总质量超过14000磅（约合6350千克）的汽车，一般包括大型货车、客车、牵引车、挂车、半挂车。

续表

时间	服务场景	柴油轻型	柴油中型	柴油重型	汽油轻型	汽油中型
2030年	城市	250	201	229	296	240
	多用途	224	183	196	266	216
	区域	198	170	161	226	199
2031年	城市	198	178	207	244	217
	多用途	178	162	177	220	195
	区域	157	150	146	185	179
2032年及以后	城市	147	155	188	193	194
	多用途	132	141	161	174	174
	区域	116	131	132	144	160

资料来源：美国环境保护署《重型车辆温室气体排放法规》。

三 对我国的启示

碳排放法规的加严进一步推动了新能源汽车的加速普及。我国企业抓住窗口期，提前大力布局新能源汽车，取得一定的先发优势。为进一步巩固优势，需在汽车碳排放日趋加严的背景下，持续强化技术核心竞争力，强化绿色低碳品牌建设，加强全生命周期政策引导。

强化技术核心竞争力。随着全球对低碳环保的重视，新能源汽车市场快速增长，电池、电机等核心技术的进步，本土供应链的完善，为我国汽车品牌在国际市场上赢得了更多的话语权和更强的竞争力。在电池技术方面，我国已经在全球范围内取得显著的进展，拥有一批具有国际竞争力的动力电池制造商，为新能源汽车的发展提供了坚实的基础，也成为我国汽车产品的一大优势。我国电机控制技术的进步，提升了新能源汽车的性能和效率，增强了产品的市场吸引力。我国汽车产业应继续强化电池能量密度、安全性、整车性能等核心技术的研发和供应链的稳定性。

强化绿色低碳品牌建设。在国际市场上，绿色品牌形象已成为企业竞争力的重要组成部分。国外汽车碳排放法规的实施，促使汽车企业更加注重环保和可持续性，这不仅体现在产品技术上，也体现在品牌建设上。企业可通过树立可持续发展理念、开展绿色低碳宣传，彰显社会责任感，更好地满足全球市场对低碳、环保汽车的需求，从而在激烈的国际竞争中脱颖而出。

加强全生命周期政策引导。在汽车碳排放管理方面，我国现行政策主要集中在汽车行驶阶段，然而在新能源汽车大规模普及的趋势下，此类政策的管理效果日渐趋于饱和，未来进一步减排的空间有限。为了实现更深层次的减排，我国需要将政策引导和法规制定扩展到汽车的整个生命周期，包括车辆的设计、制造、使用、回收等各个环节，如在设计阶段推广低碳材料和节能技术，在制造过程中实施绿色生产和能效管理，在车辆使用阶段鼓励新能源高效动力系统的应用，在回收阶段加强报废汽车的环保处理和资源再利用，从而更有效地控制和降低汽车产业的全生命周期碳排放。

B.14
国外绿电绿证政策分析与启示

时璟丽*

摘　要： 推进绿电绿证体系建设是促进绿色能源消费和全社会低碳转型、实现碳达峰碳中和的有效途径。中国已经建立可再生能源绿证制度和绿电交易制度，在交易量快速增加的同时，仍存在交易价格没有充分反映环境价值属性、缺乏认证标识制度等问题，尤其是国内外绿电绿证机制衔接不够，影响了我国绿证的认可度和企业消费绿电的积极性。本报告介绍国内外主要绿电绿证制度，包括制度演变、内涵、特点及实施情况，对比分析制度的异同及联系，以问题为导向提出加大可再生能源电力消纳责任权重、市场化手段引导绿证价格反映环境价值、建立绿电消费认证标识制度、推进国内外绿证互认等完善我国绿电绿证制度的建议。

关键词： 可再生能源　绿证　绿电　配额

可再生能源绿色电力证书（以下简称"绿证"）制度是国际惯用的促进可再生能源电力发展的有效政策工具之一，用于体现可再生能源作为绿色电力（以下简称"绿电"）的环境价值并促进绿电消费，一般情况下，其产生过程是：政府或政府授权机构对可再生能源发电企业或项目进行确认或认证，通过后的企业或项目每产出一定量（通常为1MWh）的可再生能源电力，即可获得一份合规的绿证。绿证可以与物理电量捆绑销售，也可单独销售。作为可再生能源发电的计量凭证，绿证可用于完成可再生能源电力配

---

* 时璟丽，硕士，研究员，国家发展和改革委员会能源研究所。

额计量，可作为用电企业和个人消费绿电的证明，也可用于交易和兑换货币，在不同国家和地区具体规则有一定差别。近五年来，受越来越多国家、企业提出碳中和目标以及欧盟确定实施碳边境调节机制等形势影响，国内外用能企业对于绿电和绿证的需求大幅增加，交易日益活跃，关注度日益提升；未来，绿电绿证制度也将在更多领域发挥作用。

一 国外绿电绿证制度

目前，全球约有20个国家实施绿证制度。由于各国能源政策目标等存在差异，各国绿证制度均不相同，但总体上包含绿证核发、交易、认证环节，且各环节相对独立。无论从机制设计看还是从实施效果看，国外绿证的功能和作用主要有三个：一是表明可再生能源电力生产属性，各类绿证均包含发电主体、发电时间、发电类型等关键信息；二是作为可再生能源环境权益转移的载体，方便市场主体通过交易方式完成归属权转移，也实现了对可再生能源电力生产属性的溯源；三是为用户消费绿电提供凭证，绿证作为可再生能源配额制完成与否的核查、清算工具，电力消费者既可以通过购买绿电实现电能量和环境权益的同步转移，也能够通过单独购买绿证方式灵活消费绿电。目前，国际较为成熟的绿证体系包括欧洲的来源担保证制度（Guarantee of Origin，GO）、美国可再生能源证书（Renewable Energy Certificates，RECs）以及一些非官方组织机构绿证（如国际绿证I-REC、全球可再生能源交易工具APX TIGRs等）。

（一）欧洲绿证GO

1. 制度内涵和特点

欧洲绿证于2002年开始实施。为建立统一市场、促进跨国交易，2009年欧盟在其第一份欧盟可再生能源指令2009/28/EC中引进GO，主要是为了向终端电力消费者证明其电力消费来源，即来源担保。一份GO对应一兆瓦时电量，带有唯一的标识号，并包含其发电项目的相关信息。

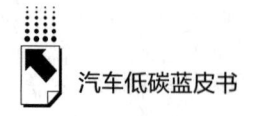

GO制度实际是绿证自愿市场，即签发自愿，发电企业可以自定是否申请签发GO，但供电企业必须向消费者披露电力来源。GO交易是在发电企业和电量买方之间的双边交易机制，交易可跨境，可与电量销售相互独立。由于GO交易所受的限制较电力市场交易少，欧洲GO市场一体化程度高。挪威、瑞典等国同时建立了有配额义务的绿证强制市场，但与GO系统是相互独立的，且明确GO不能用在针对特定电力消费者的配额机制上。此外，已经享受固定电价或溢价补贴政策的电量也被GO机制排除在外，因此GO这一自愿市场与配额强制市场、电价或溢价政策并行，相互独立且范围不交叉。

2. 实施和监管

根据《促进可再生能源使用指令》（2009/28/EC），各欧盟成员国成立国家GO登记处，建立名为"欧洲能源证书系统"（Europen Energy Certificate Ststem，EECS）的联合标准，并共同组建签发机构协会（Association of Issuing Bodies，AIB）负责管理。截至2023年底，AIB有来自28个欧洲国家（欧盟、欧洲经济区和能源共同体成员国）的36个成员。各国国家登记处可追踪每一个GO的发行、转让和撤回。如果电力消费者购买了GO，并作为交付或消费绿电的证明，则在证书登记处就相应取消GO，避免重复计算。GO的有效期为有关能源单位生产后的12个月。

为保证GO交易的透明度及可信度，AIB对于GO的签发、流通、使用建立了严密的监管体系，EECS最重要的原则是避免重复申请证书或使用证书（包括GO和其他类似形式或功能的证书），即不能重复计量和核算。

AIB各成员的GO签发量从2015年的5500亿kWh增长到2020年的8700亿kWh，占欧洲可再生能源发电量的比重从50%增长到70%。德国是GO的最大净进口国（2020年进口约980亿kWhGO）。2020年及之前GO价格普遍低于1欧元/MWh（约7.8元/MWh），其后由于需求增加、水电发电量减少，GO价格有所上涨，截至2023年底，GO价格已经涨到2欧元/MWh（约15.6元/MWh）以上，行业预期未来还将增长。

（二）美国可再生能源证书RECs

1. 制度内涵和特点

美国绿证市场运行已有30多年的时间，通过各州政府的推动和市场主体的积极参与，强制市场与自愿市场交易量不断增加，在推进可再生能源发展、促进绿电消费方面作用不断加强。

美国的强制市场基于电力市场和配额制，电力销售企业在特定时间段内需要采购或达到一定比例的可再生能源电量，很多州将零售电量占比作为配额标准。电力销售企业可自行生产可再生能源电力，或者从其他可再生能源发电企业购买RECs，来满足配额标准要求，不能达到要求和完成履约的责任主体会受到相应惩罚，如缴纳未履约罚金，为此各州均设立了配额制成本上限。

相比强制市场，美国的绿电自愿市场供应渠道、购买方式更加多样且机制灵活，通常均附带有RECs。目前已经形成规模的方式有8种，其中自愿非捆绑RECs购买方式在总绿证市场中占比最大，此外还有自愿购电协议、自建和运行发电项目、公用事业绿色定价[①]、公共事业绿色电费[②]、社区集中采购等方式。

2. 实施和监管

截至2023年底，美国共有29个州、哥伦比亚特区和3个领地实施了可再生能源配额制，覆盖了美国近60%的售电量，其中16个州（特区、领地）的配额目标为50%以上的售电量，17个州（特区、领地）的配额目标为100%的售电量；另有8个州和1个领地提出了非强制的可再生能源目标。各州的配额标准、支持的可再生能源技术、履约期限等具体规定各有不同，并且会定期更新。由于配额指标、可再生能源发电量供应、未履约罚金标准差异较大，各州之间、不同年份之间绿证价格从10美元/MWh到200美元/

[①] 公用事业绿色定价：公共事业公司通过出售自有电源所发电量给终端用户，或者从发电企业代理购买绿电来满足用户对绿电采购的需求。

[②] 公用事业绿色电费：大型公用事业公司代表终端用户（非住宅用户）签订绿电合同，用户根据修正后的绿色电费支付费用。

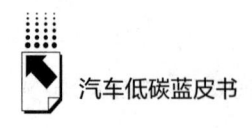

MWh 不等（折合 72~1500 元/MWh），但大多在 30~50 美元/MWh（折合 210~360 元/MWh）。

美国也建立了绿电追踪机制，通过带有发电主体必要信息（技术类别、项目位置和所属企业、装机容量、建成时间、绿证电量时间等）的唯一绿证编号，在强制市场和自愿市场中，实现了记录绿证、避免重复计算和追踪交易的功能。

（三）国际绿证 I-REC

I-REC 是一种可在全球范围内交易的国际通用绿证，核发机构是总部位于荷兰的非营利组织——国际可再生能源标准基金会（I-REC Standard），核发标准是 I-REC Standard 提出的国际电力生产属性追溯标准，I-REC 作为可再生能源溯源证明。任何国家的可再生能源发电项目均可申请核发 I-REC，以证明其可再生能源电力生产属性。I-REC 可以避免各地区间的双重认定、重复计算和重复发证，虽然由民间组织核发，但目前在国际上的认可度较高。截至 2023 年底，I-REC 水电证书价格折合 2~3 元/MWh，风电/光伏发电绿证价格折合 5~7 元/MWh。

（四）全球可再生能源交易工具 APX TIGRs

APX TIGRs 由美国非营利组织 APX 机构创办，该平台核发的绿证分为两种，北美地区绿证称为 NAR，北美之外绿证称为 TIGRs。APX TIGRs 与 I-REC 一样，是一种可在世界范围内（除北美外）进行核发和交易的国际绿证。

二 我国绿电绿证制度

（一）制度演变、内涵和特点

1. 绿证制度

我国绿证认购和交易机制是 2017 年建立的。根据国家发展改革委、财政部、国家能源局发布的《关于试行可再生能源绿色电力证书核发及自愿认购交易制度的通知》（发改能源〔2017〕132号），建立可再生能源绿证自愿认购体系，并于2017年7月1日正式启动绿证认购和交易平台。该阶段绿证制度有几个关键点：一是2017年启动的是自愿认购市场，目的是逐步营造全社会消费可再生能源绿电氛围，并为下一步实施配额制和强制绿证打下基础；二是采用绿证和可再生能源电力补贴互为替代模式，即绿证可对降低补贴资金缺口发挥一定作用；三是适用范围仅为陆上风电和集中式光伏，主要是当时政策的定位是"试行"；四是没有开放二次交易，主要是考虑在绿证制度建立之初降低复杂性和政策操作成本。

进入"十四五"时期，风光等可再生能源进入平价、低价上网阶段，开始有大量无补贴绿证供应，同时绿证需求量也大增。2017年的绿证制度与发展形势和需求出现脱节，加上2021年电力交易中心开始推行绿电交易，国内绿电绿证关系不顺、国内外绿证割裂等问题，给用能企业造成困惑，国际上也质疑我国的绿电机制和绿证制度。2023年8月，国家发展改革委、财政部、国家能源局三部门印发《关于做好可再生能源绿色电力证书全覆盖工作促进可再生能源电力消费的通知》（发改能源〔2023〕1044号），废止了2017年的绿证文件，调整和完善了绿证制度，明确以下几点内容：一是绿证是我国可再生能源电量环境属性的唯一证明，是认定可再生能源电力生产、消费的唯一凭证；二是符合条件的可再生能源电量全部可获发绿证，实现绿证核发全覆盖；三是绿证有效期为24个月；四是所有上网的非水可再生能源电量和部分水电电量对应的绿证均可进行交易，交易仅可一次；五是交易方式包括双边协商、挂牌、集中竞价等，绿证收益归发电企业/项目业主；六是核发机构唯一，由国家能源局电力业务资质管理中心负责核发；七是交易机构不唯一，目前中国绿色电力证书交易平台、北京电力交易中心、广州电力交易中心、内蒙古电力交易中心均可进行绿证和绿电交易，后续还可拓展至国家认可的其他平台。绿证制度提升了绿证权威性、唯一性、通用性，为推进全社会绿电消费提供平台和更好的服务。

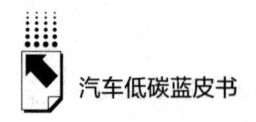

2. 绿电交易制度

绿电通常是指电力生产过程中不直接产生污染物或二氧化碳排放的电力，主要包括风电、光伏发电、光热发电、水电、生物质发电、地热能发电等可再生能源发电。我国绿电相对明确的定义由2021年8月底批复的《关于绿色电力交易试点工作方案的复函》（发改体改〔2021〕1260号）提出：绿色电力产品初期主要为风电企业和光伏发电企业上网电量，条件成熟时可逐步扩大至符合条件的水电。绿电交易于2021年9月正式启动，在北京电力交易中心、广州电力交易中心的几次改版的绿电交易实施细则中，均对绿电进行了相对更为完整的定义，虽然初期均只面向风电和光伏发电，但都使用了"可再生能源"的描述，将绿电覆盖至可再生能源发电。交易平台方面，我国的绿电交易被设置为中长期电力交易市场中一个专门的独立板块（见图1）。

图1 我国绿电和绿证制度演变

资料来源：公开材料整理。

3. 绿电绿证之间关系

绿电和绿证关联紧密，从国内外实践看，绿电相对更强调电力物理属性和产品量的概念，在生产端是明确的，但由于可再生能源电力一旦上网后实际无法区分，即绿电在用电侧，除非专线直供，否则跟绿证一样无法直接对应物理属性，但通过绿证，可以很好地认定和计量绿电的生产、交易和消费。

自 2021 年 9 月启动以来，我国的绿电交易一直为证（绿证）电（绿电）合一的交易。2023 年 7 月前，由于绿证制度没有及时更新，北京电力交易中心、广州电力交易中心几乎没有组织单独的绿证交易，加上用能企业存在绿电在用电侧也有物理属性的认知误区，出现部分企业只认绿电交易、不认绿证交易的情况。在绿证新政策出台后，证电既可合并交易，也可分开交易，在证电合一的绿电购电合同中，根据政策规定也必须分别列明绿电的电能量价格和绿证价格。因此，我国绿电绿证在制度政策层面已基本统一，相关政策多次明确绿证是可再生能源电量环境属性的唯一证明，并指出绿电交易需在交易合同中明确绿证价格。

（二）制度实施及效果

我国绿证制度实施初期（2017 年 7 月至 2021 年 6 月），绿证交易主要目标是替代电价补贴，绿证需求量和交易量均十分有限。在大量平价绿证上线之前，绿证替代电价补贴的定位，造成绿证价格高昂（如风电一般在 0.15~0.3 元/kWh，光伏发电一般在 0.2~0.8 元/kWh），绿证认购量很少。截至 2021 年 6 月底，绿证认购交易量仅为 7.58 万张，基本为替代补贴绿证。

"双碳"政策目标提出后，国内绿电绿证需求迅速增大。从 2021 年下半年开始，绿证的认购和交易量迅速增加，主要是供需两侧均发力。2021 年 9 月我国启动绿电交易，绿证既可以通过绿电交易进行电证一体交易，也可以继续按照原有绿证规则进行单独认购交易，交易方式的多样和便捷也助力绿证的认购增加，因此无论是电证一体交易量还是单独绿证交易量均大幅度增加。2023 年 7 月，发改能源〔2023〕1044 号文件发布后绿证交易量持续保持指数增长态势。截至 2024 年 6 月底，全国绿证累计交易量达到 26804 万张（见图 2），对应 2680.4 亿 kWh 的可再生能源电力，其中 2024 年前 5 个月交易量为 16147 万张，占累计交易量的 60%。

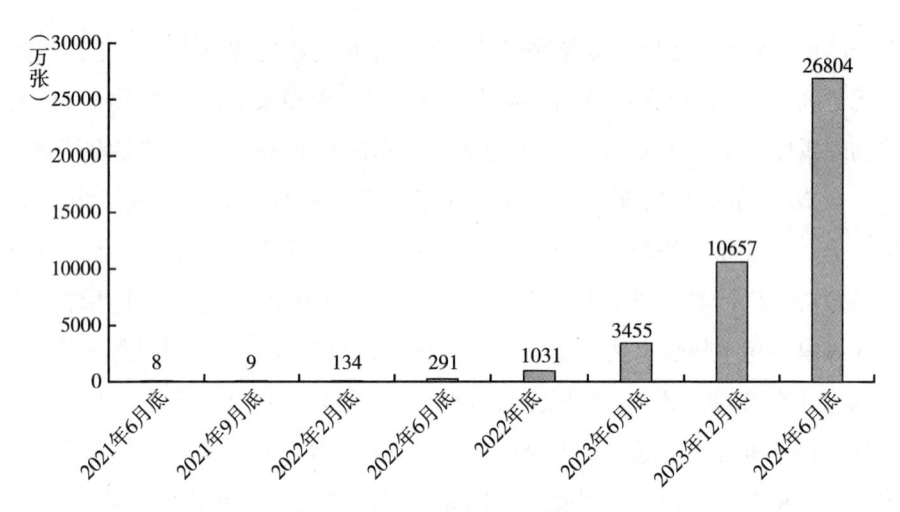

图 2　2021 年 6 月底至 2024 年 6 月底绿证累计交易量

资料来源：中国绿色电力证书交易平台。

绿电交易方面，2023 年当年绿电交易量 534 亿 kWh，2024 年一季度绿电交易量 230 亿 kWh①，同期绿证交易量折合 286 亿 kWh。绿电交易是绿证交易的重要组成部分，我国绿电交易机制和绿证制度已形成了制度合力，有效促进了可再生能源的发展。

三　国内外绿电绿证制度比较分析及启示

（一）共同点

国外主要国家和地区的绿证制度与我国有几个重要的共同之处，体现在绿证制度的原则和核心思路上。一是绿证的核心是低碳绿色，代表可再生能源电力低碳、清洁的环境属性，绿证作为可再生能源电量的"身份证"，可与多种机制相衔接；二是统一核发，如前所述，虽然国际上有不同类别绿证，但每一类绿证的核发机构是唯一的（GO 实质签发机构是 AIB，其授权

---

① 数据来源：中国电力企业联合会。

各成员签发），我国也明确了国家能源局电力业务资质管理中心为唯一核发机构，核发唯一是可溯源的基础；三是追求核发、交易、认证、注销等全链条的可溯源，强调环境属性的唯一性，与其他机制间需避免环境属性的双重计量或重复计算。国内外绿证制度原则和思路上的共性为绿证绿电互认打下基础，但由于具体规定和操作上的不同，互认还需要做大量工作，如国际上质疑我国国家核证自愿减排量（CCER）和绿证的边界、有电价补贴项目绿证潜在的环境权益重复计算、不同国家和地区自愿和强制市场导致价格差异等问题都需要解决。

（二）异同点及启示

1. 绿电绿证交易与可再生能源电力消费强制市场

美国实施绿证制度的州，大部分是为可再生能源配额制服务的，即绿证用于强制市场电量的计量和交易，这就保障了对绿证强有力的、持续性的需求，也使绿证价格相对较高，更好地反映绿电的环境价值。

我国已经明确绿证用于可再生能源消纳保障机制中的责任权重计量。国家能源局在2023年7月的文件解读中也明确督促各地，将可再生能源电力消纳责任权重分解落实到用能单位，推动以绿证核算用户使用可再生能源电力消费量，逐步建立"权重+绿证"约束机制。从消纳责任权重实施情况看，2024年之前各省份未将权重分解给用能企业，没有建立"强制"市场，因此虽然绿证绿电交易量攀升，但需求仍仅限于自愿意愿企业。2024年国家能源局在《2024年能源工作指导意见》（国能发规划〔2024〕22号）中提出"印发2024年可再生能源电力消纳责任权重并落实到重点行业企业"，2024年7月国家发展改革委正式公布了可再生能源电力消纳责任权重，首次制定并公布各省（自治区、直辖市）2024年、2025年电解铝行业绿色电力消费比例要求。此外，我国在《关于加强绿色电力证书与节能降碳政策衔接大力促进非化石能源消费的通知》（发改环资〔2024〕113号）中提出"实施非化石能源不纳入能源消耗总量和强度调控"，将绿证交易对应电量纳入"十四五"省级人民政府节能目标责任评价考核指标核算。这两个绿

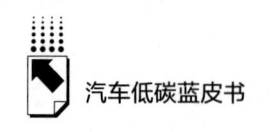

证相关的衔接机制需要切实落实，才能营造强制市场，从而起到推动绿电绿证交易市场的关键性作用。

2. 绿电绿证交易与可再生能源电力消费自愿市场

APX TIGRs 与 I-REC 为非官方组织机构核发证书，是典型的自愿市场，其用途主要取决于其他机制、国际机构和企业的认可度。如 I-REC 被国际 100%绿电消费倡议（RE100）、温室气体协议（GHG Protocol）等认可为可信且可审计的跟踪工具，不少世界知名大型跨国企业购买 I-REC 用于抵消自身非绿电消费排放，因此 I-REC 是近期国际上认可度最高的自愿市场绿证。

目前，GO、APX TIGRs 与 I-REC 均被 RE100 直接认可，但我国绿证被 RE100 有条件认可。RE100 技术评估报告要求使用中国绿证时，必须提交强有力的可再生能源使用证明，证明环境属性没有被出售、转让或在其他地方被声明使用，其后也不会被重复使用。中国绿证需符合以下六项附加要求才能获得认可，即绿证标明的发电信息可追溯、绿证是绿电环境属性唯一的凭证、绿证所代表的环境属性不被重复计算、绿证拥有环境属性不被重复计算的声明、绿证购买方只能购买本国发电项目产生的绿证、绿证有效期为 21 个月。当前，中国绿证主要存在环境属性重复计算的可能性，如 CCER 和绿证之间的机制衔接尚不够明确，导致难以满足 RE100 认可要求。

从未来发展看，我国可能形成最大的绿电绿证交易市场，有条件在绿电绿证交易制度国内外互认和对接上形成一定的话语权，但前提是构建起我国绿电绿证制度的完整链条，实现逻辑闭环。为此，提出两条建议：一是应完善绿证核发追踪系统，追踪和监督绿证的签发、交易和注销，规范绿证的使用年限，并将注销作为绿证确权的一个重要步骤；二是解决环境价值重复计量的风险，明确海上风电、光热发电申请国家核证自愿减排量（CCER）与核发绿证的边界，建立数据及时共享和公开机制。

3. 绿电绿证价格机制

绿证是环境价值的体现，但其价格则通过交易方式由市场形成，目前我国水风光等主要可再生能源已经实现相对于煤电的低价上网，绿证没有实际成本，价格是在一定的政策边界下由供需主导的。近一年来，我国平价低价无补贴绿电绿证供应量大幅度增加，绿证价格呈现走低态势，如2024年5月挂牌交易的绿证平均价格折合0.9分/kWh，远远偏离其应体现的外部环境价值。

国际上绿证的价格实际也是由供需决定的，总体来看自愿市场的价格也处于很低水平，2023年之前GO价格低于我国绿证价格，近期我国绿证价格持续走低，GO价格走高，两者价格的差距逐渐缩小，而I-REC价格仍低于我国绿证价格水平。强制市场中设定了未完成可再生能源配额的罚金，而罚金实际上是绿证价格上限，可以很好地起到引导价格的作用。因此，建议统筹考虑绿证环境属性和用能企业承受能力，划定政策边界，如落实重点企业消纳责任权重、明确绿证的定价机制、推进跨省份绿证交易等，以市场化手段适度引导绿证价格回归。

4. 绿电消费认证和标识体系

绿电绿证制度链条需要延伸才能更好发挥作用。绿电绿证交易的根本目的是通过促进终端绿色能源消费，来实现绿电消纳，并带动供应侧发展可再生能源。只有绿电绿证的链条完整了，才能起到激发用能用户消费绿电的作用，即要解决用能企业"我买了绿电绿证能有什么用途"的疑惑。美国、德国等目前已经通过建立绿电消费认证体系，体现企业购买绿证后对于环境的贡献，如美国环境保护署推出"绿色电力伙伴"活动等。

目前，我国在前端的绿证核发、绿电交易方面的政策实施取得了较好效果，但后端尚未建立绿电消费认证和标识制度，难以有效提升全社会消费绿电的意识。为此，提出两条建议：一是尽快授权我国绿电消费认证机构，如借鉴国外由官方非营利组织授权第三方开展认证的经验，由国家市场监督管理总局明确可开展绿电消费认证机构，制定第三方认证机构的准入条件及认证职责范围，并据此建立动态调整机构名单的机制；二是建立基于绿证的绿电消费认证标准，开展消费水平认证和评级；三是在认证和评级基础上，逐步开展消费绿电的绿色产品（企业）认证和标识。

附录一
2022年以来中国汽车相关低碳政策出台情况

表1 2022年以来国家相关低碳政策出台情况

分类	编号	政策名称	文号	发布部门	发文时间
顶层设计	1	《关于完整准确全面贯彻新发展理念做好碳达峰碳中和工作的意见》	—	党中央、国务院	2021年10月
顶层设计	2	《关于印发2030年前碳达峰行动方案的通知》	国发〔2021〕23号	国务院	2021年10月
重点领域	1	《关于印发工业领域碳达峰实施方案的通知》	工信部联节〔2022〕88号	工业和信息化部、国家发展改革委、生态环境部	2022年7月
重点领域	2	《城乡建设领域碳达峰实施方案》	建标〔2022〕53号	住房和城乡建设部、国家发展改革委	2022年6月
重点领域	3	《贯彻落实〈中共中央 国务院关于完整准确全面贯彻新发展理念做好碳达峰碳中和工作的意见〉的实施意见》	交规划发〔2022〕56号	交通运输部等4部门	2022年6月
重点领域	4	《农业农村减排固碳实施方案》	农科教发〔2022〕2号	农业农村部、国家发展改革委	2022年5月
重点领域	5	《关于完善能源绿色低碳转型体制机制和政策措施的意见》	发改能源〔2022〕206号	国家发展改革委、国家能源局	2022年1月

附录一　2022年以来中国汽车相关低碳政策出台情况

续表

分类	编号	政策名称	文号	发布部门	发文时间
重点行业	1	《关于促进炼油行业绿色创新高质量发展的指导意见》	发改能源〔2023〕1364号	国家发展改革委等4部门	2023年10月
	2	《关于印发有色金属行业碳达峰实施方案的通知》	工信部联原〔2022〕153号	工业和信息化部、国家发展改革委、生态环境部	2022年11月
	3	《关于印发建材行业碳达峰实施方案的通知》	工信部联原〔2022〕149号	工业和信息化部、国家发展改革委、住建部	2022年11月
	4	《关于促进钢铁工业高质量发展的指导意见》	工信部联原〔2022〕6号	工业和信息化部、国家发展改革委、生态环境部	2022年1月
支撑保障方案	1	《关于统筹运用质量认证服务碳达峰碳中和工作的实施意见》	—	市场监督总局	2023年10月
	2	《碳达峰碳中和标准体系建设指南》	国标委联〔2023〕19号	国家标准化管理委员会等11部门	2023年4月
	3	《关于完整准确全面贯彻新发展理念 为积极稳妥推进碳达峰碳中和提供司法服务的意见》	法发〔2023〕5号	最高人民法院	2023年2月
	4	《绿色低碳发展国民教育体系建设实施方案》	教发〔2022〕2号	教育部	2022年10月
	5	《建立健全碳达峰碳中和标准计量体系实施方案》	国市监计量发〔2022〕92号	市场监管总局等9部门	2022年10月
	6	《科技支撑碳达峰碳中和实施方案（2022—2030年）》	国科发社〔2022〕157号	科技部等9部门	2022年8月
	7	《减污降碳协同增效实施方案》	环综合〔2022〕42号	生态环境部等7部门	2022年6月
	8	《财政支持做好碳达峰碳中和工作的意见》	财资环〔2022〕53号	财政部	2022年5月
	9	《关于加快建立统一规范的碳排放统计核算体系实施方案》	发改环资〔2022〕622号	国家发展改革委、国家统计局、生态环境部	2022年4月
	10	《加强碳达峰碳中和高等教育人才培养体系建设工作方案》	教高函〔2022〕3号	教育部	2022年4月
	11	《促进绿色消费实施方案》	发改就业〔2022〕107号	国家发改委等7部门	2022年1月

续表

分类	编号	政策名称	文号	发布部门	发文时间
综合举措	1	《关于加快经济社会发展全面绿色转型的意见》	—	党中央、国务院	2024年7月
综合举措	2	《加快构建碳排放双控制度体系工作方案》	国办发〔2024〕39号	国务院	2024年7月
综合举措	3	《2024—2025年节能降碳行动方案》	国发〔2024〕12号	国务院	2024年5月
综合举措	4	《关于印发"十四五"节能减排综合工作方案的通知》	国发〔2021〕33号	国务院	2022年1月
试点示范	1	《国家碳达峰试点建设方案》	发改环资〔2023〕1409号	国家发展改革委	2023年10月
试点示范	2	《关于印发首批碳达峰试点名单的通知》	发改办环资〔2023〕942号	国家发展改革委	2023年11月
能源	1	《加快构建新型电力系统行动方案（2024—2027年）》	发改能源〔2024〕1128号	国家发展改革委、国家能源局、国家数据局	2024年7月
能源	2	《关于加强绿色电力证书与节能降碳政策衔接大力促进非化石能源消费的通知》	发改环资〔2024〕113号	国家发展改革委、国家统计局、国家能源局	2024年1月
能源	3	《关于组织开展生物柴油推广应用试点示范的通知》	国能发科技〔2023〕80号	国家能源局	2023年11月
能源	4	《关于组织开展可再生能源发展试点示范的通知》	国能发新能〔2023〕66号	国家能源局	2023年9月
能源	5	《关于做好可再生能源绿色电力证书全覆盖工作 促进可再生能源电力消费的通知》	发改能源〔2023〕1044号	国家发展改革委、财政部、国家能源局	2023年8月
能源	6	《2023年能源工作指导意见》	国能发规划〔2023〕30号	国家能源局	2023年4月
能源	7	《能源碳达峰碳中和标准化提升行动计划》	—	国家能源局	2022年9月
能源	8	《关于进一步做好新增可再生能源不纳入能源消费总量控制有关工作的通知》	发改运行〔2022〕1258号	国家发展改革委、国家统计局、国家能源局	2022年8月
能源	9	《关于进一步提升煤电能效和灵活性标准的通知》	国能综通科技〔2022〕81号	国家发展改革委、国家能源局、市场监管总局	2022年8月

附录一　2022年以来中国汽车相关低碳政策出台情况

续表

分类	编号	政策名称	文号	发布部门	发文时间
能源	10	《"十四五"可再生能源发展规划》	发改能源〔2021〕1445号	国家发展改革委等9部门	2022年6月
能源	11	《关于"十四五"推动石化化工行业高质量发展的指导意见》	工信部联原〔2022〕34号	工业和信息化部等6部门	2022年3月
能源	12	《氢能产业发展中长期规划（2021—2035年）》	—	国家发展改革委、国家能源局	2022年3月
能源	13	《"十四五"新型储能发展实施方案》	发改能源〔2022〕209号	国家发展改革委、国家能源局	2022年1月
产品碳足迹	1	《关于建立碳足迹管理体系的实施方案》	环气候〔2024〕30号	生态环境部等15部门	2024年6月
产品碳足迹	2	《关于发布2021年电力二氧化碳排放因子的公告》	公告2024年第12号	生态环境部、国家统计局	2024年4月
产品碳足迹	3	《关于加快建立产品碳足迹管理体系的意见》	发改环资〔2023〕1529号	国家发展改革委等5部门	2023年11月
绿色产业	1	《钢铁行业节能降碳专项行动计划》	发改环资〔2024〕730号	国家发展改革委等5部门	2024年5月
绿色产业	2	《炼油行业节能降碳专项行动计划》	发改环资〔2024〕731号	国家发展改革委等5部门	2024年5月
绿色产业	3	《合成氨行业节能降碳专项行动计划》	发改环资〔2024〕732号	国家发展改革委等5部门	2024年5月
绿色产业	4	《水泥行业节能降碳专项行动计划》	发改环资〔2024〕733号	国家发展改革委等5部门	2024年5月
绿色产业	5	《加快推动建筑领域节能降碳工作方案》	国办函〔2024〕20号	国家发展改革委、住房城乡建设部	2024年3月
绿色产业	6	《关于印发绿色低碳转型产业指导目录（2024年版）的通知》	发改环资〔2024〕165号	国家发展改革委等10部门	2024年2月
绿色产业	7	《关于印发〈关于推进实施水泥行业超低排放的意见〉〈关于推进实施焦化行业超低排放的意见〉的通知》	环大气〔2024〕5号	生态环境部等5部门	2024年1月
绿色产业	8	《"十四五"建筑节能与绿色建筑发展规划》	建标〔2022〕24号	住房城乡建设部	2022年3月

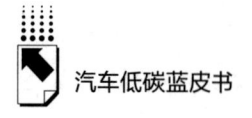

续表

分类	编号	政策名称	文号	发布部门	发文时间
绿色制造	1	《关于公布工业产品绿色设计示范企业名单（第四批）的通知》	工信厅节函〔2022〕310号	工业和信息化部	2022年11月
绿色制造	2	《关于组织推荐第四批工业产品绿色设计示范企业的通知》	工信厅节函〔2022〕80号	工业和信息化部	2022年4月
绿色制造	3	《关于公布2021年度绿色制造名单的通知》	工信厅节函〔2022〕7号	工业和信息化部	2022年1月
绿色技术	1	《国家重点低碳技术征集推广实施方案》	环办气候〔2024〕2号	生态环境部等6部门	2024年2月
绿色技术	2	《绿色低碳先进技术示范工程实施方案》	发改环资〔2023〕1093号	国家发展改革委等10部门	2023年8月
绿色技术	3	《关于进一步完善市场导向的绿色技术创新体系实施方案（2023—2025年）》	发改环资〔2022〕1885号	国家发展改革委科技部	2022年12月
绿色金融	1	《关于进一步强化金融支持绿色低碳发展的指导意见》	—	中国人民银行等7部门	2024年3月
绿色金融	2	《关于支持中央企业发行绿色债券的通知》	证监发〔2023〕80号	中国证监会、国务院国资委	2023年12月
绿色金融	3	《关于推进普惠金融高质量发展的实施意见》	国发〔2023〕15号	国务院	2023年9月
循环经济	1	《推动大规模设备更新和消费品以旧换新行动方案》	国发〔2024〕7号	国务院	2024年3月
循环经济	2	《关于加快构建废弃物循环利用体系的意见》	国办发〔2024〕7号	国务院	2024年2月
循环经济	3	《关于统筹节能降碳和回收利用加快重点领域产品设备更新改造的指导意见》	发改环资〔2023〕178号	国家发展改革委等9部门	2023年2月
中央预算		《节能降碳中央预算内投资专项管理办法》	发改环资规〔2024〕338号	国家发展改革委	2024年3月
非二氧化碳温室气体减排	1	《甲烷排放控制行动方案》	环气候〔2023〕67号	生态环境部等12部门	2023年11月
非二氧化碳温室气体减排	2	《2024年度氢氟碳化物配额总量设定与分配方案》	环办大气〔2023〕16号	生态环境部	2023年11月

附录一 2022年以来中国汽车相关低碳政策出台情况

续表

分类	编号	政策名称	文号	发布部门	发文时间
碳交易	1	《关于公开征求〈企业温室气体排放核算与报告指南 铝冶炼行业〉〈企业温室气体排放核查技术指南 铝冶炼行业〉意见的通知》	环办便函〔2024〕86号	生态环境部	2024年3月
	2	碳排放权交易管理暂行条例	国令第775号	国务院	2024年1月
	3	《关于发布〈温室气体自愿减排项目审定与减排量核查实施规则〉的公告》	2023年第55号	市场监管总局	2023年12月
	4	《关于印发〈温室气体自愿减排项目方法学 造林碳汇（CCER-14-001-V01）〉等4项方法学的通知》	环办气候函〔2023〕343号	生态环境部	2023年10月
	5	《关于〈全国温室气体自愿减排交易市场有关工作事项安排〉的通告》	—	生态环境部	2023年10月
	6	温室气体自愿减排交易管理办法（试行）	生态环境部令第31号	生态环境部	2023年10月
	7	《关于〈做好2023—2025年部分重点行业企业温室气体排放报告与核查工作〉的通知》	环办气候函〔2023〕332号	生态环境部	2023年10月
	8	《关于〈全国碳排放权交易市场2021、2022年度碳排放配额清缴相关工作〉的通知》	环办气候函〔2023〕237号	生态环境部	2023年7月
	9	《关于〈做好2021、2022年度全国碳排放权交易配额分配相关工作〉的通知》	国环规气候〔2023〕1号	生态环境部	2023年3月
	10	关于做好2023—2025年发电行业企业温室气体排放报告管理有关工作的通知	环办气候函〔2023〕43号	生态环境部	2023年2月
汽车	1	《关于加强新能源汽车与电网融合互动的实施意见》	发改能源〔2023〕1721号	国家发展改革委等4部门	2023年12月
	2	《汽车产业绿色低碳发展路线图1.0》	—	中国汽车工程学会、中国汽车技术研究中心有限公司	2023年12月

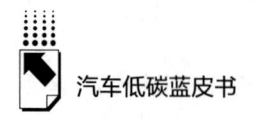

表2 2022年以来地方相关低碳政策出台情况

地区	政策类型	发布日期	低碳相关政策
北京市	行动方案	2023年10月	《北京市建立健全碳达峰碳中和标准计量体系实施方案》
		2023年10月	《北京市碳达峰碳中和科技创新行动方案》
		2022年12月	《市管企业碳达峰行动方案》
		2022年10月	《北京市碳达峰实施方案》
		2022年6月	《北京市"十四五"时期制造业绿色低碳发展行动方案》
	能源电力	2022年12月	《北京市2023年电力市场化交易方案》
		2022年12月	《北京市2023年绿色电力交易方案》
		2022年7月	《北京市"十四五"时期电力发展规划》
	财政补贴	2022年3月	《北京市新能源轻型货车运营激励资金管理办法》
	试点建设	2022年6月	《北京市"十四五"时期低碳试点工作方案》
	基础设施	2022年8月	《"十四五"时期北京市新能源汽车充换电设施发展规划》
		2022年8月	《2022年度北京市电动汽车充换电设施建设运营奖补实施细则》
		2022年5月	《北京市城市更新专项规划(北京市"十四五"时期城市更新规划)》
		2022年2月	《关于做好住宅区电动车充电桩安装及后期秩序维护工作的意见》
	绿色消费	2022年6月	《北京市关于鼓励汽车更新换代消费的方案》
	碳市场	2023年4月	《关于做好2023年本市碳排放单位管理和碳排放权交易试点工作的通知》
		2022年9月	《北京市碳排放权交易管理办法(修订)》
上海市	行动方案	2023年12月	《上海市发展方式绿色转型促进条例》
		2023年12月	《上海市财政支持做好碳达峰碳中和工作的实施意见》
		2023年7月	《上海市清洁空气行动计划(2023—2025年)》
		2023年6月	《上海化学工业区碳达峰实施方案》
		2023年4月	《上海市工业通信业节能减排和合同能源管理专项扶持办法》
		2023年2月	《上海市交通领域碳达峰实施方案》
		2022年12月	《上海市工业领域碳达峰实施方案》
		2022年11月	《上海市新型基础设施领域碳达峰实施方案》
		2022年10月	《上海市科技支撑碳达峰碳中和实施方案》
		2022年7月	《上海市碳达峰实施方案》
		2022年7月	《关于完整准确全面贯彻新发展理念做好碳达峰碳中和的实施意见》
		2022年1月	《上海市公共机构绿色低碳循环发展行动方案》
	能源电力	2022年8月	《上海市能源电力领域碳达峰实施方案》
		2022年5月	《上海市能源发展"十四五"规划》

附录一　2022年以来中国汽车相关低碳政策出台情况

续表

地区	政策类型	发布日期	低碳相关政策
上海市	基础设施	2022年9月	《上海市鼓励电动汽车充换电设施发展扶持办法》
		2022年2月	《关于本市进一步推动充换电基础设施建设的实施意见》
	碳市场	2022年12月	《上海市碳普惠体系建设工作方案》
天津市	行动方案	2023年12月	《天津市碳达峰试点建设方案》
		2023年8月	《天津市城乡建设领域碳达峰实施方案》
		2023年1月	《天津市减污降碳协同增效实施方案》
		2022年12月	《天津市工业领域碳达峰实施方案》
		2022年12月	《天津市财政支持做好碳达峰碳中和工作的实施意见》
		2022年12月	《天津市减污降碳协同增效实施方案》
		2022年12月	《天津市工业领域碳达峰实施方案》
		2022年8月	《天津市碳达峰实施方案》
		2022年5月	《天津市"十四五"节能减排工作实施方案》
		2022年3月	《天津市加快建立健全绿色低碳循环发展经济体系实施方案》
	能源电力	2022年11月	《关于做好天津市2023年电力市场化交易工作的通知》
	基础设施	2023年2月	《2023年民心工程居民小区公共充电桩建设实施方案》
		2022年11月	《天津市电动汽车充电桩强制检定实施方案》
		2022年6月	《2022年新能源汽车充电基础设施工作要点》
重庆市	行动方案	2023年1月	《重庆市工业领域碳达峰实施方案》
		2023年1月	《重庆市城乡建设领域碳达峰实施方案》
		2022年10月	《重庆市工业领域碳达峰实施方案》
		2022年9月	《重庆市"十四五"节能减排综合工作实施方案》
		2022年7月	《关于完整准确全面贯彻新发展理念做好碳达峰碳中和工作的实施意见》
		2022年2月	《成渝地区双城经济圈碳达峰碳中和联合行动方案》
	财政补贴	2022年4月	《关于重庆市2022年度新能源汽车与充换电基础设施财政补贴政策的通知》
	绿色消费	2022年10月	《重庆市促进绿色消费实施方案》
	基础设施	2023年6月	《关于印发重庆市2023年度充换电基础设施财政补贴政策的通知》
		2022年9月	《重庆市推进智能网联新能源汽车基础设施建设及服务行动计划(2022—2025年)》
		2022年5月	《关于申报2016—2019年度新能源汽车推广应用市级财政补助资金及2021—2022年度充换电基础设施建设补贴相关事宜的通知》
	碳市场	2023年2月	《重庆市碳排放权交易管理办法(试行)》
		2022年8月	《重庆市碳排放配额管理细则(征求意见稿)》

续表

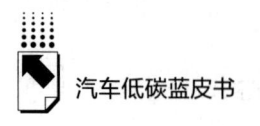

地区	政策类型	发布日期	低碳相关政策
河北省	行动方案	2023年3月	《河北省工业领域碳达峰实施方案》
		2023年3月	《河北省科技支撑碳达峰碳中和实施方案(2023—2030年)》
		2022年6月	《河北省碳达峰实施方案》
		2022年1月	《关于完整准确全面贯彻新发展理念认真做好碳达峰碳中和工作的实施意见》
		2023年5月	《石家庄市2023年生态文明建设工作要点》
	能源电力	2022年12月	《河北省发展和改革委员会关于电动汽车充换电价格政策有关事项的通知》
	基础设施	2022年4月	《关于加快提升充电基础设施服务保障能力的实施意见》
山西省	行动方案	2023年3月	《山西省制造业绿色低碳发展2023年行动计划》
		2023年1月	《山西省碳达峰实施方案》
		2023年1月	《山西省大型活动碳中和实施方案》
	能源电力	2022年9月	《关于完善能源绿色低碳转型体制机制和政策措施的实施意见》
	基础设施	2023年5月	《山西省电动汽车充(换)电基础设施建设运营管理办法》
辽宁省	行动方案	2022年9月	《辽宁省碳达峰实施方案》
	能源电力	2023年1月	《2023年辽宁省电力市场化交易方案》
		2022年9月	《辽宁省加快推进清洁能源强省建设实施方案》
		2022年7月	《辽宁省"十四五"能源发展规划》
	财政补贴	2022年3月	《关于开展2021年度新能源汽车产业发展财政补助资金申报工作的通知》
吉林省	行动方案	2023年7月	《吉林省财政厅关于支持绿色低碳发展推动碳达峰碳中和的实施意见》
		2022年7月	《吉林省碳达峰实施方案》
	能源电力	2022年11月	《吉林省新能源产业高质量发展战略规划(2022—2030年)》
	基础设施	2022年12月	《吉林省电动汽车充换电基础设施建设省级财政补贴资金管理暂行办法(修订版)》

附录一　2022年以来中国汽车相关低碳政策出台情况

续表

地区	政策类型	发布日期	低碳相关政策
黑龙江省	行动方案	2023年4月	《黑龙江省建立健全碳达峰碳中和标准计量体系实施方案》
		2022年11月	《黑龙江省工业领域碳达峰实施方案》
		2022年10月	《黑龙江省城乡建设领域碳达峰实施方案》
		2022年9月	《黑龙江省碳达峰实施方案》
		2022年3月	《黑龙江省"十四五"节能减排综合工作实施方案》
		2022年2月	《黑龙江省城乡建设领域碳达峰实施方案》
	基础设施	2022年7月	《关于加快提升哈市电动汽车充电基础设施服务保障能力的实施方案》
江苏省	行动方案	2022年10月	《江苏省碳达峰实施方案》
		2022年3月	《省政府关于加快建立健全绿色低碳循环发展经济体系的实施意见》
		2023年5月	《常州市节能减排三年行动计划(2023—2025年)》
	基础设施	2022年10月	《关于进一步促进电动汽车充(换)电基础设施健康发展的实施意见》
		2022年3月	《江苏省新能源汽车充(换)电设施建设运营管理办法》
		2022年6月	《南京市加氢站建设运营管理暂行规定》
		2022年5月	《苏州市"十四五"电动汽车公共充换电设施规划》
		2022年3月	《苏州市居民住宅小区电动汽车自用充电基础设施建设管理指导意见(试行)》
		2022年3月	《无锡市"十四五"新能源汽车充换电设施规划》
	绿色消费	2022年5月	《江苏省促进绿色消费实施方案》
浙江省	行动方案	2023年3月	《浙江省工业领域碳达峰实施方案》
		2023年1月	《浙江省加快新能源汽车产业发展行动方案》
		2022年12月	《浙江省减污降碳协同创新区建设》
		2022年6月	《浙江省财政厅关于支持碳达峰碳中和工作的实施意见》
		2022年2月	《关于完整准确全面贯彻新发展理念做好碳达峰碳中和工作的实施意见》
	财政补贴	2022年7月	《台州市财税支持碳达峰碳中和工作实施意见》
		2022年5月	《关于2018—2021年度浙江省新能源汽车推广应用补助资金清算申报材料的公示》

195

续表

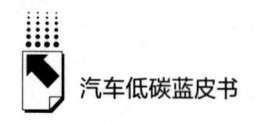

地区	政策类型	发布日期	低碳相关政策
安徽省	行动方案	2022年12月	《安徽省碳达峰实施方案》
		2022年12月	《安徽省工业领域碳达峰实施方案》
		2022年12月	《安徽省城乡建设领域碳达峰实施方案》
		2022年10月	《安徽省科技支撑碳达峰碳中和实施方案(2022—2030年)》
	财政补贴	2022年4月	《合肥市2021年度电动汽车充电设施运营奖补资金申报操作规程》
福建省	行动方案	2023年7月	《福建省工业领域碳达峰实施方案》
		2023年5月	《福建省发展和改革委员会关于福建省完善能源绿色低碳转型体制机制和政策措施的意见》
		2023年3月	《福建省城乡建设领域碳达峰实施方案》
		2022年8月	《关于完整准确全面贯彻新发展理念做好碳达峰碳中和工作的实施意见》
		2022年8月	《福建省推进绿色经济发展行动计划(2022—2025年)》
江西省	行动方案	2022年10月	《江西省城乡建设领域碳达峰实施方案》
		2022年9月	《江西省科技支撑碳达峰碳中和实施方案(2022—2023年)》
		2022年7月	《江西省碳达峰实施方案》
山东省	行动方案	2023年11月	《山东省推动能耗双控逐步转向碳排放双控实施方案》
		2023年6月	《山东省科技支撑碳达峰工作方案》
		2023年4月	《山东省建立健全碳达峰碳中和标准计量体系工作方案》
		2023年4月	《山东省碳金融发展三年行动方案(2023—2025年)》
		2023年2月	《山东省产品碳足迹评价工作方案(2023—2025年)》
		2023年1月	《山东省碳普惠体系建设工作方案》
		2023年1月	《青岛市深化新旧动能转换推动绿色低碳高质量发展三年行动计划(2023—2025年)》
		2023年1月	《山东省建设绿色低碳高质量发展先行区三年行动计划(2023—2025年)》
		2022年12月	《山东省碳达峰实施方案》
		2022年10月	《山东省"十四五"节能减排实施方案》

续表

地区	政策类型	发布日期	低碳相关政策
山东省	基础设施	2022年6月	《潍坊市人民政府办公室关于做好全市汽车加氢站规划建设运营管理工作的意见》
		2022年3月	《关于进一步规范新建居民小区电动汽车充电基础设施建设要求的通知》
		2022年1月	《潍坊市促进加氢站建设及运营扶持办法》
河南省	行动方案	2023年3月	《河南省工业领域碳达峰实施方案》
		2023年2月	《河南省碳达峰实施方案》
		2023年2月	《河南省制造业绿色低碳高质量发展三年行动计划(2023—2025年)》
		2022年5月	《河南省碳达峰试点建设实施方案》
	能源电力	2023年5月	《河南省新能源和可再生能源发展"十四五"规划》
		2022年2月	《河南省"十四五"现代能源体系和碳达峰碳中和规划》
	基础设施	2022年8月	《郑州市汽车加氢站管理暂行办法》
湖北省	行动方案	2023年8月	《湖北省城乡建设领域碳达峰实施方案》
		2022年12月	《湖北省减污降碳协同增效实施方案》
		2022年12月	《湖北省碳达峰碳中和科技创新行动方案》
	能源电力	2022年5月	《湖北省能源发展"十四五"规划》
	基础设施	2022年5月	《新能源汽车换电模式应用试点实施方案(2022—2023年)》
	碳市场	2023年12月	《湖北省碳排放权交易管理暂行办法》
		2023年4月	《武汉市碳普惠体系建设实施方案(2023—2025年)》
湖南省	行动方案	2022年12月	《湖南省工业领域碳达峰实施方案》
		2022年10月	《湖南省碳达峰实施方案》
	能源电力	2022年10月	《湖南省推动能源绿色低碳转型做好碳达峰工作的实施方案》
广东省	行动方案	2023年11月	《深圳市碳交易支持碳达峰碳中和实施方案》
		2023年10月	《深圳市碳达峰实施方案》
		2023年8月	《广东省碳交易支持碳达峰碳中和实施方案》
		2023年2月	《广东省碳达峰实施方案》
		2022年12月	《深圳市促进绿色低碳产业高质量发展若干措施》
		2022年7月	《关于完整准确全面贯彻新发展理念推进碳达峰碳中和工作的实施意见》
		2022年7月	《广东省发展绿色金融支持碳达峰行动实施方案》
		2022年6月	《深圳市培育发展新能源产业集群行动计划(2022—2025年)》

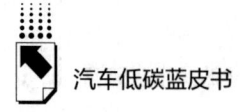

续表

地区	政策类型	发布日期	低碳相关政策
广东省	能源电力	2023年5月	《广东省推进能源高质量发展实施方案》
		2022年9月	《关于印发广东省"十四五"节能减排实施方案的通知》
		2022年6月	《东莞市能源发展"十四五"规划》
		2022年4月	《广东省能源发展"十四五"规划》
	财政补贴	2022年3月	《关于组织开展深圳市2019年及以前年度新能源汽车充电设施建设补贴申报工作的通知》
		2022年3月	《佛山市新能源城市配送货车运营扶持资金管理办法》
	基础设施	2022年9月	《广州市氢能基础设施发展规划（2021—2030年）》
		2022年9月	《广州市加快推进电动汽车充电基础设施建设三年行动方案（2022—2024年）》
		2022年7月	《中山市电动汽车充电基础设施补贴资金管理实施细则》
		2022年6月	《广东省电动汽车充电基础设施发展"十四五"规划》
		2022年6月	《东莞市汽车能源基础设施"十四五"规划》
		2022年6月	《关于进一步加强新建项目电动汽车充电设施规划建设工作的通知》
		2022年5月	《关于进一步加强新建项目电动汽车充电设施规划建设工作的通知》
		2022年3月	《关于既有住宅物业小区电动汽车充电基础设施建设适用标准的通知》
		2022年1月	《广州市电动汽车充电基础设施安全管理办法》
	碳市场	2023年12月	《深圳市碳排放配额管理工作指南》
		2022年6月	《深圳市碳排放权交易管理办法》
		2022年6月	《深圳排放权交易所有限公司碳排放权现货交易规则（征求意见稿）》
		2022年4月	《广东省碳普惠交易管理办法》
海南省	行动方案	2023年4月	《海南省"十四五"节能减排综合工作方案》
		2022年8月	《海南省碳达峰实施方案》
	试点建设	2022年10月	《三亚市新能源汽车换电模式应用试点建设方案》
		2022年8月	《关于开展新能源汽车换电模式重点应用领域示范应用项目申报的通知》
	基础设施	2022年6月	《关于加快推进居民小区充电桩建设实施方案》
		2022年4月	《关于完善电动汽车充换电服务收费有关问题的通知》
	碳市场	2023年3月	《海南省碳普惠管理办法（试行）》

续表

地区	政策类型	发布日期	低碳相关政策
四川省	行动方案	2023年12月	《四川省近零碳排放园区碳排放核算方法(试行)》
		2023年1月	《四川省碳达峰实施方案》
		2022年11月	《四川省碳排放能力提升行动方案》
		2022年7月	《四川省"十四五"节能减排综合工作方案》
		2022年6月	《关于推进成渝地区双城经济圈"无废城市"共建的指导意见》
		2022年5月	《关于深入打好2022年大气污染防治攻坚战的通知》
		2022年5月	《关于推动城乡建设绿色发展的实施方案》
		2022年5月	《成都市优化产业结构促进城市绿色低碳发展行动方案》
		2022年5月	《成都市优化产业结构促进城市绿色低碳发展政策措施》
	能源电力	2022年12月	《四川省电能替代推进方案(2022—2025年)》
		2022年3月	《四川省"十四五"能源发展规划》
贵州省	行动方案	2023年3月	《贵州省工业领域碳达峰实施方案》
		2023年1月	《贵州省城乡建设领域碳达峰实施方案》
		2022年11月	《贵州省碳达峰实施方案》
	绿色消费	2022年11月	《贵州省促进绿色消费实施方案》
云南省	行动方案	2022年12月	《云南省应对气候变化规划(2021—2025年)》
		2022年8月	《云南省碳达峰实施方案》
		2022年6月	《云南省"十四五"节能减排综合工作实施方案》
	基础设施	2022年7月	《昆明市居住社区公用充电设施建设管理实施方案》
		2022年2月	《云南省推动城市停车设施发展实施意见》
陕西省	行动方案	2023年2月	《陕西省碳达峰实施方案》
		2022年12月	《陕西省"十四五"节能减排综合工作实施方案》
		2022年8月	《关于完整准确全面贯彻新发展理念做好碳达峰碳中和工作的实施意见》
	能源电力	2022年12月	《陕西省2023年电力中长期市场化交易实施方案》
	财政补贴	2022年2月	《关于延长新能源汽车消费补助活动期限的通告》
	基础设施	2022年11月	《关于进一步提升陕西省电动汽车充电基础设施服务保障能力的实施意见》
	绿色消费	2023年3月	《西安市支持新能源汽车扩大生产促进消费若干措施》
甘肃省	行动方案	2022年12月	《甘肃省"十四五"生态环境保护规划》
		2022年6月	《甘肃省碳达峰实施方案》
	基础设施	2022年1月	《酒泉市电动汽车充电设施充换电服务收费价格方案》
青海省	行动方案	2023年6月	《青海省工业领域碳达峰实施方案》
		2022年12月	《青海省碳达峰实施方案》

续表

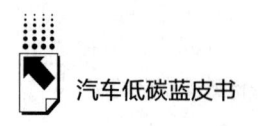

地区	政策类型	发布日期	低碳相关政策
内蒙古自治区	行动方案	2023年12月	《内蒙古自治区能耗双控向碳排放双控转变先行先试工作方案》
	行动方案	2023年5月	《内蒙古自治区工业领域碳达峰实施方案》
	行动方案	2022年11月	《内蒙古自治区碳达峰实施方案》
	能源电力	2022年7月	《内蒙古自治区源网荷储一体化项目实施细则（2022年版）》
	能源电力	2022年7月	《内蒙古自治区风光制氢一体化示范项目实施细则(2022年版)》
	基础设施	2023年6月	《推进城镇新能源汽车充电设施建设六条政策措施》
广西壮族自治区	行动方案	2023年1月	《广西壮族自治区碳达峰实施方案》
	能源电力	2023年4月	《广西能源基础设施建设2023年工作推进方案》
	能源电力	2022年4月	《关于印发广西"能源网"建设2022年工作推进方案的通知》
	财政补贴	2022年1月	《广西壮族自治区新能源汽车推广应用三年行动财政补贴实施细则》
宁夏回族自治区	行动方案	2023年5月	《关于开展碳排放权改革全面融入全国碳市场的实施意见》
	行动方案	2022年9月	《宁夏回族自治区碳达峰实施方案》
	能源电力	2023年5月	《关于做好2023年电力中长期交易有关事项的通知》
	基础设施	2022年3月	《宁夏充电基础设施"十四五"规划》

附录二
2023年世界汽车相关低碳政策一览表

时间	国家/地区	政策/法案名称	摘要
2023年2月	欧盟	2035年欧洲新售燃油乘用车和厢式货车零排放协议	欧洲议会正式通过《2035年欧洲新售燃油乘用车和厢式货车零排放协议》。协议规定，与2021年相比，欧盟新注册乘用车碳排放总量需在2030年和2035年分别减少55%和100%，新注册轻型商用车碳排放总量需分别减少50%和100%，即欧盟境内乘用车及轻型商用车需在2035年实现零排放。2023年3月27日，欧盟气候政策负责人表示，"只使用绿电合成燃料（E-fuel）的内燃机车辆可以在2035以后进行新车登记"，但尚未明确碳中性合成燃料内燃机汽车的定义和碳排放计算方法
2023年3月	欧盟	替代燃料基础设施法规	欧盟理事会和欧洲议会就《替代燃料基础设施法规》（AFIR）达成临时政治协议，未来几年将在整个欧盟范围内安装充电基础设施和加氢站等替代燃料相关的公共设施，尤其是在欧盟的主要交通走廊和枢纽上。该举措将有效减少运输行业碳足迹，从而实现向零排放运输的过渡，并有助于欧盟到2030年实现将温室气体净排放量至少减少55%的目标
2023年4月	欧盟、挪威	"绿色联盟"协议	欧盟和挪威签署"绿色联盟"协议，承诺共同应对气候变化、保护自然和开发摆脱化石燃料所需的技术。作为挪威与欧盟之间建立战略伙伴关系持续工作的一部分，该协议还重点关注化石燃料的转型，包括清洁交通、可再生能源和制氢，以及获取这些技术所需的关键原材料
2023年4月	英国	碳预算交付计划	英国政府公布《碳预算交付计划》，阐述了该国到2050年实现净零碳排放的政策和细节，包括电力脱碳和大规模部署热泵等。《碳预算交付计划》规定，从2024年开始，零排放汽车在制造商新车销量中所占比例（22%）每年都应增加，预计到2037年，每年可减排1600万吨二氧化碳当量

续表

时间	国家/地区	政策/法案名称	摘要
2023年4月	日本	碳定价计划	2022年12月22日,日本政府宣布未来10年"实现GX(Green Transformation)的基本方针"。2023年4月,日本在GX绿色框架体系下推出碳排放交易体系GX-ETS第一阶段工作,标志着日本政府正式将建立国家碳交易市场提上工作议程。在GX-ETS排放交易体系下,碳定价的引入首次获得政府的正式认可,并提出以增长为导向的碳定价(CP)倡议,CP计划将通过碳交易(GX-ETS)与碳配额征收(GX附加费)两方面获得收益
2023年4月	韩国	国家碳中和绿色增长计划	韩国国务会议通过国家碳中和绿色增长基本计划。该基本计划是地方政府具体行动和国家长期战略的总体规划,包括电力供应规划、土地开发规划和资源流通规划。计划主要由三部分构成:(a)净零社会转型的国家战略和愿景;(b)碳减排目标;(c)建立健全碳中和路线图实施体系的相关政策。此外,政府将完善碳排放权交易机制,从而激励企业、个人减排,并逐步提高排放权拍卖比例。该方案也提出到2030年,将供应420万辆电动汽车和30万辆氢燃料汽车
2023年5月	日本	电动汽车碳足迹	日本经济产业省(METI)发布消息,计划自2024年起要求电动汽车(EV)和插电式混合动力汽车(PHEV)制造商计算和报告电池生产过程中排放的二氧化碳量,此数据将作为确定补贴资格的重要依据。5月26日,经济产业省和环境省联合发布《碳足迹实用指南》,解释了日本碳足迹计算和披露方法
2023年5月	欧盟	碳边境调节机制(CBAM)	CBAM于2026年正式实施,覆盖钢铁、铝、水泥、化肥、电力和氢等六类产品,尚未覆盖汽车产品等由多种材料制成的高集成度产品。对于钢铁、铝、氢三类产品,CBAM只对产品生产过程中的直接排放收费。对于水泥、电力和化肥三类产品,CBAM既对产品生产过程中的直接排放收费,也对其间接排放收费。2023年10月1日到2025年12月31日为CBAM过渡期。过渡期内,进口商需要向欧盟提供进口商品的碳排放量报告,但无需支付费用。过渡期结束前,欧盟委员会将对CBAM进行评估,确认是否进一步扩大征收范围和核算范围,以覆盖更多行业产品及其间接排放
2023年7月	德国	国家氢能战略	德国政府通过新版《国家氢能战略》,加速布局氢能全产业链,力争到2030年成为氢能技术领先国家。在交通运输领域,推动氢能及其衍生产品作为替代燃料的应用、建设高效的氢能基础设施,对于航空和海洋运输以及重型货物运输等电气化难的领域,将加快发展电子航空燃料,并建立液氢加注基础设施

续表

时间	国家/地区	政策/法案名称	摘要
2023年8月	俄罗斯	报废税	俄罗斯工贸部推出一项加税政策,增加对进口车辆的报废税。根据具体方案,乘用车报废税系数将增加1.7~3.7倍,轻型商用车增加2.5~3.4倍,卡车增加1.7倍。对于公交车,报废税将平均增加2.2~4.8倍,而电动公交车的报废税将增加8.7倍,且具体的车辆发动机排量对应不同的报废税额:发动机排量1升的车辆,每车报废税将增至81200卢布(折合人民币6581元)。发动机排量2升的车辆,每车报废税将增至306000卢布(折合人民币24802元)。发动机排量超过2升但小于3升的车辆,每车报废税将增至844800卢布(折合人民币68474元)。新车发动机排量为3~3.5升的车辆,报废税将由每车281600卢布(折合人民币22824元)增长至970000卢布(折合人民币78622元)。发动机排量超过3.5升的车辆,报废税将由每车445000卢布(折合人民币36069元)增长至1200000卢布(折合人民币97264元)。此增长适用于公司和个人,不受进口车辆价格影响
2023年8月	欧盟	电池与废电池法规	《电池与废电池法规》正式生效,法规管理范围覆盖在欧盟上市或投入使用的所有电池,实施"先报数、后定级、再设限"三步走的分阶段管理,第一步是电池包制造商须上报碳足迹声明,内容包含电池碳足迹值、电池制造商等信息。第二步是欧盟依据碳足迹声明数据上报情况再制定碳足迹性能等级。第三步是欧盟确定最大生命周期碳足迹限值,届时制造商需附技术文件证明电池生命周期碳足迹值低于欧盟设定的最大限值。其中,电动汽车动力电池的碳足迹声明、性能等级和限值要求最早实施
2023年9月	法国	环境分数法案	法国政府宣布从2024年1月1日起,在法国销售的每辆汽车都应根据其碳足迹而获得相应的"环境分数",超过60分及格线才有资格享受补贴。9月19日,法国政府公布了"环境分数"计算的具体方案。电动汽车环境分数将根据车辆在道路上使用前的每个步骤的碳排放来计算,包含六项指标:生产所用的材料(钢、铝、其他金属材料)、电池生产、中间加工与组装、从组装厂到销售地的运输等,合计80分
2023年9月	巴西	未来燃料法案	巴西众议院批准《未来燃料法案》,该法案涵盖"国家可持续航空燃料计划""国家绿色柴油计划"等一系列国家计划,主要涉及私家车、航空运输、客货运商用车辆等交通运输领域的能源优化,旨在促进交通行业发展可再生能源、减少碳排放,推动巴西能源转型

续表

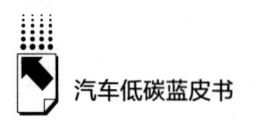

时间	国家/地区	政策/法案名称	摘要
2023年10月	沙特阿拉伯	温室气体信用和抵消计划	沙特阿拉伯宣布启动温室气体信用和抵消计划，该计划通过允许企业从自愿减少或消除排放的项目中购买碳信用来抵消温室气体排放，从而推动实现净零排放以应对气候变化，力争到2060年实现净零排放
2023年12月	英国	英国碳边境调节机制	英国政府正式宣布自2027年起实施英国碳边境调节机制。初步涵盖的产品大类包括铝、水泥、陶瓷、化肥、玻璃、氢气、钢铁。根据英国政府声明，在初步涵盖的产品大类下还涵盖具体产品清单，以及其他设计和交付细节，计划后续通过开展公开意见征询来决定
2023年12月	美国	《通胀削减法案》外国敏感实体指南	美国财政部等部门发布关于电动汽车补贴的新规定，新规依据《通胀削减法案》，详细说明了电动汽车如何有资格获得最高7500美元(折合人民币53859元)的联邦税收抵免。新规提到，为加强美国供应链的安全，从2024年开始，符合减免条件的电动车辆不得包含任何由"受关注的外国实体"(FEOC)制造或组装的电池组件；从2025年开始，符合减免条件的电动车辆不得包含任何由FEOC提取、加工或回收的关键矿物。美国将FEOC定义为由朝鲜、中国、俄罗斯或伊朗拥有、控制或管辖的任何公司
2023年12月	加拿大	电动汽车可用性标准	加拿大联邦政府发布《电动汽车可用性标准》，标准要求加拿大的零排放汽车(ZEV)销售量在2026年至少应占总销量的20%，到2030年至少占60%，并在2035年达到100%。此项新政受《加拿大环境保护法》(Canadian Environmental Protection Act)监管，并允许汽车制造商在未达标的情况下购买信用积分。预计到2029年，联邦政府将投入12亿加元(折合人民币62.7亿元)在全国范围内建设8.45万个充电站

附录三
2023年中国汽车产业低碳发展相关数据一览表

指标	2022年 绝对量	2022年 同比增长	2023年 绝对量	2023年 同比增长
一、综合				
1.1 国内生产总值(万亿元)[1]	121.02	5.82%	126.06	4.16%
其中,第一产业增加值占国内生产总值比例	7.30%	0.00%	7.10%	-2.74%
第二产业增加值占国内生产总值比例	39.90%	1.27%	38.30%	-4.01%
第三产业增加值占国内生产总值比例	52.80%	-0.94%	54.60%	3.41%
1.2 高技术制造业增加值占规模以上工业增加值比重[1]	15.50%	2.65%	15.70%	1.29%
1.3 装备制造业增加值占规模以上工业增加值比重[1]	31.80%	-1.85%	33.60%	5.66%
1.4 单位国内生产总值二氧化碳排放比上年下降[1]	0.80%	—	0%	—
1.5 单位国内生产总值能耗比上年下降[1]	0.10%	—	0.50%	—
1.6 规模以上工业单位增加值能耗比2012年下降[2]	超过36%	—	—	—
1.7 火电平均供电煤耗(克标准煤/kWh)[3]	301.50	-0.33%	301.60	0.03%
1.8 重点企业吨钢综合能耗(千克标准煤/吨)[4]	551.36	0.17%	558.34	1.27%
二、能源				
2.1 能源消费总量(亿吨标准煤)[1]	54.10	2.87%	57.20	5.73%
其中,煤炭消费比重[1]	56.20%	0.54%	55.30%	-1.60%
石油消费比重[5]	17.90%	-3.76%	18.30%	2.23%
天然气消费比重[5]	8.40%	-4.55%	8.50%	1.19%
非化石能源消费比重[5]	17.50%	4.79%	17.90%	2.29%
清洁能源(天然气+非化石能源)消费比重[1]	25.90%	1.57%	26.40%	1.93%

续表

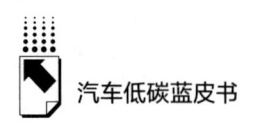

指标	2022年 绝对量	2022年 同比增长	2023年 绝对量	2023年 同比增长
2.2 全国发电装机容量(亿kWh)[1]	25.64	7.87%	29.20	13.87%
其中,火电	13.32	2.75%	13.90	4.35%
水电	4.14	5.78%	4.22	1.94%
风电	3.65	11.25%	4.41	20.77%
太阳能发电	3.93	28.07%	6.09	55.24%
核电	0.56	4.26%	0.57	2.49%
2.3 全国全社会发电量(万亿kWh)[6]	8.40	3.55%	8.90	5.95%
其中,火电	5.85	1.44%	6.23	6.44%
水电	1.20	1.52%	1.14	-5.16%
风电	0.69	21.18%	0.81	17.95%
太阳能发电	0.23	24.69%	0.29	26.64%
核电	0.42	2.52%	0.43	2.92%
非化石能源发电量比重	30.18%	4.56%	30.00%	-0.61%
2.4 全国全社会用电量(万亿kWh)[6]	8.64	3.94%	9.22	6.80%
其中,第一产业用电量	0.11	12.02%	0.13	11.52%
第二产业用电量	5.70	1.55%	6.07	6.57%
第三产业用电量	1.49	4.41%	1.67	12.35%
城乡居民生活用电量	1.34	13.82%	1.35	1.18%
2.5 全国电力市场交易规模(万亿kWh)[6]	5.25	38.89%	5.70	8.57%
市场交易电量占全社会用电量比重	60.80%	33.63%	61.40%	0.99%
其中,全国电力市场中长期电力直接交易电量	4.14	36.21%	4.43	6.99%
2.6 成品油消费量(亿吨)[7]				
其中,汽油消费量	1.49	-10.28%	1.63	9.71%
柴油消费量	1.95	-1.75%	2.02	3.26%
煤油消费量	0.21	-31.70%	0.35	65.66%
三、工业				
3.1 主要工业品产量[1]				
粗钢(亿吨)	10.18	-1.67%	10.19	0.11%
钢材(亿吨)	13.40	0.27%	13.63	1.67%
十种有色金属(万吨)	6793.60	4.89%	7469.80	9.95%
其中,精炼铜(电解铜)(万吨)	1106.30	5.49%	1298.80	17.40%
原铝(电解铝)(万吨)	4021.40	4.44%	4159.40	3.43%
太阳能电池(光伏电池)(亿kWh)	3.44	—	5.40	57.14%

续表

指标	2022年 绝对量	2022年 同比增长	2023年 绝对量	2023年 同比增长
3.2 大宗固废综合利用率[3]	57.12%	0.56%	60%	5.04%
3.3 十个主要品种再生资源回收情况[8]				
废钢铁(万吨)	24081.00	-3.80%	23800.00	-1.20%
废有色金属(万吨)	1375.00	2.00%	1448.00	5.30%
废塑料(万吨)	1800.00	-5.30%	1900.00	5.60%
废纸(万吨)	6585.00	1.40%	6737.00	2.30%
废轮胎(万吨)	675.00	5.50%	750.00	11.10%
废弃电器电子产品(数量)(万台)	18800.00	-6.90%	19000.00	1.10%
废弃电器电子产品(重量)(万吨)	415.00	-10.40%	420.00	1.20%
报废机动车(数量)(万辆)	399.10	32.90%	516.00	29.30%
报废机动车(重量)(万吨)	820.70	21.00%	1060.00	29.20%
废旧纺织品(万吨)	415.00	-12.60%	480.00	15.70%
废玻璃(万吨)	850.00	-15.40%	980.00	15.30%
废电池(铅酸电池除外)(万吨)	51.00	21.40%	61.00	19.60%
小计(重量)(万吨)	37067.70	-2.60%	37636.00	1.50%
3.4 全国重点用能行业新增能效"领跑者"企业(家)[2]	43.00	-12.24%	69.00	60.47%
3.5 绿色制造体系创建情况[2]				
绿色工厂(个)	874.00	32.02%	1491.00	70.59%
绿色设计产品(个)	643.00	-34.98%	—	—
绿色工业园区(个)	47.00	-9.62%	104.00	121.28%
绿色供应链管理企业(家)	112.00	4.67%	205.00	83.04%
3.6 工业产品绿色设计示范企业(家)[2]	99.00	-15.38%	107.00	8.08%
四、交通				
4.1 旅客周转量(亿人公里)[1]	12921.40	-34.60%	28609.60	121.40%
其中:铁路	6577.50	-31.30%	14729.40	123.90%
公路	2407.50	-33.60%	3517.60	46.10%
水运	22.60	-31.70%	53.80	138.10%
民航	3913.70	-40.10%	10308.80	163.40%
4.2 货物周转量(亿吨公里)[1]	231743.50	3.70%	247712.70	6.90%
其中:铁路	35906.50	8.20%	36437.60	1.50%
公路	68958.00	-0.20%	73950.20	7.20%
水运	121003.10	4.70%	129951.50	7.40%
民航	254.10	-8.70%	283.60	11.60%
管道	5621.80	3.30%	7089.80	26.10%

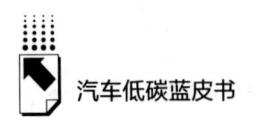

续表

指标	2022 年 绝对量	2022 年 同比增长	2023 年 绝对量	2023 年 同比增长
五、碳市场				
5.1 全国碳市场碳排放配额总成交量(亿吨)[1]	0.51	95.10%	2.12	316.60%
5.2 碳市场年度成交均价[9]				
其中,中国碳市场(元/吨)	55.59	—	68.15	22.60%
欧盟碳市场(欧元/吨)	86.80	—	85.32	-1.70%
英国碳市场(英镑/吨)	70.30	—	65.00	-7.50%
韩国碳市场(韩元/吨)	14700.00	—	11757.00	-20.00%
六、汽车产业				
6.1 汽车市场(万辆)[10]				
汽车销量	2686.40	2.10%	3009.40	12.00%
中国占比[11]	34.20%	1.30%	34.40%	0.20%
分车辆类型				
乘用车	2356.30	9.50%	2606.30	10.60%
其中,新能源	654.80	96.40%	904.80	38.20%
商用车	330.00	-31.20%	403.10	22.10%
其中,新能源	33.80	81.70%	44.70	32.20%
分动力类型				
传统能源汽车	1997.70	-12.20%	2059.90	3.10%
新能源汽车	688.60	95.57%	949.50	37.90%
中国占比	61.20%	10.10%	62.40%	1.30%
其中:BEV	536.50	81.60%	668.50	24.60%
PHEV	151.80	151.60%	280.40	84.70%
FCEV	0.30	112.80%	0.60	72.00%
6.2 经济发展与汽车社会(亿元)[5]				
汽车制造业营业收入	92899.90	6.80%	100975.80	11.90%
利润总额	5319.60	0.60%	5086.30	5.90%
车辆购置税[12]	2398.00	-31.90%	2681.00	11.80%
社零总额占比	10.40%	0.5 个百分点	10.30%	-0.1 个百分点

续表

指标	2022年 绝对量	2022年 同比增长	2023年 绝对量	2023年 同比增长
6.3 新能源汽车				
动力电池装车量(GWh)[13]	294.60	90.70%	387.70	31.60%
其中，三元占比	37.50%	-10.60%	32.60%	-4.90%
磷酸铁锂占比	62.40%	10.70%	67.30%	4.90%
充电桩保有量(万个)[14]	521.00	99.10%	859.60	65.00%
车桩比	2.51	—	2.37	
私人充电桩	341.20	132.10%	587.00	72.00%
公共充电桩	179.70	56.70%	272.60	51.70%
换电站	1973.00	52.00%	3567.00	80.80%

数据来源：1. 国民经济和社会发展统计公报；2. 工业和信息化部；3. 国家发展和改革委员会；4. 中国钢铁工业协会；5. 国家统计局；6. 国家能源局；7. 中国石油集团经济技术研究院；8. 中国物资再生协会；9. 根据网上公开资料整理；10. 中国汽车工业协会；11. 根据Marklines数据研究计算；12. 财政部；13. 中国汽车动力电池产业创新联盟；14. 中国充电联盟。

附录四
主要缩略语中英文索引

中文名称	英文缩写
高级配电运行	ADO
签发机构协会	AIB
日本产业技术综合研究所	AIST
高级测量体系	AMI
高级输电运行	ATO
光伏与建筑简单组合连接	BAPV
纯电动汽车	BEV
反铲装载机	BHL
光伏建筑一体化	BIPV
英国标准协会	BSI
企业平均燃料消耗量	CAFC
企业平均燃料经济性	CAFE
碳边境调节机制	CBAM
国家核证自愿减排量	CCER
电量消耗模式	CD
清洁柴油汽车	CDV
甲烷	CH_4
日本电动汽车快速充电器协会	CHAdeMO
二氧化碳	CO_2
二氧化碳当量	CO_2e
碳定价	CP
电量保持模式	CS

续表

中文名称	英文缩写
电池底盘一体化	CTC
直喷	DI
美国能源部	DOE
欧洲能源证书系统	EECS
绿电合成燃料	E-fuel
废气再循环	EGR
报废车辆	ELV
美国环境保护署	EPA
增程式混合动力汽车	REEV
环境、社会、治理	ESG
燃料电池汽车	FCEV
温室气体协议	GHG Protocol
普通混合动力汽车	HEV
氢氟碳化物	HFCs
国际清洁交通委员会	ICCT
内燃机汽车	ICEV
国际电工委员会	IEC
电气与电子工程师协会	IEEE
政府间气候变化专门委员会	IPCC
国际可再生能源标准基金会	I-REC Standard
国际标准化组织	ISO
日本产业环境管理协会	JEMAI
欧盟委员会联合研究中心	JRC
生命周期评价	LCA
生命周期数据库网络	LCDN
生命周期清单分析	LCI
日本经济产业省	METI
氧化亚氮	N_2O
三氟化氮	NF_3
天然气汽车	NGV
氮氧化物	NO_x
产品环境足迹分类规则	PEFCR
热塑性塑料	PET
全氟化碳	PFCs

续表

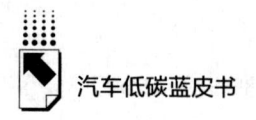

中文名称	英文缩写
进气道喷射	PFI
插电式混合动力汽车	PHEV
颗粒物	PM
从油泵到车轮	PTW
可再生能源证书	RECs
国际自动机工程师学会	SAE
选择催化还原后处理	SCR
六氟化硫	SF_6
碳化硅绝缘栅双极晶体管	SiC IGBT
剩余电量	SOC
美国西南研究院	SwRI
跨欧洲交通网络	TEN-T
联合国世界车辆法规协调论坛	UN/WP.29
新能源汽车与电网	V2G
世界可持续发展工商理事会	WBCSD
世界资源研究所	WRI
从油井到油泵	WTP
从油井到车轮	WTW
零排放汽车	ZEV

Abstract

Blue Book of Automobile Low Carbon Industry, firstly published in 2024 and formulated as an annual research report focused on the low-carbon development of China's automotive industry, offers a systematic discussion and analysis of the low-carbon development status of China's automotive industry from a social science perspective and thoroughly documents the transformation pathway to green and low-carbon development within the industry. This book was collaboratively written by researchers from the China Automotive Strategy and Policy Research Center, along with experts from relevant fields, under the guidance of experienced experts, scholars and advisors in the automotive, energy, transportation and related industries.

This annual report consists of six sections: General Report, Policies and Standards, Technology, Special Topics, References and Appendixes. The General Report provides an overview of the low-carbon development of China's automotive industry in 2023, analyzes the main progress and challenges in the industry's low-carbon transition and proposes policy recommendations for further development. The Policies and Standards systematically reviews the trends in domestic automotive, transportation, energy, and related policies for 2023, as well as the progress of domestic and international carbon emission management standards, while predicting future developments. The Technology discusses the current status and trends of low-carbon technologies from various perspectives, including energy conservation, hybridization, electrification, low-carbon internal combustion engines, production and manufacturing and vehicle to grid interaction. It also analyzes the carbon reduction potential and opportunities across different sectors of the automotive industry. The Special Topics offers an in-depth analysis of pressing subjects such as the EU Batteries Regulation and the construction of carbon footprint databases, assessing their impacts on the industry and providing targeted recommendations. The References examines the policy and standard developments in the low-carbon automotive sectors of the USA, Europe and Japan in 2023, drawing insights for the low-carbon development of China's automotive industry. Finally, the Appendixes summarizes and organizes relevant domestic and international low-carbon automotive policies and key domestic data for the convenience of readers.

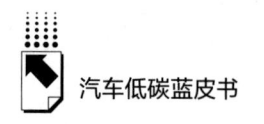

The automotive industry is a pillar of the national economy, characterized by an extensive value chain and broad coverage. It exerts a significant impact on the economy and has a substantial driving effect. Accelerating the green and low-carbon transformation of the automotive industry is not only a vital support for implementing the national "carbon peak and carbon neutrality" strategy but also an inherent requirement for the industry's high-quality development. Significant progress has been made in advancing low-carbon initiatives in the automotive sector after several years of development. In 2023, significant advancements were made in policy as China completed its "1+N" policy framework for carbon peak and carbon neutrality. This comprehensive framework sets forth requirements and support for the green and low-carbon transformation of the automotive industry across multiple sectors, including transportation, industry and energy. The *Automotive Industry Green and Low-Carbon Development Roadmap 1.0* was officially released, establishing market development targets of achieving 45% new energy vehicles (NEVs) in new car sales by 2025 and 60% by 2030. In terms of standards, basic general standards related to the automotive low carbon sector, including carbon emission accounting, reporting and verification, information disclosure, and low-carbon assessment criteria, are currently undergoing accelerated research. Regarding technology pathways, the market penetration rate of NEVs in China has exceeded 30%. Battery electric vehicles are recognized as the most critical technological route for low-carbon development in passenger vehicles, while the transition of commercial vehicles towards low-carbon solutions shows a trend of diversification. In manufacturing, automotive companies are primarily focusing on reducing carbon emissions during production by utilizing green energy and implementing decarbonization strategies in both the construction and public sectors. Improving four traditional manufacturing processes and optimizing logistics within plants is also a key focus area. When it comes to vehicle energy, the promotion of "new energy of electricity" for NEVs has become a common consensus within the industry, with a primary focus on developing low-carbon fuels such as natural gas, methanol, hydrogen and ammonia. In terms of automotive materials, global environmental protection regulations and policies have significantly promoted the application of recycled materials, and increasing the usage of recycled content in new vehicles is set to become a developmental trend.

Blue Book of Automobile Low Carbon Industry 2024 provides an in-depth analysis and assessment of the current status and trends in low-carbon development in China's automotive sector, presented in a way that ensures both precision and ease of understanding and also objectively examines the challenges and issues hindering the industry's low-carbon development from the perspectives of policy, standards and technology, and puts forward recommendations and measures for improvement. The publication of this book aims to provide essential reference and guidance for government departments in developing policies and regulations related to low-carbon management in the automotive industry, for companies in formulating low-carbon development strategies, and for practitioners seeking to understand industry advancements in low-carbon initiatives. Additionally, it helps the general public stay informed about the latest developments and future trends in low-carbon development in China's automotive sector, promoting the broader understanding of low-carbon development concepts.

Keywords: Automotive Industry; Green Development; Low-carbon Transition; Carbon Emission Standards; Low-carbon Technology

Contents

I General Report

B.1 Analysis and Outlook of Low-Carbon Development in
China's Automotive Industry in 2023　　*Bin Liu, Hong Shi* / 001

Abstract: This paper first delineates the carbon emission accounting boundaries in the automotive industry and assesses the overall situation of carbon emissions. In 2023, carbon emissions during the production and manufacturing phase of vehicles reached nearly 80 million tons; emissions during the driving phase were approximately 900 million tons; emissions from the fuel production phase were about 200 million tons; and the upstream material phase contributed approximately 200 million tons of emissions. Subsequently, this paper analyzes the composition of total carbon emissions and the key influencing factors in China's automotive industry. It systematically evaluates the pathways, current status and challenges of low-carbon development from four main aspects: driving, production, energy and materials. In recent years, the pace of low-carbon transformation for automotive products in our country has accelerated. However, there is still a need to strengthen low-carbon technology innovation and its application. The automotive industry has begun to achieve results in green manufacturing, yet challenges remain in the use of green energy and the upgrading of processes. The transition to cleaner vehicle energy is speeding up, but this process requires more systematic advancement. While international environmental regulations are driving the use of recycled materials, the overall development of the domestic supply chain continues to progress slowly. Secondly, this paper examines the progress of low-carbon policy and standards in the automotive industry. At the national level, the direction for low-carbon development in our country's automotive sector has been clearly defined, marked by the official release of the *Automotive Industry Green and Low-Carbon Development Roadmap 1. 0*. Additionally, the framework for the carbon emission management standards system in the automotive industry has been largely established. Finally, the paper offers policy recommendations for low-carbon development in the automotive industry from several perspectives, including improving the policy management system related to carbon, establishing and refining the automotive carbon emission standards system, enhancing the innovation and application of green low-carbon technologies, accelerating the development of a green low-carbon manufacturing system, promoting synergy between the automotive and energy sectors to reduce carbon emissions and advancing the use of recycled materials in the automotive field.

Keywords: Automotive Industry; Low-carbon Development; Low-carbon Policy Standards; Carbon Reduction Pathways

Ⅱ Policies and Standards

B . 2 Analysis and Outlook of China's Low-Carbon

Policy Dynamics in 2023

Jianhong Zhao, Zhimin Qi, Yueyan Zhu, Lei Ren and Tongxin Li / 020

Abstract: This paper summarizes and analyzes the low-carbon development policies introduced at the national level since 2023, concentrating on five key areas: the low-carbon development of the automotive industry, the transition to low-carbon energy, product carbon footprint management, carbon trading management and the support and assurance of technological and financial innovations. At the industry level, the government actively introduces policies related to "carbon peak and carbon neutrality" to define the green development direction within the industry and facilitate the comprehensive green and low-carbon transformation and upgrading across various sectors. At the enterprise level, the government encourages companies to enhance innovation in green technology, promoting energy conservation and emission reduction during production processes and driving them to establish and implement their own "carbon peak and carbon neutrality" targets. At the market level, both the national and local governments implement a variety of measures to increase market consumption of new energy vehicles and other low-carbon and energy conservation products. In the context of the global acceleration of low-carbon development, China's "carbon peak and carbon neutrality" policy framework shall continue to make greater efforts while adhering to the principle of "leading the right path." It is recommended to enhance planning guidance to promote the low-carbon development of the automotive industry; capitalize on the integration of vehicles and energy systems to establish a coordinated carbon-reduction ecosystem; and strengthen overall coordination to improve the policy management and support systems that are linked to carbon.

Keywords: National Policy; Green and Low Carbon; Automotive Industry

B.3 Progress in the Study of Automotive Carbon Emissions Management Standards in China

Shaohui Liu, Xinxue Lai and Tongzhu Zhang / 034

Abstract: As the primary source of carbon emissions in the transportation sector, accelerating the green and low-carbon transformation of the automotive industry is not only a crucial support for achieving the national "carbon peak and carbon neutrality" strategy but also an inherent requirement for high-quality industrial development. The automotive carbon emission management standards play a pivotal role in promoting the green and low-carbon transformation and upgrading of China's automotive industry, as well as the sustainable development of the sector. Therefore, systematic research and planning are essential. This paper systematically reviews the progress of carbon emission management standards both domestically and internationally. It establishes a framework for China's automotive carbon emission management standards encompassing six key aspects: basic general standards, measurement and monitoring, accounting and verification, information disclosure, low-carbon evaluation and management services. It elaborates on the research progress of these standards and offers development recommendations focused on continuously improving the standards system, accelerating the formulation of key standards and enhancing international exchanges on standards and regulations in alignment with actual industry development situation.

Keywords: Automotive Industry; Carbon Emission Management; Standard System; Standard Progress

Ⅲ Technology

B.4 Energy-saving Technology Path Analysis and Future Trend Judgment for Passenger Car Products

Chuan Chen, Menglai Chen and Dongchang Zhao / 048

Abstract: This article starts from three core paths to achieve energy-saving technologies for passenger car products, including the replacement of new energy vehicles, the reduction of fuel consumption for traditional vehicles, and the reduction of energy consumption for new energy vehicles. It systematically analyzes the application and future development trends of energy-saving technologies for passenger car products. The research results show that by 2030, passenger cars are expected to exceed 26 million units in China's market, the penetration rate of new energy vehicles will exceed 70%, the industry average fuel consumption reduction potential of traditional energy passenger cars will be about 7%, the industry average power consumption reduction potential of battery electric models will be about

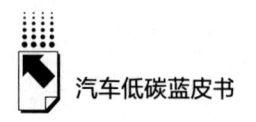

15%, and the industry average fuel consumption reduction potential of plug-in hybrid electric vehicle in charge sustaining (CS) mode will be about 8% and in charge depleting (CD) mode about 13%. In response, it is necessary to actively guide the electrification transformation of the automotive industry and innovate energy consumption management: on the one hand, accelerate the electrification transformation, continue to implement policies such as the credit method, carry out consumer promotion activities such as trade-ins, and coordinate the construction of charging infrastructure; on the other hand, incentivize the development of advanced energy-saving technologies, increase R&D layout and investment in battery, motor and electronic control technologies, automotive lightweight technology, and promote low fuel consumption models.

Keywords: Energy Saving Technology; New Energy Vehicles; Electrification Transformation; Energy Saving and Consumption Reduction

B.5 Analysis of Advantageous Scenarios of PHEV in China and Assessment of Carbon Reduction Costs and Benefits

Chikun Huang, Chaoxu Xu, Xingyu Xue and Zhenhong Lin / 064

Abstract: This article reviews the development overview of PHEVs, compares their advantageous scenarios, assesses their carbon reduction costs and benefits and other social benefits, and analyzes the suitable scenarios for PHEVs. The disadvantages of PHEV lie in their high production costs and the mismatch between charging conditions and behavior. However, for users who travel long distances and value time costs, PHEV can leverage advantages such as adapting to climate environments, avoiding range anxiety, and reducing carbon reduction costs. In light of these advantage utilization scenarios, PHEV have the potential for long-term development and shall not be simply regarded as transitional products. Furthermore, the combination of PHEV with low-carbon fuels can theoretically achieve better emission reduction effects.

Keywords: PHEV; Low-carbon Fuels; Carbon Reduction Costs and Benefits

B.6 Analysis of Key Elements of Carbon Emission Reduction of Battery Electric Vehicles based on Big Data

Zhenpo Wang, Weipeng Zhan and Lixin Yao / 082

Abstract: This article, based on a large amount of actual operation data of battery electric vehicle, has established an upstream carbon reduction model of battery electric vehicles during their driving phase, and analyzed the key factors affecting the upstream carbon emissions of battery electric vehicle during their driving phase. The research results show that several factors, including the electricity carbon emission factor, vehicle specifications, climate and temperature, have a significant impact on the upstream carbon reduction effects of battery electric vehicle during their driving phase. On this basis, the article proposes suggestions such as strengthening carbon emission management, carrying out technological innovation, promoting supporting construction and introducing incentive policies.

Keywords: Battery Electric Vehicle; Carbon Emission Reduction; Electricity Carbon Emission Factor

B.7 Current Status and Application Prospects of Hydrogen Internal Combustion Engine Technology

Shijin Shuai, Baigang Sun / 098

Abstract: Hydrogen fuel is at the forefront of E-fuel and is an ideal energy carrier for achieving carbon peak and carbon neutrality. Hydrogen fuel has high calorific value, high octane rating, and fast combustion speed, making it an ideal fuel for internal combustion engines. Hydrogen internal combustion engines have significant advantages such as zero carbon emissions, high efficiency and low cost. However, there are also reliability and safety issues that need to be resolved, such as hydrogen injection, pre-ignition, backfire and lubrication. This article mainly introduces the development history, basic working principle and performance optimization direction of hydrogen internal combustion engines, focusing on the R&D and demonstration application progress of key technologies for industrialization of hydrogen internal combustion engines by domestic and foreign OEMs and scientific research institutions. Finally, it is suggested that the development positioning of hydrogen internal combustion engines be clarified, the national key R&D programs and demonstration projects be set up, and the industry development of hydrogen internal combustion engine be promoted.

Keywords: Hydrogen Internal Combustion Engines; Hydrogen Fuel; Zero Carbon Emissions

B.8 Analysis of Carbon Emission Status of Automobile Manufacturing Enterprises and Suggestions for Countermeasure

Chao Qin, Zhi Liu and Naifeng Ma / 112

Abstract: This article analyzes the current status of carbon emissions from automobile manufacturing enterprises, systematically sorting out emission reduction pathways in six areas, such as process equipment, public auxiliary equipment, and building sectors. It is recommended that automobile manufacturing enterprises, in line with their current production status, select appropriate methods, actively promote process upgrades and energy-saving transformations, introduce non-fossil energy electricity, and use digital energy and carbon management systems to continuously reduce carbon emissions at manufacturing sites.

Keywords: Carbon Peak; Carbon Neutrality; Production and Manufacturing; Carbon Reduction Pathways

Contents

B.9 Analysis of Current Status and Trends in the
Development of V2G Technologies

Xinshou Tian, Ruifeng Shi and Jianhong Zhao / 120

Abstract: This article studies the development status and trends of V2G technologies. Firstly, it analyzes the background and significance of V2G technologies abroad, pointing out that while countries around the world are actively promoting the development of these technologies, they still face challenges such as industry policies, operation models and economic viability. Secondly, it outlines the development of V2G technologies domestically and internationally, including research on energy flow, power system stability management, energy storage, and participation in energy markets. Thirdly, it analyzes the relevant policies and standardization status of V2G technologies, noting that the United States, Japan, and the Netherlands are actively promoting the initiation of related standard research, and China is also actively participating. Fourthly, it points out that, driven by the demand for profound changes in the operational characteristics of the power system, V2G technologies have the development potential and trend for large-scale promotion and application.

Keywords: V2G; Electric Vehicle; Charge and Discharge

Ⅳ Special Topics

B.10 Impact of EU's Battery and Waste Battery Regulations on
China's Automobile and Traction Batteries
Industry and Suggestions

Baiyu Fan, Hong Shi, Bin Liu, Zhenbiao Li and Jia Wang / 137

Abstract: In August 2023, EU's *Battery and Waste Battery Regulations* took effect, marking the first global regulation to introduce carbon footprint requirements for mandatory product access. Simultaneously, a number of subsidiary rules were also being introduced successively. This regulation puts forward detailed requirements for the carbon footprint of battery products, recycling of batteries and materials, etc., which will significantly impact China's automotive and traction battery industry. Through an in-depth analysis of the regulation and its potential impacts, this article suggests that China should establish and improve a carbon footprint policy and regulation system, refine the battery recycling and recycled material utilization system, leverage the third-party advantages of industry organizations in coordination and evaluation, and make concerted efforts to promote the communication, coordination and mutual recognition of international policies and regulations.

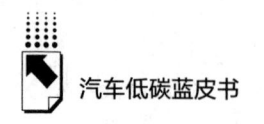

Keywords: Traction Battery; New Energy Vehicle; Carbon Footprint

B.11 Analysis of Domestic and Foreign Carbon Footprint Databases and Suggestions on the Construction of China's Carbon Footprint Database　　*Hongtao Wang* / 146

Abstract: This section first introduces the basic concepts of basic database and industry database of carbon footprint database, conducts benchmarking analysis on major carbon footprint databases at home and abroad, then takes China's electricity carbon footprint as an example to summarize the main reasons why foreign databases generally overestimate China's electricity carbon footprint, including the lack of local representativeness in the basic data of model calculations and inconsistencies in domestic and foreign classification standards. Finally, the article proposes suggestions for carbon footprint database of China's automobile from aspects such as accelerating database construction, improving database quality, and strengthening international integration.

Keywords: Carbon Footprint; Database; Automotive Industry

V References

B.12 Analysis and Prospects of Low-carbon Policy Dynamics of Foreign Automotive Industry in 2023

Qiuyang Lu, Yanwen Huang, Yuetong Zheng,
Daizong Liu and Baiyu Fan / 155

Abstract: In recent years, governments around the world have introduced a series of policies and regulations aimed at promoting low-carbon development in the automotive industry, which will have a profound impact on the global development of the automotive industry. This article analyzes the latest low-carbon policy dynamics in the automotive industries of the United States, Europe, Asia and other countries and regions, finding that encouraging the use of new energy vehicles is the current mainstream policy direction. In addition, stricter limits on automotive emissions and support for the joint development of multiple vehicle types and multiple energy routes are also major policy features. It is recommended that automotive enterprises keep track of relevant foreign policy dynamics in a timely manner, identify and adapt to international trends, and actively respond to uncertainties in industry development.

Keywords: Automotive Industry; International Policy; Low-carbon Policy

B.13 Progress of Carbon Emission Regulations in Europe and America and Suggestions for China

Xiao Lin, Bin Wu, Yingying Wang, Shengrui Qi and Yiming Zhao / 166

Abstract: This article reviews the development status of automotive carbon emission regulations in Europe and America, and offers insights for China. By formulating strict automobile carbon emission regulations, European and American countries have promoted technological innovation and green development of the automotive industry and reshaped the competitive landscape of the automotive industry. Against the backdrop of increasingly stringent carbon emissions in the automotive industry, China needs to continuously strengthen its core competitive technology, enhance the construction of green and low-carbon brands, and increase policy guidance throughout the full life cycle.

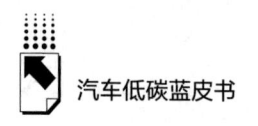

Keywords: Automotive Carbon Emission Regulations; New Energy Vehicle; Energy Saving and Carbon Reduction

B.14 Foreign Green Electricity and Green Certificate Policy Analysis and Inspiration　　　　　　　　　　*Jingli Shi* / 174

Abstract: Promoting the construction of a green electricity and green certificate system is an effective way to promote green energy consumption, the low-carbon transformation of the entire society and the achievement of carbon peak and carbon neutrality. China has established a green certificate system for renewable energy and a green electricity trading mechanism. While the transaction volume is increasing rapidly, there are still issues such as the transaction price not fully reflecting the environmental value attribute and the lack of a certification and identification system. In particular, the lack of connection between domestic and international green certificate and green electricity mechanisms has affected the recognition of China's green certificates and the enthusiasm of enterprises to consume green electricity. This article introduces the main green electricity and green certificate systems at home and abroad, including the evolution of the system, connotation, characteristics and implementation, compares and analyzes the similarities, differences and connections of those systems, and puts forward problems-oriented suggestions to improve China's green electricity and green certificate system, such as strengthening the responsibility weight of renewable energy power consumption, guiding the price of green certificates to reflect environmental value by means of marketization, establishing a green electricity consumption certification and identification system, and promoting mutual recognition of green certificates at home and abroad.

Keywords: Renewable Energy; Green Certificates; Green Electricity; Quotas

Appendix 1
Low-carbon Policies Related to Automobiles in China Since 2022
/ 186

Appendix 2
List of Low-carbon Policies Related to Automobiles in the World in 2023
/ 201

Appendix 3
List of Low-carbon Development Data Related to China's Automobile Industry in 2023
/ 205

Appendix 4
Index of Main Abbreviations in English and Chinese
/ 210

社会科学文献出版社

皮 书
智库成果出版与传播平台

❖ 皮书定义 ❖

皮书是对中国与世界发展状况和热点问题进行年度监测,以专业的角度、专家的视野和实证研究方法,针对某一领域或区域现状与发展态势展开分析和预测,具备前沿性、原创性、实证性、连续性、时效性等特点的公开出版物,由一系列权威研究报告组成。

❖ 皮书作者 ❖

皮书系列报告作者以国内外一流研究机构、知名高校等重点智库的研究人员为主,多为相关领域一流专家学者,他们的观点代表了当下学界对中国与世界的现实和未来最高水平的解读与分析。

❖ 皮书荣誉 ❖

皮书作为中国社会科学院基础理论研究与应用对策研究融合发展的代表性成果,不仅是哲学社会科学工作者服务中国特色社会主义现代化建设的重要成果,更是助力中国特色新型智库建设、构建中国特色哲学社会科学"三大体系"的重要平台。皮书系列先后被列入"十二五""十三五""十四五"时期国家重点出版物出版专项规划项目;自2013年起,重点皮书被列入中国社会科学院国家哲学社会科学创新工程项目。

皮书网

（网址：www.pishu.cn）

发布皮书研创资讯，传播皮书精彩内容
引领皮书出版潮流，打造皮书服务平台

栏目设置

◆ **关于皮书**
何谓皮书、皮书分类、皮书大事记、
皮书荣誉、皮书出版第一人、皮书编辑部

◆ **最新资讯**
通知公告、新闻动态、媒体聚焦、
网站专题、视频直播、下载专区

◆ **皮书研创**
皮书规范、皮书出版、
皮书研究、研创团队

◆ **皮书评奖评价**
指标体系、皮书评价、皮书评奖

所获荣誉

◆ 2008年、2011年、2014年，皮书网均在全国新闻出版业网站荣誉评选中获得"最具商业价值网站"称号；

◆ 2012年，获得"出版业网站百强"称号。

网库合一

2014年，皮书网与皮书数据库端口合一，实现资源共享，搭建智库成果融合创新平台。

皮书网　　　　　"皮书说"微信公众号

权威报告·连续出版·独家资源

皮书数据库
ANNUAL REPORT(YEARBOOK) DATABASE

分析解读当下中国发展变迁的高端智库平台

所获荣誉

- 2022年，入选技术赋能"新闻+"推荐案例
- 2020年，入选全国新闻出版深度融合发展创新案例
- 2019年，入选国家新闻出版署数字出版精品遴选推荐计划
- 2016年，入选"十三五"国家重点电子出版物出版规划骨干工程
- 2013年，荣获"中国出版政府奖·网络出版物奖"提名奖

皮书数据库　"社科数托邦"微信公众号

成为用户

登录网址www.pishu.com.cn访问皮书数据库网站或下载皮书数据库APP，通过手机号码验证或邮箱验证即可成为皮书数据库用户。

用户福利

- 已注册用户购书后可免费获赠100元皮书数据库充值卡。刮开充值卡涂层获取充值密码，登录并进入"会员中心"—"在线充值"—"充值卡充值"，充值成功即可购买和查看数据库内容。
- 用户福利最终解释权归社会科学文献出版社所有。

社会科学文献出版社　皮书系列
卡号：552953843255
密码：

数据库服务热线：010-59367265
数据库服务QQ：2475522410
数据库服务邮箱：database@ssap.cn
图书销售热线：010-59367070/7028
图书服务QQ：1265056568
图书服务邮箱：duzhe@ssap.cn

S 基本子库
SUB DATABASE

中国社会发展数据库（下设 12 个专题子库）

紧扣人口、政治、外交、法律、教育、医疗卫生、资源环境等 12 个社会发展领域的前沿和热点，全面整合专业著作、智库报告、学术资讯、调研数据等类型资源，帮助用户追踪中国社会发展动态、研究社会发展战略与政策、了解社会热点问题、分析社会发展趋势。

中国经济发展数据库（下设 12 专题子库）

内容涵盖宏观经济、产业经济、工业经济、农业经济、财政金融、房地产经济、城市经济、商业贸易等 12 个重点经济领域，为把握经济运行态势、洞察经济发展规律、研判经济发展趋势、进行经济调控决策提供参考和依据。

中国行业发展数据库（下设 17 个专题子库）

以中国国民经济行业分类为依据，覆盖金融业、旅游业、交通运输业、能源矿产业、制造业等 100 多个行业，跟踪分析国民经济相关行业市场运行状况和政策导向，汇集行业发展前沿资讯，为投资、从业及各种经济决策提供理论支撑和实践指导。

中国区域发展数据库（下设 4 个专题子库）

对中国特定区域内的经济、社会、文化等领域现状与发展情况进行深度分析和预测，涉及省级行政区、城市群、城市、农村等不同维度，研究层级至县及县以下行政区，为学者研究地方经济社会宏观态势、经验模式、发展案例提供支撑，为地方政府决策提供参考。

中国文化传媒数据库（下设 18 个专题子库）

内容覆盖文化产业、新闻传播、电影娱乐、文学艺术、群众文化、图书情报等 18 个重点研究领域，聚焦文化传媒领域发展前沿、热点话题、行业实践，服务用户的教学科研、文化投资、企业规划等需要。

世界经济与国际关系数据库（下设 6 个专题子库）

整合世界经济、国际政治、世界文化与科技、全球性问题、国际组织与国际法、区域研究 6 大领域研究成果，对世界经济形势、国际形势进行连续性深度分析，对年度热点问题进行专题解读，为研判全球发展趋势提供事实和数据支持。

法律声明

"皮书系列"（含蓝皮书、绿皮书、黄皮书）之品牌由社会科学文献出版社最早使用并持续至今，现已被中国图书行业所熟知。"皮书系列"的相关商标已在国家商标管理部门商标局注册，包括但不限于LOGO（ ）、皮书、Pishu、经济蓝皮书、社会蓝皮书等。"皮书系列"图书的注册商标专用权及封面设计、版式设计的著作权均为社会科学文献出版社所有。未经社会科学文献出版社书面授权许可，任何使用与"皮书系列"图书注册商标、封面设计、版式设计相同或者近似的文字、图形或其组合的行为均系侵权行为。

经作者授权，本书的专有出版权及信息网络传播权等为社会科学文献出版社享有。未经社会科学文献出版社书面授权许可，任何就本书内容的复制、发行或以数字形式进行网络传播的行为均系侵权行为。

社会科学文献出版社将通过法律途径追究上述侵权行为的法律责任，维护自身合法权益。

欢迎社会各界人士对侵犯社会科学文献出版社上述权利的侵权行为进行举报。电话：010-59367121，电子邮箱：fawubu@ssap.cn。

社会科学文献出版社